동아시아 평화공동체

동아시아 평화공동체
— 안중근, 조봉암, 김대중, 함석헌의 평화사상

2021년 2월 5일 초판 인쇄
2021년 2월 9일 초판 발행

지은이   황보윤식
펴낸이   김영호
펴낸곳   도서출판 동연
편 집   김구 박연숙 전영수 정인영 김율 | 디자인 | 황경실
등 록   제1-1383호(1992. 6. 12)
주 소   서울시 마포구 월드컵로 163-3, 2층
전 화   (02)335-2630
전 송   (02)335-2640
이메일   h-4321@daum.net

ISBN 978-89-6447-644-4   03300

| 함석헌평화연구소 시리즈 3 |

동아시아 평화공동체

안중근, 조봉암, 김대중, 함석헌의 평화사상

황보윤식 지음

동연

추천사를 대신하여

I.

황보윤식 박사를 아는 지인들은 이 책을 접하면 먼저 "역시 황보 는 스케일이 커"라며 빙그레 미소를 지으며 박수를 보낼 것 같다. 올 해 초입부터 몰아친 엄혹한 코로나19 역병과 여름 긴 장마 속에서 과수원(취래원)을 일구며 이렇듯 큰 작업을 해냈으니 말이다. 그것도 "동아시아 평화공동체"라는 큰 주제를 저자 자신만이 즐겨 사용하는 독특한 언어와 논리로 풀어냈으니 이 어찌 장하다 하지 않겠는가.

익히 아는 대로 우리나라의 민족사적 최대 과제는 분단된 조국을 하나로 통합, 통일하는 문제일 것이다. 그러나 이는 반드시 전쟁이 아닌 평화로운 방법으로 이루어져야 한다는 전제가 따른다. 설사 당 장 통일이 어렵다고 한다면, 먼저 남북이 평화 분위기를 조성하여 '남북평화공동체'를 만들어가야 한다. 즉, 남북이 서로 노력하여 '2국 가 2체제'를 유지하면서 상부상조의 평화공동체를 만들어낸 후 한 민족 한 국가 곧 '1국가 1체제'로 나갈 수 있을 것으로 본다. 저자의 문제의식은 여기에서부터 출발한 것으로 이해된다. 따라서 현재 하 나의 민족이 분단된 두 국가로 살아가고 있는 현실 인식과 역사의식 을 지닌 깨어있는 지식인들과 젊은이들에게 상당한 공감을 불러일 으킬 것으로 기대된다. 특히 우리보다 시대를 앞서가며 우리 민족의 장래와 평화 문제를 온몸으로 실천한 안중근, 조봉암, 김대중, 함석헌의 평화 사상을 접목하고 있어 더욱 흥미롭고 주목된다.

II.

　이 책의 내용을 소개하기에 앞서 저자와 평소 가까이하며 함께해 온 한 사람으로서 그의 걸어온 길을 잠깐 돌아본다. 저자는 1970~80년대에 험악한 독재 권력들이 천부적으로 부여받은 인권을 유린하면서까지 분단 조국을 고착해 나가자, 온몸으로 이와 맞서 싸웠던 현역 장교였다. 박정희 독재 때는 '긴급조치 9호'라는 '유신죄목'으로 공군본부 영창을 거쳐 육군교도소(이른바 남한산성 육각)에서 옥고를 치렀다(재심에서 38년 만에 무죄선고가 됨). 그리고 1980년대 초, 전두환 독부(獨夫)가 권력을 찬탈할 때 이에 반대하여 '5.18광주시민혁명'(공식명: 5 · 18민주화운동)이 일어난다. 저자는 이에 연루되어 불법으로 구속되고 온갖 고문 끝에 국가변란죄와 국가보안법 위반 죄목으로 재판을 받게 된다. 이른바 아람회 사건이다(1981.8.). 그리하여 5차례 법정투쟁을 했지만, 7년이라는 중형을 선고받고 3년여 옥살이 끝에 가석방된다(2009.5. 28년만에 무죄판결). 이렇게 반(反)독재 민주화운동을 한 사람들은 대체로 정치권으로 나가 '권력지향'의 삶을 살아가기 마련이다. 그러나 황보윤식은 아니었다. 그는 늘 지론(持論)을 편다. "위로부터의 정치개혁이 아닌 아래로부터의 사회개혁이 더 중요하다"라고. 그는 두어 차례 정치권 입성을 권유받았으나, 한사코 이를 거절하고 지역사회에서 사회개혁운동을 벌여왔다.

　1970년 후반부터, 저자와 대학원에서 함께 공부한 학연이 있지만, 저자가 사회개혁 운동에 뛰어들 때, 학문의 길에서 멀어지는 것이 아닌가 싶어 아쉬움이 없지 않았다. 그런데 어느 날 그간 하지 못한 공부를 계속하기로 했다는 연락이 왔다. 반가운 소식이었다. 무슨 일이든 시작하면 끝장을 보는 그답게, 쉽지 않은 인문학 박사학위(역사학)를 취득, 여러 대학에 출강하며 질 높은 강의를 하다가 인하대학에서 마지막 강의를 마쳤다. 현재 경북 영주에 낙향하여 취래원에서 '농사꾼'(農士)을 자처하며 땅을 일구며 열매를 생산하고 있다. 동시에 실천적 삶이 농익은 개혁적인 연구논문과 학문적 창작물을 내놓고 있다. 이번에 내놓은 이 책, 『동아시아의 평화공동체를 향한 꿈』도 바로 이에 해당한다 하겠다. 그는 말한다. 젊은 날 책 읽기와 글쓰기를 못 했는데, 이를 늙어서라도 이루어 보겠다고. 그러더니 정말 매년 책 한 권씩 그리고 학술지에도 한 편의 논문을, 또 각 대학과 단체를 다니며 강연과 발표도 하고 있다. 지행합일(知行合一)의 삶을 살아가는 학자이자, 농사다. 저자는 5년 전부터 〈한자자원풀이사전〉을 집필 중이며, 매일같이 만필일지(漫筆逸志)도 15년째 써오고 있는 것으로 안다. 그리고 최근에 동아시아의 민본주의 사상과 유럽의 아나키즘을 접목하여 새로운 '민본아나키즘'이라는 학문 분야를 개척하고 이에 입각하여 역사철학적 인식도 하고 있다.

Ⅲ.

『동아시아의 평화공동체를 향한 꿈』은 저자가 분단 조국의 평화 세상을 꿈꾸며, 선인(先人: 안중근, 조봉암, 김대중, 함석헌)들의 논리를 모아 한 권으로 엮어낸 책이다. 그가 평화에 대한 정의(定義)를 내리되, 평화는 인위적인 게 아니고 자연적인 거라고 주장하였다. 명쾌한 명제라고 생각한다. 이 책에서는 안중근의 동양평화론의 가치를 일반적 연구자와 다른 각도에서 분석하고 이를 오늘의 우리 현실에 대입하여 남북평화공동체를 만들자고 주장하였다. 이어 조봉암의 평화통일론을 검토해 나갔다. 조봉암은 이승만의 반공논리에 의해 정치적으로 사법살인을 당한 첫 인물이다. 저자는 조봉암의 평화통일론을 융합적 철학으로 풀어가고 있다. 계속하여 김대중과 함석헌의 평화통일론도 비교하였다. 김대중은 국가주의 입장에서 평화통일론을 주장하였고, 함석헌은 탈(脫)국가주의 입장에서 평화통일론을 주장하였다고 검토하였다. 그리고 함석헌은 평화통일의 방법으로 중립국 선언을 먼저 해야 한다는 점에서 현실적 정치인인 김대중과의 차이를 보인다고 검토하고 있다. 이렇게 본론을 마치고 저자는 아쉬운 생각이 있었던 모양이다. 부록(국가보안법 철폐의 필요성, 고문의 양태, 참살이를 위한 농민기의 등)도 실었다. 특히 그가 당한 고문의 양태를 사실적으로 적었다. 박정희, 전두환 때 있었던 비극의 역사를 보는 듯하다.

IV.

우리 사회는 너무나 물질적 세계에 빠져 있다. 돈 벌기에만 정신줄을 놓고 있다. 자녀들에게 훌륭하게 산다는 것을 가르치지 않는다. 어떻게 하면 돈을 많이 벌 수 있는지만 가르친다. 바르게 사는 삶이 어떤 것인지는 가르치지 않는다. 저자의 말을 들어보자. 교육(敎育)이라는 용어에서 교(敎)는 학교 교육을 뜻하고, 육(育)는 가정교육을 뜻한다고 한다. 그런데 요즘 부모들은 학교 교육(敎)만 교육으로 알고, 가정교육(育)은 교육으로 생각지도 않는다. 이 때문에 자녀들은 바르게 성장하는 것이 무엇인지, 훌륭하게 사는 것이 무엇인지, 삶의 가치는 어디에 두어야 하는지, 도덕적 가치가 무엇인지, 자유는 무엇이고, 평화가 무엇인지를 모르고 산다. 이런 세상에 어떻게 살아가는 것이 바람직한/가치 있는 삶인지를 가르쳐 주는 책이 바로 이 한 권의 책이 아닌가 싶다.

저자 황보 박사는 앞으로도 또 책을 낼 것이 분명해 보인다. 그래서 한 가지 '팁'을 전하고 싶다. 이 책에서 동아시아지역과 한반도 평화와 관련해 안중근, 함석헌 등 4인의 평화사상을 논했다. 다음 책에서는 해방공간(1945~1948) 때 좌우분열과 남북대립 시기 좌우 통합과 민족통합을 위해 온 몸을 던지다 희생된 인물들에게 주목해 보았으면 한다. 예컨대 우사(尤史) 김규식(金奎植)과 몽양(夢陽) 여운형(呂運亨), 백범(白凡) 김구(金九) 같은 인물들에 주목한 또 하나의 '황보스러운 주장과 글'을 기대해 본다.

2020년 12월 8일

윤경로

(문학박사, 전 한성대학교 총장)

필자를 위한 글돋움: 평화는 자유로운 인간의 자연스러운 연대입니다!

평화는 씨올의 자기 역사적 삶의 자리에 대한 비판에서

오래전부터 '평화'(平和)의 문제에 천착해 온 황보윤식 선생님은 그의 글 자체가 고백적이라 할 수 있습니다. 선생님과 글쓴이의 만남은 10년의 세월을 훌쩍 넘긴 것 같습니다. 잠깐이지만 함석헌기념사업회의 씨올사상연구원에서부터 함석헌평화포럼, 함석헌학회 그리고 선생님과 함께 설립한 함석헌평화연구소의 여정은 감히 깊은 학문적 일치와 함석헌의 삶을 실천적으로 살아내겠다는 동지애의 발로라 해도 과언은 아닐 것입니다.

함석헌평화연구소를 운영하면서 선생님(현, 함석헌평화연구소 소장)과 글쓴이는 이 땅에 아나키즘(anarchism)의 절대적 자유를 위한 담론 생산과 그 운동을 전개하는 데에 방점을 두었습니다. 강연과 책으로 그리고 삶과 운동으로 함석헌의 비폭력적 저항정신과 같이 살기운동 그리고 탈억압, 탈강제, 탈제도 등을 외쳐왔습니다.

여기에 실린 글들은 그간 선생님의 역사의식과 실천적 사유가 담긴 사상가들과 정치가들을 '평화'와 '평화통일'이라는 동일한 맥락으로 구성한 것입니다. 안중근, 조봉암, 김대중 그리고 함석헌에 이르기까지, 이른바 이들은 정치사상가들이나 정치철학자라고 해도 손색이 없을 정도로 국내외적으로 훌륭한 역사적 궤적을 남긴 인물들입니다. 네 사람의 공통분모는 모두 '고난의 역사'를 지나온 사람들이라는 점입니다. 그러므로 과거 고통스러운 경험의 역사를 간직한 황보 선생님에게 이 사상가들에 대한 역사적 연민은 남다를 것으로 생각합니다.

황보 선생님은 네 사람을 통하여 이제는 평화가 세계시민주의, 혹은 세계민중주의적 지평에서 전개되어야 한다고 내다보신 듯합니다. 평화를 위해서는 한반도의 지평을 넘어서 동아시아 전체가 함께 노력해야 하는데, 그러기 위한 사상과 운동의 단초로서 결이 독특한 안중근, 조봉암, 김대중, 함석헌을 통하여 살펴보고자 한 것입니다. 궁극적으로 황보 선생님이 밝힌 바와 같이 이들의 궁극적 지점은 자연공동체 아나키즘 그리고 민본아나키즘을 통한 삶살이가 되어야 할 것을 시사한다고 볼 수 있습니다. 이 네 사람이 이미 다 언급했고 시도했던 삶살이가 어떤 의미가 있는가를 심도 있게 짚어봄으로써 앞으로 인류가 어떤 방향으로 살아야 하는가를 일러주기 때문입니다.

황보 선생님은 평화, 혹은 평화공동체를 위해서 그 개념이 어떻게 발전해왔는가를 한자문화권에서 태동된 의미를 잘 해석해줌으로써, 평화의 개념이 서구적 의미로만 일관하던 틀을 벗어나게 합니다. 평화는 고름의 상태요 평온의 상태, 협화의 상태라는 것을 잘 정리해주고 있습니다. 그 한자 해석의 과정들을 눈여겨보는 것도 하나의 흥미로운 읽을거리입니다. 이를 통해서 선생님은 절대 자유와 절대 행복의 상관성이 매우 크다는 것을 주장합니다. 절대 자유 없이 절대 행복도 없다는 말입니다.

동아시아의 자연공동체아나키즘를 위한 씨올의 역사인식과 실천

황보 선생님은 안중근, 조봉암, 김대중, 함석헌을 국가나 집단이 물리적 폭력을 행사해서 인간의 절대 자유와 평화, 정의가 짓밟았다고 봅니다. 안중근의 너와 나의 구별 없이 협화해야 한다는 '동양평화론', 조봉암의 '융합적 통일론', 김대중의 '동아경제연합체'(동아연합)는 '상호부조'(mutual aid)와 다르지 않습니다. 이를 위해서 지행일치적 삶을 살았던 안중근은 일제에 의해서 죽임을 당했습니다. 조봉암은 수구적 민족주의를 반대하고 부패된 자본주의와 평등(평균)한 세상을 꿈꾸는 사회민주주의 사회를 지향했습니다. 하지만 그의 생애도 평화적인 남북공존론을 외쳤던 제삼세력의 이상주의자로 치부되면서 형장의 이슬로 사라지게 됩니다. 김대중과 함석헌은 군사독재정권에 의해서 고초를 당했습니다.

안중근과 조봉암의 중립국가론, 김대중의 남북/북남의 "평화적 공존, 평화적 교류, 평화적 통일"이라는 '평화통일 3원칙론', 함석헌의 탈국가주의, 탈민족주의를 통한 협화주의는 모두 평화롭게 살기, 같이살기라는 데 있습니다. 거칠게 말해서 네 사람은 아나키즘의 세례를 받은 사상가라고 해도 지나친 말은 아닐 듯싶습니다. 모두가 인간의 절대 자유 실현과 억압받는 민중들을 위해서 자신의 목숨을 초개(草芥)와 같이 내던진 사람들이었습니다.

한 가지 분명한 사실은 아나키즘을 이야기한다고 해서, 반국가주의, 반정부주의, 반종교주의로 몰아서 an-arche의 an을 anti로 고착시키면 안 된다는 것입니다. 이는 황보 선생님도 분명히 하고 있습니다. an은 무(無) 혹은 무화(無化)의 의미가 짙습니다. 접두사 뒤에 붙은 개념이 폭력적이고 개인의 자유를 억압하는 것이라면 무화시켜야 한다는 것입니다. 민주정체의 대의정치나 다수결, 공산주의의 엘리트주의적 당정치 그 어느 것에도 동의할 수 없는 아나키즘의 입장에 대해 늘 폭력주의와 테러리즘의 꼬리표를 붙이는 것은 올바른 시각은 아닙니다.

따라서 글쓴이는 평화란 인간혁명을 통해서만 완성될 수 있다는 황보 선생님의 주장에 전적으로 동의합니다. 황보 선생님은 국가보안법의 문제를 신랄하게 지적하고 있습니다만, 국가보안법이 헌법의 상위법이 될 수 없습니다. 국가나 정부를 운영하기 위한 이성적 합의로서의 문서가 보편타당하다면 법은 민중의 자유에 기반을 두어야 하지 체제 유지를 위한 사적인 법이 되어서는 안 되기 때문입니다. 국가가 자행하는 고문은 어떤가요? 두말할 필요도 없습니다. 개별 인간의 몸과 정신은 국가나 집단에 속해서 그 체제가 억압하거나 구속할 수 있는 것이 아닙니다. 자신의 것이요 자기의식이요 자기 자신만 있을 뿐입니다. 그것이 씨올의 특수성이요 저항의 바탕입니다. 위에서 언급한 이들의 생명존중사상은 이러한 맥락과 일치합니다.

황보 선생님은 민족이나 정신이 나온 다양성과 다원성을 인정한다면 동아시아가 상호부조적 지역공동체가 될 수 있다고 주장합니다. 이른바 세계시민주의, 세계민중주의가 싹틀 수 있을 것입니다. 개별지역공동체와 개별적 인간의 자유로운 연대를 통해 어떻게 평화를 구현할 것인가 하는 것이 황보 선생님의 고민인 듯합니다. 비폭력과 상호인정 그리고 씨올의 비판적 정신을 견지한다면 불가능하지 않을 것입니다. 이것은 황보 선생님의 글 전체에서 흐르고 있는 골자라 해도 틀리지 않을 것입니다.

모름지기 하나의 글은 활자 이상의 의미를 지니고 있습니다. 역사 비판적 시각에서 네 사람을 해석한 그들의 삶과 사상을 그냥 훑어보기만 할 것이 아닙니다. 이제 우리 씨올도 그런 지향성을 가지는 것은 물론 직접 살아내야 할 몫이 남아 있는 것은 아닐까요? 글쓴이는 황보 선생님의 글이 갖는 가치가 바로 여기에 있다고 말하고 싶습니다. 마지막으로 인동초(忍冬草)처럼 살아오신 선생님의 생애와 오랜 연구에 깊은 존경을 표합니다.

2021년 2월
김대식
(함석헌평화연구소 부소장,
(사)함석헌기념사업회 부설 씨올사상연구원 연구위원)

차례

말들임

역사를 보면 인간이 자연으로부터 공격을 당한 일은 무수히 많지만 20, 21세기만큼 자주 있지는 않았다. 이제 큰 사실만 열거해 보자.

4세기 말, 게르만의 침입과 함께 로마의 멸망을 가져온 말라리아, 14세기 중엽, 유럽의 봉건사회를 몰락시킨 페스트, 19세기 산업혁명의 결과, 자본주의와 반동민족주의가 결합하여 제국주의화를 위한 자본시장을 아시아와 아프리카로 확장하는 과정에서 다섯 차례나 유럽을 휩쓸었던(1817~24년, 1826~37년, 1841~62년, 1864~75년, 1882~96년) 콜레라 전염병, 또 세계폭력전쟁(제1차 세계대전이라고 함)을 종식한 스페인 독감(1918) 그리고 21세기에 들어와 빈번하게 인간을 공격하는 자연의 전염병균(바이러스)들이 그 예이다.

기실 2002년에서 2004년에 걸쳐 인간을 괴롭힌 사스(SARS), 2009년의 신종인플루엔자(신종플루), 2015년의 메르스(mers, 중동호흡기증후군) 그리고 2020년의 코로나19 등 21세기에 들어와서는 거의 5년 주기마다 자연바이러스의 공격을 받고 있다. 그만큼 자연의 파괴가 심각하다는 이야기다. 자연의 이러한 보복성 공격은 인간끼리 과학적 무기(병기)를 가지고 치고받는 폭력전쟁으로 피해를 입었던 인간의 죽음 수보다 더 많은 주검을 만들어내고 있다. 이처럼 인간이 자연으로부터의 공격을 받게 된 것은 자본주의가 부추기는 대량생산이라는 경제체계와 인구의 증가로 인한 자연에 대한 공격(개발/파괴)을 멈추지 않고 있기 때문이다. 즉, 말라리아, 페스트, 콜레라, 스페인 독감 그리고 21세기 전염병에 의한 질병은 모두 인간이 자연을 지나치게 공격하였기 때문이라는 뜻이다. 이에 따른 대가로 이제는 자연이 인간에게 반격을 가하는 차례가 되고 있다. 다시 말해 21세기에 들어와 인간이 5년이라는 주기마다 자연으로부터의 바이러스 공격을 받게 된 것은 자연이 인간의 폭력적 공격으로부터 더 이상, 자연 자체만으로는 생존이 어렵다고 판단했기 때문으로 보인다. 따라서 인간이 자연의 공격(바이러스에 의한 질병)을 멈추게 하려면 이제부터라도 인간이 먼저 자연에 대한 파괴행위(개발/벌목/댐 건설/도로건설과 직선도로화/지하자원 채굴/하천직선화 등)를 멈추어야 할 것으로 본다. 그리고 인구도 줄여야 한다. 인구의 증가와 자연의 파괴는 함께 가는 구조다. 인구의 감소와 자연의 소생을 동시에 성취하는 길은 자본주의 경제 질서를 새로운 경제체제로 바꾸는 수밖에 없다. 오늘날 자본주의 대안으로 실험하고 있는 사회주의나 공산주의 경제 질서도 그 대안이 아니라는 결론에 이르렀다. 왜냐하면, 자본주의 대안으로 나온 사회주의나 공산주의도 점차 사회주의식/공산주의식 시장경제라는 이름으로 자본주의 모델을 닮아가고 있기 때문이다. 따라서 이제는 사회주의 및 공산주의와 함께 자본주의 경제 질서를 반대하였던 마지막 사상으로 남은 아나키즘만이 유일하다는 생각이다.

아나키즘은 이제까지 한 번도 실험해 보지 않은 정치/경제/사회 사상이다. 그래서 이번에 이 책에서 다루고자 하는 핵심 내용은 인간과 자연이 어떻게 공존할 수 있는지를 '평화'(平和)라는 주제로 엮어보고자 한다. 한마디로 자본주의의 대안으로 미래의 인간사회가 생각해 볼 수 있는 사회는 아나키즘적 경제 질서뿐이라는 생각이다. 이는 곧 자급자족적 '자연공동체'를 기본으로 하는 아나키즘'을 의미한다. 하여 이제 아나키즘도 민족을 단위로 하는 '민족아나키즘'에서 민족구성원인 인민=민인을 기본으로 하는 '민본아나키즘'으로, 민본 중심은 다시 작은 단위의 '지역아나키즘'/마을아나키즘으로, 지역아나키즘/마을아나키즘은 다시 더 작은 단위의 '자연공동체 아나키즘'으로 가야 한다고 본다. 여기에서의 자연공동체 아나키즘은 바로 동아시아의 평화아나키즘으로부터 출발해야 한다는 것이 핵심이라 할 수 있다. 즉, 이러한 여러 단계를 거쳐 가는 아나키즘의 핵심은 인간의 자유를 훼방/탄압하는 반(反)권력/반(反)권위/무(無)조직/무(無)기구/무(無)법치의 절대자유사회를 지향한다는 점에 있다. 곧 '권력의 무용론', '법치주의의 무용론'을 절대가치로 보는 사상이 아나키즘이다.

인간의 분노를 야기하는 것은 법치주의 때문이다. 여기에서 말하는 법치는 곧 인간 개개인의 천부적 자유를 앗아가기 위한, 통제와 간섭 그리고 억압기재에 해당한다. 천부외적(天賦外的)으로 만들어진 법/법률들에 의해 인간은 그들의 천부적 자유를 만끽하는 삶을 누리지 못한 채, 수 세기 동안 죽임을 당해 왔다. 이제 인류의 희망은 평화다. 평화는 완전한(절대) 자유에서만 얻어질 수 있다. 절대 자유만이 인간에게 완전한 평화를 가져다준다. 완전한 평화는 인간에게 완전한 행복을 가져다준다는 믿음이다. 인류의 희망은 행복이다. 그냥 행복이 아니라 천부적 자유를 누리는 행복이다. 그러면 자유는 어디서 오는가. 국가라는 울타리가 걷어지고 국가라는 울타리를 유지해 주는 엘리트 중심의 법치주의(法治主義)가 사라질 때, 인간의 자유는 완전하게 주어질 수 있다. 법치사회에는 상벌주의가 따라다니기 마련이다. 상벌주의는 범법자(犯法者)가 있다는 뜻이다. 이러한 범법자는 자본주의사회에서 대량으로 발생할 수밖에 없다. 범법자는 다름이 아니라 엘리트들이 그들의 정치적/자본적 권력을 유지하기 위해 만든 법/법률을 어긴 자를 말한다. 하여 범법자라는 호명(呼名) 자체가 틀렸다. 엄밀히 말해 법 자체가 잘못이다. 법이 곧 범법자/범죄자다. 가령 한/조선의 민족과 영토를 통일하려는 선한 의지를 가진 자가 남북통일을 해야 한다는 의지를 가지고 행동한다면, 바로 국가보안법에 저촉되어 처벌을 받는다. 누가 옳은가. 민족분단을 획책하는 엘리트 권력이 옳은가. 아니면, 민족의 통일과 분단조국을 하나로 재결합하기 위해 평화적으로 노력하는 사람이 옳은가. 법이라는 것은 엘리트 권력들이 자기 입맛(권력유지를 위한)에 맞추기 위한 강제이지, 전체 인민/민인의 의사가 아니다. 엘리트 권력자들 중심으로 만들어진 법에 의거하지 않고 온전한/천부적 참자유가 보장될 때 인민/민인의 행복이 온다. 천부외적인 법치(法治) 탓으로 인간의/나라 사람의 자유가 억압을 당하고 있는데 천부적 자유가 온전하게 주어질 까닭이 없다. 자유가 없으면 인간의 행복도 없다. 쓰고 싶은 글이 있다. 하고 싶은 말이 있다. 그런데 그 글을 쓸 수 없고,

그 말을 할 수 없는데 그곳에 자유가 있다고 말할 수 있을까.

　이 책은 코로나 역병 이후의 우리 인간은 어떤 삶을 살아야 하는 지를 생각하며 썼다. 그리하여 본문과 부록으로 나누어 편집해 보았다. 먼저 한/조선반도(동아반도라고 하자)에 평화와 통일이 이루어진 다면 자유를 향한 첫걸음을 디디는 게 아닌가 하는 생각이다. 곧 이 념에 의한 분단국가이기에 쌍방이 서로 자유로운 말과 글, 행동을 할 수 없는 처지다. 남쪽은 분단조국을 통일하자고 하면 빨갱이새끼 가 되고 북쪽은 반동새끼가 된다. 분단이 소멸하고 하나의 통일된 조국이 된다면, 적어도 자유를 제한하는 말인 빨갱이새끼/반동새끼 라는 말은 사라지게 되리라고 본다. 이와 함께 얻어지는 순이익도 엄청날 것으로 본다. 말의 자유, 글의 자유, 행동의 자유가 상당 수준 주어지면 법(국가보안법 등)도 그만큼 사라지게 된다. 이런 차원에서 먼저 평화의 개념을 살펴보고, 이어 한/조선반도의 평화통일론을 주 장해 온 사람들의 평화통일 논리와 실천방안들을 안중근, 조봉암, 김대중, 함석헌 순으로 살펴나가고자 한다. 일단 이들의 평화통일론 이 나오려면 그들의 삶을 위한 투쟁(살아온 과정)도 중요하다. 다만 김대중과 함석헌은 최근의 사람들이기에 이들의 삶살이는 생략하 고, 안중근과 조봉암의 삶살이 일부를 살펴보았다. 이어 이들이 쓴 책과 글에서 주장된 평화통일론을 분석하고 종합하는 식으로 글의 순서를 잡았다. 그리고 부록에서는 6.15남북공동선언이 갖는 역사 적 의미와 함께 반(反)평화, 반통일, 반자유의 국가보안법 철폐의 필 요성에 대한 글도 실었다. 그리고 일제시대 치안유지법에 의해, 민 족해방세력들이 당했던 고문의 형태와 대한민국에서 평화통일을 외쳤던 사람들이 한국경찰에게 당했던 고문의 형태도 함께 적음으로써 반(反)인권적 국가폭력의 위험성에 대하여 알리고자 했다. 또 예로부터 인간은 국가권력의 횡포로부터 해방을 찾고자 어떤 노력을 해왔는지, 중국의 송대(宋代) 민중/농민기의를 통하여 평등/균산은 인간이 추구해온 삶의 지표라는 것을 알리고자 했다. 참고로 본문과 부록의 내용 일부가 중복되는 경우도 있을 것이다. 이 점을 양해 바란다.

1장. 평화란 무엇인가
– 평화의 개념

평화란 무엇을 말함인가, 한번 정리해 보자. 일반적으로 평화는 전쟁(戰爭)의 반의어 정도로 생각한다. 곧 국가 간 전쟁이 없는, 무력 항쟁이 없는 상태를 평화(平和, peace)라고 한다. 다시 말해 인간집 단 상호 간에 무력충돌이 일어나지 않은 평화의 상태 또는 마음의 평화를 말한다. 그리스도교 성경에서는 평화의 상태를 낙원(樂園=화 친, 안식, 평강, 형통 등 정신적 안정상태)으로 비유한다. 또 사회주의자 들은 "프롤레타리아의 국제적 단결에 의한 반전운동만이 평화를 확 보하는 방법"이라는 정의를 내리고 있다. 그리고 미국 등 서방국가 는 자유와 민주주의의 실현을 평화라고 한다. 이렇듯 평화를 종교 적, 정치적 입장에서 개념정리를 하는 게 보편적/일반적이다. 이에 대하여 함석헌은 "평화는 알파요 오메가다. 평화는 인류의 자유의지 를 통한 윤리 행동"[1]이라고, 인간의 윤리=영성=양심적 차원에서 정 의하고 있다. 함석헌은 또 인간은 양심을 가진 도적적인 존재이므로 도덕적 양심을 가진 인간만이 '평화적 공존'이 가능하다고 보았다.

그래서 함석헌은 국가를 양심이 없는 존재, 비도덕적 존재로 보고, 국가끼리는 평화적 공존이 불가능하다고 보았다.[2] 이와 함께, 함석헌의 평화사상을 전문적으로 연구하고 있는 김대식은 "자기희생적 사랑과 비폭력", "평화는 작위적이고 인공적인 세계를 만들기 위해서가 아니라, 함께 있는 것, 더불어 있는 상태 곧 자연스러움의 세계"를 평화로 보고 있다. 그리고 "인간이 지배적 자리만을 탐하여 인위의 세계를 만드는 것은 반(反)생명적, 반(反)평화적 행위"라고 정의한다.[3] 또 김대식은 "소수의 타자를 배제하거나 무시하는 일이 없이 존중하는 것… 다양성, 다원성의 인식으로 소수의 타자를 포용하는 것" 또 "평화는 폭력(일체의 폭력)의 반대개념으로 개인의 자유를 존중하면서 모든 존재는 유기적으로 하나의 생명이라고 인식하고 행동하는 것", "평화는 곧 아나키즘이다"라고 정의했다.[4] 이렇듯 평화에 대한 정의는 다양하다. 그렇다면 이제 평화의 개념에 대하여 구체적으로 한 번 살펴보자.

I. 평화의 본질적 개념

평화의 개념에 대하여 많은 학자/연구자들이 정의를 내리고 있다. 우리나라 대학강단에서 처음으로 평화학을 개설하고 정착시킨 이재봉은 다음과 같이 말한다. "우리가 일상적으로 일컫는 평화, 또는 정치학이나 국제관계학을 비롯한 전통적 사회과학에서 말하는 평화는 대개 전쟁이 없는 상태로 정의된다. 그러나 질병이 없다고 해서 건강하다고 말하기 어렵듯이, 전쟁이 없다고 해서 평화롭다고 말하기 곤란하다. 전쟁은 폭력의 한 형태일 뿐이다." 또, "1960년대 초부터 서구에서 발전되기 시작한 평화학 또는 평화연구에서는 평화를 전쟁뿐만 아니라 모든 종류의 폭력이 없는 상태로 정의한다. 전쟁을 비롯해 사람의 목숨을 빼앗거나 신체에 피해를 가하는 직접적/물리적/신체적 폭력뿐만 아니라, 사회적 불평등이나 차별 같은 간접적/구조적/제도적 폭력까지 없어야 진정한 평화가 이룩될 수 있다"라고 평화의 개념을 내면적으로 정리한다.[5] 그리고 '평화학의 아버지'라 불리는 노르웨이 출신 요한 갈퉁(Johan Galtung, 1930~)은 평화를 이분법적으로 정의를 내리고 있다. 곧 소극적 평화(negative peace)와 적극적 평화(positive peace)다. 소극적 평화는 "물리적 폭력이 없는 상태"라고 말한다. 파쇼권력들이 자기 국가의 기존체제와 질서를 유지, 또는 확산하려는 의지에 의하여 일으키는 전쟁이 없는 상태를 소극적 평화라고 정의한다. 적극적 평화는 모든 국가나 사회 내부의 구조적 폭력이 없는 상태라고 정의한다. 이렇게 평화라는 것은 사전적 개념에서 말하는 "전쟁에 대한 반대개념만"을 뜻하지 않는다. 평화는 인간의 근본 문제이다.

오늘 이 자리에서 평화에 대한 개념을 분명히 하기 위하여 먼저 한자에서 평화(平和)라는 말이 어떻게 나왔는지에 대하여 자원풀이를 통하여 살펴보도록 하자. 먼저, 평(平, 5획)자부터 살펴보자. 평(平)은 고르게 펴다/ 바로 잡다/다스리다/평온하다 등, 다양한 뜻을 가지고 있다. 平은 그림글자다. 한자 부수 어조사 우(于, 3획)에서 찾는다. 중국에는 원래 중앙집권적 전제왕권정치가 지속하여 왔기에 누구나 똑같다는 개념의 평(平)이라는 글자가 발달하지 않았다. 그래서 천자문(千字文)에도 이 평(平)자는 있되, 평등의 개념이 아닌 태평의 평(平)이다. 평(平)자의 자원(字源)은 이렇다. 금속기(청동)가 발달하면서 추장들이 지배하는 부락/부족들 간에 전쟁이 빈번해진다. 그래서 부족에 화급한 일이 생기면 급하게 호각(號角)이나 나팔을 불어 부족민에게 위험을 알린다. 중국 은(殷)나라 시대 주거지(殷墟)에서 나온 갑골문자에서 보면 평등/고르다의 뜻을 나타내는 평(平)자와 오늘날 어조사(語助辭: 문장을 마무리하거나, 강조 또는 보조의 역할을 하는) 호(乎)자는 같은 어원을 가지고 있다. 그래서 호(乎)자와 평(平)자의 어원은 같은 글자에서 출발한다. 갑골문에서 호(乎)자를 찾아보면 ㅂ로 그려져 있다. 곧 丁+Ⅲ의 모음글자다. 여기서 丁는 우(于)자의 갑골문체로, 호각 또는 나팔을 뜻한다. 그리고 Ⅲ는 위로 올라가는 기운(소리)을 뜻한다. 따라서 다급하게 부는 호각(나팔)소리 자체를 나타내는 부호다. 긴급(위급함)을 알리는 소리를 뜻한다. 그러니까 다급한 일이 벌어져서 부락민을 급히 불러 모으는 신호(소리)라는 뜻이다. 예를 들면, 군대에서 아침 기상 시간에 급하고 요란스럽게 울려 퍼지는 기상나팔 소리라고 생각하면 된다. 이런 글자가 중국 은나라를 거쳐 서주(西周)시대에 만들어지는 금문(金文)에 와서는, ㅂ자 머리 부분에 지사부호인 ━를 더 붙여서 쓰기 시작한다(乎). 이것은 호각/나팔 소리가 평온하고 고요하게 들린다는 뜻으로 풀이가 된다. 곧 군대에서 취침시간에 나팔수가 느린 음조로 불면서 고향의 부모님을 생각하게 하는 취침 나팔 소리와 같다. 이런 나팔소리는 높낮이가 없이 고요하게 울려 퍼진다. 긴급한 상황이 끝나고 부락에 아무 일이 없다는 것을 알리는 평화의 소리를 뜻한다. 이런 뜻의 글자가 금문 간자체(間字体)로 오면 平와 같은 글자로 나온다. 따라서 긴급을 알리는 소리를 나타내는 글자는 호(乎)이고, 급한 사태가 수습되어 평온한 상태를 알리는 소리는 평(平)자로 쓰게 되었다는 뜻이다. 이런 글자가 소전체(小篆体)로 오면, 𠀀와 같이 글자 모양이 바뀌고, 해서체(楷書體)에 와서는 오늘날 어조사 호(乎)와 고르다의 뜻을 갖는 평(平)자가 구분되어 쓰이게 된다. 따라서 평(平)자는 본디 평온하다의 뜻이다. 여기서 고르게 하다, 고르게 만든다(다스리다)의 뜻들이 파생되어 나온 것으로 본다. 또 다른 자원(字源)풀이를 보면, 우리는 바닷물의 끝을 수평선(水平線)이라고 한다. 이 평(平)자는 물과 관련하여 나왔다는 주장도 있다. 그래서 물 위에 뜬 수초(水草)들이 고요하게 물 위에 떠다니는 모습(그림)을 그대로 본뜬 게 평평할 평(平)이라는 주장도 있다.

다음으로, 화(和, 8획)에 대한 자원풀이를 해보자. 화(和)는 서로 응한다/온화할/따뜻할/섞을의 뜻을 가지고 있다. 뜻+소리(禾) 글자이다. 한자 부수 입구(口, 3획)에서 찾아진다. 갑골문자에는 여러 개의 글자가 보인다. 여기서는 龠글자를 가지고 설명을 해보기로 한다. 이에 의하면 오른쪽에는 관악기(피리/대금 등)를 뜻하는 龠이 그려 있다. 위에는 집합을 뜻하는 亼이 그려져 있고 그 밑의 𠃜은 관악기가 한 줄로 엮여 있는 모습이다. 집(亼)+𠃜의 글자 가운데 타원형은 사람의 입(口)을 뜻한다, 여러 사람이 여러 종류의 관악기들을 동시에(亼) 연주한다는 뜻으로 보인다. 그리고 그 왼쪽에는 벼 화(禾)의 갑골문(𣎆)이 그려져 있다. 화(禾)는 아무런 뜻이 없이 소리를 빌려주는 역할만 하는 것처럼 보이지만 그렇지 않다. 벼가 군락을 이루며 논에 심겨 있는 모습은 참으로 아름답다. 곧 누렇게 익은 벼이삭들이 군락을 이루며 고요하고 평화롭게 줄지어 있는 모습을 뜻한다. 따라서 생(笙) 또는 여러 종류의 관악기를 여러 사람이 합주단을 이루어 일제히 연주할 때 나오는 소리는 웅장하며 하나의 평화로운 소리를 이룬다. 이런 소리는 너무 아름답게 들린다. 인간에게 황홀감을 준다. 따라서 여러 관악기를 연주할 때 아름답고 웅장한 소리가 하나의 정제된 소리로 울려 퍼지는 것을 뜻한다. 이를 화(和)라고 한다. 웅장하고 맑은 합창의 소리를 들을 때 우리의 마음은 편안하고 평화로워진다. 이런 뜻의 글자가 금문에 와서 ＊와 같이 왼쪽에는 벼 화(禾), 오른쪽에는 입구(口)로 글자가 정리된다. 이 글자가 다시 소전체(龢)를 거쳐 해서체로 오면 입구(口)와 벼화(禾)의 위치가 바뀌면서 오늘날의 화합할 화(和)자로 정형화된다. 따라서 화(和)의 본디 뜻은 관악기인 생(笙) 종류의 악기를 합주(合奏, concerted music)한다는 뜻이다. 여기서 합창의 화음(和音), 화창(和唱), 화기(和氣), 화합(和合:화목하게 어울림), 화평(和平), 조화(調和), 협화(協和)의 행복/기분 좋은 뜻들이 발전되어 나오게 된다.

이 중에서 조화(調和)라는 용어의 사전상 의미로는 서로 잘 어울린다는 뜻이다. 바꾸어 말하면, 두 가지 이상의 일이나 물건들이 어긋나지 않고, 아귀가 잘 맞아 균형 있게 돌아가는 모양을 말한다. 그러니까 바로 화의 참뜻은 서로 어긋나지 않고 잘 조화하는 것을 말한다. 또 협화(協和)라는 용어는 사전상으로 "여러 개의 소리가 동시에 잘 어울려 나거나 그런 현상"을 말한다. 일제는 1930년대 대한국식민지화(1910년대), 만주괴뢰국화(1930년대), 중국대륙침략 등 침탈행위를 이어가면서 세 지역에 대한 지배 목적으로 협화주의를 내걸기도 했다. 그렇지만 조화/협화의 상태는 바로 행복을 뜻한다. 일제강점기 일제는 협화라는 용어를 침략정책에 이용하였지만, 함석헌도 남북의 평화, 씨올의 평화를 생각하며 협화/협화주의라는 말을 자주 썼다.

인간 누구나가 갖는 행복과 조화를 뜻하는 화(和)와 고르다를 뜻하는 평(平)자가 모음글자를 이루면 누구나 똑같이 행복을 나누어 갖는다는 뜻이 된다. 이렇게 볼 때 평화의 개념에 대하여 사전적 의미에서 전쟁의 반대개념으로만 해석하는 것은 평화의 본뜻을 부분적으로만 설명하게 된다. 완벽한 설명이 되지는 못한다.

한편 평화는 평등/동등(同等)을 뜻하기도 한다. 그러면 평등은 어떤 의미일까. 평등(平等, equality)이라는 말은 불교 경전에서 처음 나오는 용어이다. 불교에서 모든 중생이 어떤 차별도 없이 모두 부처가 될 수 있다는 종교적 교리에서 시작된 용어다. 이러한 평등(平等)이라는 용어가 근대(近代)라는 서양 바람을 타고 동아시아에 들어온다. 근대 유럽은 봉건사회에서 해방이 되고, 곧이어 산업혁명을 만나게 된다. 그리고 자유로운 시장경제를 뜻하는 자유주의 사상이 필요에 의하여 생겨난다. 자유주의 시장경제는 곧 시장의 가격은 자유롭게 결정된다는 뜻이다. 그러다가 민주주의 사상은 17세기 이후 유럽에서 민권운동과 시민혁명들에 힘입어 정치사상으로 발전되어 나온다. 민주주의 사상은 자유주의 경제논리와 결합하여 정치/사회적으로 평등이라는 뜻을 갖게 된다. 정치사회적으로 말하는 평등은 '기회의 평등', '조건의 평등', '결과의 평등'을 뜻하는 용어로 사용된다. 그러나 진정한 평등은 정치적/경제적/사회적 차원이 아닌 인간적 차원에서 곧 인간의 존엄, 권리, 인격, 가치, 행복의 추구 등에 있어서 차별이 전혀 없는 상태를 말한다. 그런데 '자유민주주의' 사회에서 말하고 있는 '법 앞의 평등'이라는 말은 상당히 잘못된 말이다. 자유민주주의 사회에서 말하는 법 앞의 평등은 지배층=금수저와 피지배층=흙수저를 인정한 바탕 위에서 인위적으로 조작된 평등을 말하기 때문이다. 한마디로 법 앞의 평등은 자본의 크기, 빈부의 차이를 인정한 바탕 위에서 상용되는 개념이다. 우리말에 절대(絶對)라는 말이 있다. 절대라는 말은 "제한이 없는 순수함"을 뜻한다. 따라서 평등은 인류 전체가 제한이 없는 순수한 상태인 '절대평등이어야 한다. 절대평등에서 절대평화가 온다.

절대평화는 인류 전체가 절대자유를 갖는 상황에서만 가능하다. '절대자유'라는 말은 어떤 제한(간섭, 통제)도 없는 천부적/원자적 자유, 그 자체를 뜻한다. 따라서 개인의 자유에 어떤 제약(법적인)도 가하지 않은 순수한 자유만이 곧 절대행복을 만들어낼 수 있다. 절대행복은 절대자유에서 그리고 절대자유에서 절대평화를 만들 수 있다. 원자적 절대자유는 상대방의 절대적 자유가치를 인정한 바탕 위에서만 존재가치를 갖는다. 따라서 상대방에 대한 존중, 남(타인)에 대한 존재 인식에서 '자유가치'는 생명력을 갖는다. 나와 남의 자유가치가 인정될 때 절대평화도 존재하게 된다. 상대방의 '자유가치'를 인정하게 되면, 폭력이나 전쟁 같은 사회폭력/국가폭력/갑질폭력은 생각되지도, 인정되지도 않는다.

그러면 민본아나키즘[6]에서는 평화를 어떻게 정의하고 있는지를 살펴보자. 민본아나키즘에서는 평화의 적(敵)으로, 기존의 비인간적 정치질서/ 불평등의 경제질서/ 엘리트 중심의 사회질서/ 유명인 중심의 문화질서를 들고 있다. 따라서 사람 개인에 있어서 상대방에 대한 배려와 존중심(개인의 자유에 대한)에서부터 시작하여 지역사회/세계 전체로 확대해 나갈 때 평화사회는 만들어진다고 본다. 인간 개개인의 가정에서 국가/세계에 이르기까지 모든 통치권력과 권위적 존재 그리고 일체의 '제도권력'(制度權力)으로부터 강제/억압이 존재하지 않은 상태가 평화다. 따라서 평화란 사람과 사람이 서로의 차이(다양성)를 인정하고 서로의 행복을 추구하고/추구해주는 상호부조 정신을 말한다. 그래서 상호부조 정신에 대치되는 정치권력과 자본권력의 '갑질'은 평화의 적이 된다. 갑질은 인간의 인격과 권리를 유린하고 인간의 숭고한 자유를 파괴하는 폭력이다. 폭력은 평화가 될 수 없다.

II. 민본아나키즘으로 보는 평화개념

민본(民本)에 대해 알아보기 전에 민인/인민을 인간공동체에서 부수적 존재로 전락시킨 국가와 국민이라는 말에 대하여 생각해 보자. 국가나 국민이라는 말은 중국의 고대 춘추전국시대(春秋戰國時代)에 특수하게 만들어진 용어다. 곧 국가는 왕의 울타리이고 국민은 피지배층, 피통치계급이라는 뜻이다. 이렇게 나온 말이 근대유럽에서 "nation, country, state"와 nation/people이라는 용어들로 아시아에 도입되자, 당시 일본제국주의국(이하, 일제라 함) 학자들이 나라는 국가(國家), 민인/인민은 국민(國民)이라는 말로 각각 번역하였다. 이 번역어를 근대형성기 중국과 조선국의 개화 지식인들이 그대로 옮겨 썼다고 본다. 그리고 일제의 근대 지식인들은 유럽의 'peace'라는 용어를 '평화'(平和)라는 말로 번역해 썼다. 근대 이전의 아시아에서는 노래와 춤 등 문화적 의미에서 평화라는 단어가 주로 사용되었다. 중국에서 '마음의 평화'라는 개념이 처음 등장하는 것은 《春秋左氏

傳》(춘추좌씨전)에서다. 여기서 보면, "역대 선조들의 음악은 번잡한 소리들을 잘라내기 위하여 다섯 음절(宮商角徵羽)로 줄였다(절제). 소리의 더디고 빠름과 시작과 끝남이 서로 이어지며 제대로 된 소리(中聲=조화된 소리)가 나면 소리를 낮추고 그치게 된다. 이렇게 해서 다섯 번 정도 소리를 낮추게 되면 여기에서 멈춘다(不容彈). 그 이유는 악기 타는 손이 번거롭게 움직이면(煩手) 소리도 어지럽게(淫聲) 들리기 때문이다. 이렇게 되면, 귀를 막게 되고 마음이 혼란스러워진다(惛堙). 이에 마음의 평화를 잊게 되어 군자는 듣지 않게 된다"[7] 와 같이 음악을 통한 마음의 평화를 이르고 있다. 그러다가 정치적/사회적 측면에서 평화라는 개념이 사용된 것은 묵자(墨子, BC 479?~BC 381?)의 비공(非攻)사상, 맹자(孟子, BC 372?~ BC 289?)의 반전(反戰)사상에서 비롯되었다는 생각이다. 그러나 오늘날 근대용어로서, 즉 정치/사회적으로 말해지는 평화(平和)라는 개념은 유럽에서 시작된 것으로 보인다. 아시아는 정적(靜的)인 농경민족사회이고 유럽은 동적(動的)인 목축민족사회이었기에 대부분의 폭력적 전쟁은 유럽에서 빈번하게 이루어졌다. 그 까닭에 정치/사회적인 평화의 개념은 유럽에서 주로 사용했던 용어라고 판단이 된다. 그러므로 중국의 고대(춘추전국시대)에서나 현대 유럽에서 말해지는 평화(平和)의 개념은 전쟁이 없는 상태를 말하고 있다. 이와 같이 일반적으로 평화하면 전쟁/폭력의 반대어로 생각한다. 평화라는 말의 뜻을 말할 때 가장 먼저 떠오르는 것은 전쟁이 없는 상태 곧 인간집단(서로 다른 국가) 상호 간에 무력충돌이 일어나지 않은 상태를 평화의 상태라고 말한다. 이렇듯 평화를 정치적/군사적 입장에서 개념정리를 하는 게 일반적이다. 이러한 전쟁이 없는 상태에서 사람들이 평화를 누리고 있는 듯이 보이지만 앞에서도 이야기하였듯이, 전쟁이 없는 동안을 평화의 상태로 인식하는 것은 잘못이다. 전쟁이 없는 상태는 겉보기에는 태평스러운 듯 보이지만, 정치적/군사적으로 그 내막을 들여다보면 전쟁상태의 연속이기 때문이다. 이는 곧 평화의 항구적 노력보다는 다시 이웃 국가를 공격하기 위해, 또는 방어를 위한 신무기를 개발하고, 새로운 전략과 전술을 개발하고, 병력의 증강과 공격훈련을 하는 거짓 평화의 기간인 셈이다. 한마디로 다음 전쟁에서 승리를 대비한 전쟁준비 기간이 되는 셈이다(현재 우리 땅 분단국가에서처럼). 따라서 겉은 평화로운 것처럼 보이지만 사실상 그 속은 전쟁상태나 다름이 없다는 뜻이다. 이 때문에 인간사회는 역사적으로 이제껏 진정한 평화시대를 한 번도 살아본 적이 없다고 말할 수 있다. 따라서 반드시 무(無)전쟁=평화라는 등식의 성립은 갈퉁의 말처럼 소극적 개념의 평화에 지나지 않는다.

정치/군사상 전쟁이라는 개념은 국가 간의 대립/갈등에서 발생하는 공격/폭력을 말한다. 그러나 이것은 일반적 의미에서 보는 전쟁 개념이다. 좀 더 깊이 들어가 보면 전쟁은 국가 내의 엘리트 지배권력과 자유로운 민인/씨올 사이에도 존재한다. 곧 국가가 공권력이라는 이름으로 폭력(사법살인, 재판폭력, 고문을 통한 사건의 조작 등)을 휘두른다면, 이것은 민인/씨올과 국가 간 전쟁에 해당한다. 국가가 민인/씨올에게 폭력을 가한다면, 여기에는 인간(나라 구성원)의 '절대자유'가 존재할 수 없게 된다. 절대자유가 존재하지 않는다면 절대평화도 없다. 이탈리아인 아우스딩(Aurelius Augustinus, 354~430)도 나라 안에서 '도덕적 율법(律法)'의 침범자를 제재하는 것을 전쟁이라고 표현하였다.[8] 여러 학자와 연구자들이 평화에 대한 정의를 말한 것을 종합해 볼 때, 평화의 기준은 전쟁이 없는 상태를 말하는 것도 맞다. 국가와 국민 간 공권적 폭력이 없는 상태라고 말하는 것도 맞다. 신앙으로 다스려지는 평화도 맞다. 이 모든 평화의 정의를 한데 모아 말하면 평화는 어떠한 다툼도 없는 '자연스러움'의 상태라고 정의된다. 인간이 자연과 조화하며 자연 그 자체로 살아감이 평화(자유롭고 평온/태평한 마음의 상태)라 할 수 있다. 자연은 다툼이 없다. 숲속에서 나무들은 이웃 나무가 자람에 공간이 좁다고 하면 자신의 자리를 양보하며 함께 자란다. 잡초들도 마찬가지다. 다툼이 없이 양보하는 자세, 너도 행복하게 살고, 나도 행복하게 살아가자는 자연의 생존법칙이 곧 자연스러움이다. 이 자연스러움을 상실하면, 이것이 바로 전쟁(모든 의미의)이다. 그래서 반드시 평화는 너와 나의 자연/자유스러운 마음의 자리이다.[9]

다시 앞으로 돌아가서, 전쟁의 주체가 되는 국가와 국민에 대하여 면밀히 살펴보기로 하자. 우리가 일반적으로 쓰고 있는 국민, 국가라는 용어는 유럽의 '프랑스시민혁명'(1789.7.14.)을 계기로 나타났다. 이때의 '프랑스시민혁명'을 계기로 하여 나라공동체의 주권(主權)이 중앙집권적 군주(君主)에서 자유로운 시민(처음에는 상인계급)으로 옮겨가게 된다. 이후 모든 사람은 상인계급을 넘어 모든 신분이 시민(市民)계급으로 보편화 된다. 이때부터 시민사회라 부르게 되었으며 또한, 이러한 시민사회를 국가(country, state)라고 부르게 되었다. 그리고 국가라는 개념이 나오면서 시민은 '국가구성원의 민인'이라는 말을 줄인 국민(國民, nation)으로 부르게 된다. 이때부터 유럽에서는 국민국가(nation-state)라는 개념이 생겨났다. 이러한 국민국가는 18세기, 산업혁명에 의하여 새롭게 경제질서를 이끌고 가는 자본주의와 손을 잡게 된다(19세기 말부터). 이렇게 연대한 자본권력은 정치권력에게 국민국가 유지에 필요한 비용을 대주고, 또 정치권력은 자본권력에게 자본축적을 위한 시장을 개척해 준다. 바로 이러한 자본권력과 정치권력이 권력연합을 통해서 남(타국)의 영토를 침략해 들어가는 새로운 정치 사조를 만들어낸다. 이를 제국주의(帝國主義)라고 한다.[10] 이 두 권력은 서로의 필요에 의하여 허버트 스펜서(Herbert Spencer, 1820~1903)가 사회진화론(社會進化論)에서 주장하는 적자생존/우승열패라는 사상적 기반을 내세우며 파쇼권력의 폭력과 전쟁에 대하여 정당성을 부여하게 된다. 이렇게 해서 "국민은 평등하고 일체"라고 보는 국민주의(nationalism)를 토대로 나온 국민국가/제국주의는 국민의 평등, 국민국가 간 평등이라는 말이 무색해지는 약육강식(弱肉强食)의 세계로 접어들게 된다. 여기서 전쟁=반(反)평화라는 등식이 성립되어 평화라는 개념은 늘 전쟁과 관련하여 생각하게 된다. 제국주의가 몰고 온 전쟁의 소용돌이 속에서 이제 사람들은 인간존재에 대한 회의(懷疑)와 함께 자국(自國)의 주권, 자국국민의 인권(人權), 인류평등을 생각하게 되었다. 더불어 인권/평등이 존중되지 않는 상태에서 전쟁이 발생한다고 믿었다. 인간 상호 간에 인권과 평등이 존중된다면 결코 전쟁은 존재할 수 없다는 생각 때문이다. 이러한 인권과 평등에서 비롯된 평화의 개념은 국가 간 전쟁이 없는 상태 이외에 인간 자체에서 찾게 되었다.

이렇게 평화를 인간 자체와 관련하여 찾고 있을 때, 국가는 엉뚱하게 말도 안 되는 반동적 평화개념을 끄집어낸다. 곧 권력이 유지되고 있으면 평화상태이고, 권력에 저항하는 민중/씨올들의 기의/소요사태가 일어나면 반(反)평화 상태라는 해괴망측한 개념을 끄집어낸다. 이처럼 권력자들은 평화를 인식하는 관점을 전혀 엉뚱한 곳에 두고 있다. 반동적이다. 그러나 이제는 평화의 개념이 국가가 아닌 인간, 그 자체를 두고 이야기되고 있다. 요한 갈퉁은 국가 간 전쟁=폭력이 없는 상태를 '비(非)정의로운 평화'라고 정의한다. 한 국가가 자국의 국내에서 물리적/신체적 폭력이 없는 상태가 될 때 정의로운 평화라고 하였다.[11] 곧 정의로운 평화란 국가를 전제(前提)로 한 평화가 아니라, 인간 개개인에게 적용되는 평화를 말한다. 다시 말하면 빈부차별, 성별차별, 인종차별, 갑질/대립에서 나타나는 갈등 등 국가와 집단이 개인을 상대로 저지르는 폭력이 없는 상태를 말한다. 파쇼권력들은 평화주의자와 정의로운 사람들을 폭도, 또는 반평화주의자로 매도한다. 곧 적반하장으로 말을 전도(轉倒)한다. 5.18광주시민혁명 때, 전두환 살인독재는 평화주의자 김대중을 폭도(暴徒)의 괴수로 몰아 내란음모죄라는 올무를 씌웠다. 추악한 살인마가 정의로운 사람을 폭도라고 부르는 세상을 만들었다. 곧 이승만이 조봉암을 사법살인하였듯이, 전두환도 김대중을 사법살인하기 위해 재판에 회부한다(1980.8.14.~9.17. 공판). 그리고 밝은 세상이 왔음에도 수구권력의 시녀로 남아 있는 지금의 사법부처럼, 당시 사법부 또한 전두환 권력의 노예가 되어 김대중에게 사형을 선고한다(1981.1.). 따라서 적극적 평화/정의로운 평화란 권력을 이용하여 체제(현상)를 유지하기 위해 저질러지는 폭력이 존재하지 않는 상태를 말한다.

그래서 이제까지의 이야기한 평화의 개념들을 종합하여 글쓴이가 '민본아나키즘' 관점을 바탕으로 평화의 개념을 설명해 보고자 한다. 요컨대 글쓴이는 평화를 민본주의와 아나키즘에서 찾아볼 수 있다고 본다. 민본주의와 아나키즘을 모음해서 말하면 민본아나키즘이 된다. 그러면 잠시 민본주의와 아나키즘은 무엇을 말하는지에 대하여 간략하게 이야기를 나누어 보기로 하자.

민본주의는 중국의 유가학파집단(儒家學派集團)에서 나온 사상이다. 유가학파의 민본사상은 중국의 우(虞), 하(夏), 상(商=殷), 주(周) 시대의 역사를 기록한 《書經》(서경)에서 유래한다. 서경에서 보면, "선조(禹王)가 유훈(遺訓)을 남기셨는데, 민인(백성)은 가까이해야 할 존재이지, 멀리/얕보아(下)서는 안 될 존재이다. 곧, 민인은 오로지 한 나라(邦)의 근본이다. 그 근본이 흔들리지 않고 오로지/한결같을 (固) 때 나라가 근심 없이 편안(寧)해진다"(皇祖有訓: 民可近, 不可下. 民惟邦本, 本固邦寧)[12]는 말이 나온다. 여기서 주목할 대목은 '민유방본'(民惟邦本)이라는 말이다. 이 말에서 민(民)과 본(本)자를 따서 민본주의(民本主義)라는 정치용어가 나온 것으로 본다.

이러한 민본주의는 공자(孔子)보다는 맹자(孟子)에 의하여 부각된다. 맹자는 백성을 군주보다 더 가치 있는 존재로 만들어낸다(民貴君輕說). 이러한 맹자의 기본적 생각에서 민본주의 사상이 본격적으로 제기된다. 곧 "민이 가장 귀하고 사직(社稷)이 그다음이고 임금이 가장 경(輕)하다. 무릇 나라는 민인을 근본으로 해야만 사직 또한 세워지게 된다. … 민인과 사직의 경중이 이와 같다. … 이래서 사직은 군주에게는 중할지 모르나 민인보다는 중하지 않다"(民貴社稷次之君輕, 蓋國以民爲本 社稷亦爲而立 … 輕重如此 … 是社稷雖重於君, 而輕於民)[13]라는 말을 한다. 이 말의 뜻을 풀어보면, 군주 스스로 천자(天子)라 하더라도 민인이 없으면 존재가치가 없다는 말이다. 이러한 민본주의 사상을 바탕으로 하여 맹자는 민심을 잃은 자는 천심(天心)을 잃었기에 군주를 교체해도 좋다는 방벌론=역성혁명론(放伐論=易姓革命

論)까지 펴게 된다. 그래서 맹자는 패도정치(覇道政治=권력우선주의)가 아닌 왕도정치(王道政治=덕치[德治])를 내걸었다. 여기서 왕의 도(道)란, 인덕(仁德)을 말한다. 인덕은 인간이 갖추어야 할 가장 기본적인 양심(인간이 천부적으로 가지고 나오는 내면적 도덕 가치)을 뜻한다. 인(仁)은 부자유친(父子有親)에서 말하는 친(親)의 본질을 말한다. 친(親)은 자연스러움이다. 성리학(性理學)에서 말하는 격물치지(格物致知)가 아니다. 부모의 자식에 대한 '자애'(慈愛)와 자식의 부모에 대한 정성/진심/존경의 경(敬)은 자연적 이치다. 인위적으로 강제되는 게 아니다. 그런데 이런 자연스러움의 사상을 동중서(董仲舒)와 성리학자들은 통치이념화하면서 맹자의 사상을 왜곡하였다. 인덕은 곧 애(愛)의 베풂이다. 그리고 애(愛)는 다솜, 진심, 정성, 존경이 어울려진 총체적 개념의 진선(眞善)을 말한다. 진선은 착함의 근원인 동시에 인덕의 실천이 된다. 이 말을 되돌려 말하면 진선을 지니고 그것을 실천하는 것이 덕(德)이다. 곧 덕을 베푸는 것이 인(仁=어짊)이다. 인은 인간다움이요 자연스러움이다. 우리는 인간다움을 인격(人格)이라 부른다. 인격이라는 말은 사람됨의 덕의 갖춤을 뜻한다. 그러므로 인격에 바탕을 둔 정치를 덕치(德治)라고 부른다. 덕치는 사민평등/복지사회를 추구하는 정치를 의미한다. 곧 사민평등, 복지사회가 이루어진 상태를 평화라고 한다.

또한, 맹자는 도덕적 교화보다는 백성들의 편안한/안락한 삶(민생民生)을 우선시하였다(先富後敎). 이러한 경세론을 바탕으로 더불어/함께 잘 사는 대동사회(大同社會)를 제시하고 있다. 따라서 수기치인(修己治人), 선부후교(先富後敎), 대동사회(大同社會) 건설은 맹자로부터 시작되는 민본주의사상의 핵심 내용이 된다. 이외에도 맹자는 백성과 군주의 관계는 여민동락(與民同樂), 여민해락(與民偕樂)이어야 한다고 보았다. 또 "백성의 안전을 침해하고 백성을 피폐하게 만드는 것은 전쟁"이라고 하였다. 그래서 맹자는 민본주의 사상에 반전(反戰)사상을 포함한다.

이러한 맹자의 민본주의가 고려말 성리학적 유가사상(古人明德 新民之實學)을 지닌 사대부 관료들에 의하여 도입/수용된다. 그러나 본격적으로 수용되는 것은 새 왕조(조선) 창조에 기틀을 마련하는 정도전(鄭道傳, 1342~1398)에 의해서다. 그리하여 정도전은 새로운 왕조의 통치이념으로 민본주의에 입각한 정책들을 내놓는다. 바로 의정부서사제(議政府署事制: 신권[臣權]주의=내각책임제), 토지공유제 실시(과전법[科田法]), 국방개혁(사병[私兵]혁파=농병일치제), 신분제도 개혁(양천이원제: 신분을 양인과 천민 둘로만 가름), 종교개혁(불교 폐단 혁신), 언로개방과 여론중시 등이다. 그러나 정도전의 민본주의는 엘리트 통치계급인 왕권주의자(이방원으로 대표되는)에 의하여 폐기되고 만다. 이리하여 조선 사회에서 정도전의 민본주의 사상은 후퇴하게 된다. 이후, 퇴계 이황(李滉), 율곡 이이(李珥), 남명 조식(曺植), 중봉 조헌(趙憲) 등에 의해 간간이 유지되었지만 그들의 소극적 태도로 실현이 안 되었다. 바로 이럴 때 이황, 이이, 조식과 같은 시기에 살았던 금계(錦溪) 황준량(黃俊良, 1517~1563)이라는 인물이 나타나 목민관/지방관으로 있으면서 민본주의를 실천한다. 그것이 단양지역의 〈民弊十條疏〉(민폐10조소, 1559)에 나타나 있다. 이어 근대 실학기 여유당(與猶堂) 정약용(丁若鏞, 1762~1836)에 의하여 참민본주의가 크게 부각 된다. 정약용은 "통치자가 백성을 위해 존재하는 것일 뿐 백성이 통치자를 위해 있는 것이 아님"을 피력한다.[14] 이러한 권력구조가 확립되었다면 대한나라의 세상은 곧 평화의 세상이 되었으리라 본다. 식민지 조선으로 추락하는 일도 없었을 것으로 본다. 그러나 정약용도 통치계급인 세도가들의 권력유지 차원에서 귀양살이를 하는 바람에 민본주의는 땅속으로 묻히고 만다. 그러다가 일제병탄기에 신채호 등 지조 있는 선비들에 의하여 재조명되었지만, 일제병탄기라는 시대적 한계에 부딪쳐 세상의 빛을 보지 못하고 만다.

글쓴이는 평화를 민본주의와 아나키즘에서 찾아볼 수 있다고 했다. 그래서 다시 아나키즘은 어떤 사상인가에 대해서도 개략적으로 살펴보기로 한다. 근대 이후 동아시아에서는 아나키즘을 무정부주의로 해석하여 사용하고 있다. 그러나 Anarchy의 접두사 an은 not이다. anti가 아니다. 정부를 반대한다는 뜻이 아니다. 그리고 '-archy'는 우선순위를 뜻하는 그리스어다. 영어로는 primacy, primordial, principal, prince의 뜻으로 사용된다. 따라서 우선순위는 지도자를 뜻한다. 그러니까 anachism은 지배권위가 없는 상태를 뜻하는 말이다.[15] 이렇게 원뜻을 가지고 보면, 아나키즘 사상의 핵심적 본질은 자유주의/자율주의를 의미한다. 여기서 말하는 자유/자율은 엘리트 중심의 국가를 말하지 않는다. 인간 중심의 자연상태를 말한다.

아나키즘이 사상적으로 등장하는 계기는 15세기 이후(14세기 말에도 조짐은 있었다) 유럽에서 나타나는 르네상스와 종교혁명, 세계의 발견을 통한 '인간의 발견'에 있다. 곧 '인간적' 사고(思考)에 눈을 뜨면서다. 이후, 아나키/아나키즘이라는 말이 정치적 용어로 사용되기 시작한 것은 유럽의 봉건시대를 거쳐 근대로 오면서이다. '인간의 발견'에서 가장 크게 찾아진 가치는 인간이 '천부적(天賦的)/원자적(原子的) 절대 자유'를 갖고 있다는 사실이다. 이러한 르네상스기 천부적 '절대 자유'의 발견은 이후, 봉건사회 질서를 무너트리고, 근대라는 새로운 사회를 만들어낸다. 그리고 봉건적 정치사상인 왕권신수설(王權神授說)을 무너트리고 시민사회(비록 당시는 부르주아 상인계급만을 뜻했다)의 초단을 만들어낸다. 더 나아가 프랑스 시민혁명으로 절대권력(왕 중심의)을 붕괴시키기에 이른다. 프랑스 시민혁명은 부르주아 계급(상인계급)만이 아닌 전 계급의 자유를 주창하였다. 프랑스혁명은 그 당시 절대적 가치였다. 혁명의 가치를 부정하는 것은 곧 반동(反動)이었다. 이 반동을 뜻하는 개념으로 고대 그리스 시대 현실적 정치현상을 거부하며 사용하던 '아나키'라는 말이 '무정부'가 아닌 '혁명을 부정하는 반동'의 개념으로 유행하게 된다. 당시 프랑스에서는 프랑스 혁명기에 지롱드파(입헌군주제를 주장하는 온건파를 이름)와 산악파(공화제를 주장하는 자코뱅당으로 과격파를 이름)가 서로 대립하면서 상대방을 '아나키'로 부르게 된다. 여기서 '아나키'라는 용어가 부정적으로 사용하게 된다. 특히 지롱드파(우파)는 산악파(좌파)를 "법도/정부도/정의도 부재(不在)"하는 사회를 추구하는 집단/사람으로 몰아붙였다. 그 이유는 산악파가 민인의 가치를 최고의 가치로 여기고, 모든 권력과 권위를 거부하였으며, 평산적(平産的) 토지분배와 나라사람들의 자율적 자치를 주장하였기 때문이다.

이처럼 아나키즘이라는 사상이 나오게 된 역사적 배경은 복잡하지 않다. 곧 유럽의 봉건시대 인문주의자들에 의하여 농노지위(農奴地位)에 있는 인간들도 '자연=천부적 자유'가 있다는 것을 발견한 데서 비롯된다. 당시 유럽의 인문주의자들은 인간이 태어날 때부터 선천적(先天的)으로 가지고 나온 '천부적 자유'(이를 '하느님의 자유'라고 말하기도 한다)에는 인간의 권력에 의하여 만들어진 어떤 천부외적

(天賦外的)인 인위적 제도나 기구/조직에 의하여 침해를 받아서는 안 된다는 진리를 발견하게 된다. 그러면서 아나키즘은 19세기 프루동 이후, 그 이론적 진화를 거듭한다. 그 결과 오늘날 아나키즘은 인간 개개인의 천부적 절대 자유/자율을 침해하거나, 제약하거나, 훼손할 우려(가능성)가 있는 절대적 국가주의, 우월적 정부주의, 자본적 경쟁주의, 오만적 일등주의, 천박한 예능주의(=재능주의)를 모두 거부하는 사상으로까지 발전하게 되었다.

이와 같이, '천부적 절대 자유'라는 원리를 바탕으로, 전 인류가 상호부조/다양한/소박한 삶을 바탕으로 하는 작은 정치기구('아주 작은' 자율적 소공동체)를 만들어 정부에 '직접 참여'를 하자는 주장이 아나키즘이다. 이런 아나키즘의 본질을 가지고 보았을 때, 인간과 자연의 천부적인 절대 자유/자율이 보장될 수만 있다면 '정부와 나라'(자연스러운 사회라는 전제하에)를 거부하지 않는다. 곧 '자연스러운 사회'라는 것은 사회구성원 전원의 상호동의/합의(合意)에 의하여 자율적/자치적으로 이루어지는 '아주 작은' 소공동체를 말한다. 이러한 아주 작은 소공동체들이 연대하여 밑으로부터 위로 올라가는 직접적 정치구조를 아나키즘은 추구한다. 따라서 아나키즘의 본질은 인간 개개인과 자연이 상호우애적(相互友愛的)/상호부조적(相互扶助的)/상호배려적(相互配慮的)/상호호혜적(相互互惠的) 존재라는 생각을 갖는 데에 있다.

이 때문에 아나키즘은 현대사회에서 말하는 우익/우파도, 좌익/좌파도 아니다. 아나키즘이 공산주의를 반대하는 것은 공산주의 안에 프롤레타리아 독재권력(스탈린식 전체주의)의 씨앗이 내재하여 있기 때문이다. 이와 더불어 정당제와 대의민주주의도 거부한다. 그것은 선거를 통한 간접 참여에 의해서 만들어진 인위적 법과 선거(다수결에 의한)를 통해 인정되는 지배적 통치(대의제나 정당제 원칙인 협상과 타협)는 특정 집단에만 이익이 될 수 있기 때문이다. 특정 집단은 엘리트 정치집단을 말한다. 다수결에 의한 선거제도는 단지 투표용지를 투표함에 넣는 순간 노예적 존재로 살아가야 하는 피지배 집단에게는 피해 내지 불이익(좌절)이 될 수 있기 때문이다. 따라서 아나키즘은 만장일치의 자율적인 자유의지(自由意志)만이 정당한 사회질서를 움직이는 원동력이 된다고 믿는다. 그러나 다원화된 현대사회에서 만장일치(滿場一致)의 합의란 불가능하다. 이는 곧 자율적으로 유지되는 정당한 사회질서(국가사회의)가 불가능하다는 것을 말해준다. 이 때문에 아나키즘은 공동체 구성원 전원이 참여하는 '아주 작은' 지역 단위의 자치적 자율체제를 바탕으로 하는 자연적 소공동체 사회(원시시대처럼 공동체 마을끼리 서로 간섭하지 않는)를 이상적인 기본사회로 본다(자연공동체 아나키즘). 곧 직접민주주의를 말한다. 아나키즘에서는 대의제와 다수결원리에 의해 만들어진 입법은 정당성을 가질 수 없다고 본다. 입법에 참여한 집단에서 볼 때, 다수의 횡포에 의해 소수가 불이익을 당하는 처지에 놓이게 되고 그들의 자유가 침해를 받을 수 있다고 보기 때문이다. 이렇듯 소수(小數: 최소 1까지 =원자原子)의 가치조차 무시해서는 안 된다는 주장이 아나키즘의 정신이다.

III. 민본아나키즘의 평화사상

위에서 우리는 민본아나키즘이 어떤 사상인지에 대하여 살펴보았다. 그러면 이제 '민본아나키즘'에서 말하는 평화사상에 대하여 잠시 이야기를 나누어 보자.

첫째로 민본아나키즘에서 말하는 평화는 법치(法治)라는 이름으로 인간의 천부적/원자적 절대자유를 제한하지 않는 상태를 말한다. 곧 인간 개개인과 자연생태의 '절대 자유'를 최고의 가치로 둔 상태를 평화라고 말할 수 있다. 그 때문에 법치에 의한 중앙집권적 하향식 통제구조에서는 인간의 절대자유는 보장될 수 없다고 본다. 따라서 자율적/자치적 '아주 작은' 단위의 소공동체를 기본구조로 하는 상향식 합의구조를 지향하는 사회에서만 인간의 절대자유가 보장될 수 있다고 본다. 절대자유가 보장되는 사회가 바로 평화를 만들어낸다고 본다. 또 민본아나키즘에서는 민주주의 탈을 쓰고 전체 합의를 왜곡하는 다수결원칙의 선거제도도 거부한다. 거짓 민주주의 정치논리에 의해 세뇌된 다수결원리/대의제 원리는 다수라는 이름으로 소수의 의견을 묵살함으로써 소수는 소외감을 느끼게 된다. 선거제도 때문에 지금까지 소수의 전라도가 다수의 경상도에 의하여 늘 소외되었다는 데서도 그 예를 찾을 수 있다. 사회구성원 한 사람이라도 소외감을 느끼는 사회라면 그것은 평화사회가 될 수 없다. 다수의 횡포에 의해 소수의 정의가 억압될 수 있기 때문이다. 따라서 아나키즘은 오로지 민인의 주체적/자발적 직접 참여에서만이 '양심에 의한 자유천지'(정의로운 사회/행복한 사회)를 만들 수 있다고 본다. 곧 양심에 의한 자유천지만이 평화상태의 사회로 나아갈 수 있다는 생각이다. 따라서 민주주의 사회에서 '선거를 통한 정치혁명', 공산주의 사회에서 '프롤레타리아 독재를 통한 공산사회 건설'은 자유천지의 평화상태가 결코 될 수 없다는 주장이 민본아나키즘이다.

둘째로 민본아나키즘에서 말하는 평화상태는 일체의 권력과 권위(權威)가 부정되는 상태를 말한다(권력무용론). 소수의 권력과 권위(국가, 단체, 종교, 가족 속에 존재하는)는 다수 개개인을 소외시키는 비인격적인 장애물이다. 이런 상태에서는 평화가 존재할 수 없다. 일반적으로 남의 자유를 무시하는 권위라함은 가족 내 권위, 사회적 권위(직장 내 상사의 권위, 학교 내 서열권위, 연봉제, 호봉제에 따른 급여의 차등)를 포함한다. 특히 각 분야에 도사리고 있는 봉건적/전통적으로 세뇌된 '낡은 우상'/'터널 우상'이 기승을 부리는 사회에서는 평화가 존재할 수 없다. 낡은 우상에는 1) 기득권세력(보수/수구적)에 의해 세뇌(洗腦)되고 오염된 권력주의, 곧 국가지상주의가 있다. 2) 자본주의의 국가교육/제도교육을 통해 뇌세포 속에 가득 채워진 우월주의/경쟁주의/일등주의/명품주의/금권주의/포상(褒賞)제도가 있다. 3) 가정에서 오랜 세월 습관화된 성리학적(공맹사상이 아닌) 전통윤리가 있다. 성리학적 전통윤리에는 부권주의(夫權/父權主義: 어르신 대접)사고, 남천여지(男天女地/男尊女卑: 남성우월적)사고, 아들선호사상(男兒選好思想), 장자상속제(長子相續制), 현모양처의식(賢母良妻意識), 자식소유의식(子息所有意識) 등이 있다. 이러한 낡은 우상은 평화를 파괴하는 적이 된다.

셋째로 민본아나키즘에서는 상호부조적 균산구조를 경제가치로 본다. 이를 경제평화라고 한다. 그래서 민본아나키즘은 자급자족적/자연적 '아주 작은' 소공동체 경제를 평화의 기준으로 삼는다. 따라서 경제원칙은 상호평등과 개인의 주체를 존중하는 차원에서 다루어져야 한다. 곧 의식주로(衣食住勞)는 생존을 위한 '개인의 필요'에 의하여 주어져야 한다. '아주 작은' 소공동체에서는 먹고사는(衣食住勞의) 일정 정도의 개인 소유만 인정되고 일체의 생산수단을 공동재산제로 할 때 평화상태가 만들어진다고 본다. 경제평화를 주장하는 민본아나키즘은 기본생계(基本生計)의 개인적 해결을 중요시한다. 기본생계의 개인적 해결에서 가장 핵심적인 것은 바로 자급자족이다. 따라서 경제원칙은 상호평등과 개인의 주체를 존중하는 차원에서 다루어져야 한다. 그 때문에 노동에서도 '개인의 다양성'은 존중되어야 하고, 노동의 국가적 간섭은 배제되어야 한다. 노동의 국가적 간섭 배제라 함은 공산주의나 사회주의식 전체적 획일성/집체적 강제노동을 배제한다는 뜻이다. 자급자족을 떠나 자본적 이익을 추구하는 경제질서는 빈부의 차별을 격화시킨다. 빈부차의 격심한 현상은 인간의 정의와 양심을 마비시키면서 온갖 범죄(전쟁, 폭력, 도적, 갈취, 인격폄하 등)의 온상을 만들어낸다. 모든 범죄는 평화의 적이 된다. 범죄는 경제평화를 파괴하는 자본적/공산적/국가적 경제체제에서 만들어진다고 본다.

넷째로 교육문제에서는 자율적 교육이 이루어질 때 평화공동체가 가능하다고 본다. 국가주의교육은 그 사회의 통제권을 쥐고 있는 사람들의 정치적/경제적 이익을 위해 봉사하는 세뇌수단에 지나지 않는다. 곧 교과서를 통한 제도교육/국가교육은 엘리트 중심의 기성권력(통치자/지도자의 권력과 권위를 중심으로 하는)을 제도적으로 유지해 주고 그 지지기반을 확보하려는 방편에 지나지 않는다. 우리 사회(한국)에서 질병처럼 일고 있는, 학력병/교육병/지식병/교과서병/

수험병/권위병(완장)/일류병/유명병/명품병/상장병(賞狀病) 등은 모두 다 국가주의교육에서 연유되고 있다. 이런 병에 걸린 사람과 걸리지 않는 사람들 간의 갈등은 세월이 가면 갈수록 깊어지고 있다. 곧 제도교육의 혜택을 잘 받은 사회인(5지선다형 시험지에서 찍기훈련이 잘된 사람)과 그렇지 못한 사회인(논리적 사고력을 지닌 사람) 사이에 갈등의 골이 점점 깊어지고 있다는 뜻이다. 사회적 혜택 속에 사는 사람과 그렇지 못한 사람들의 갈등구조가 커진다면, 이런 사회에서는 평화가 존재할 수 없다. 그래서 민본아나키즘은 자율적 교육혁명을 강조한다. 자율적 교육에서만이 평화를 찾을 수 있다고 본다.

다섯째로 평화세계/세계동포주의를 추구하는 양심을 가질 때, 평화사회가 온다. 민본아나키즘은 절대자유에 바탕을 둔 인류평등을 추구하며, 계급/인종/문화적 차별의 철폐를 최고의 가치로 삼는다. 이런 의미에서 우리나라의 평화적인 민족통일운동은 민본아나키즘 사상과 일맥상통하는 실천운동이다. 우리는 아직도 근대사조의 하나인 자주적 민족주의를 극복하지 못하고 있다. 우리 사회가 세계평화주의로 나아가려면 지금까지 존재하고 있는 자주적 민족주의를 완결지어야 한다. 우리 땅의 두 분단국가를 평화적으로 극복하는 길만이 이질적으로 깊어가고 있는 두 공산주의적 민족주의/자본주의적 민족주의를 극복하는 길이다. 이것이 민본아나키즘적 평화사상의 실천운동이 된다. 분단국가가 해소되면, 자주적 민족주의도 극복되고 세계평화주의로 나가게 된다. 평화 세계를 지향하는 아나키즘은 전쟁을 반대한다. 이런 이유에서 국가에 의하여 강제로 이루어지는 징병제를 반대한다. 외세의 침입을 우려하여 군대 유지가 필요하다면 자유지원병제로 전환할 것을 내세운다(물론 군대 자체를 반대하지만).

이것이 민본아나키즘이 갖는 '자연스러움'을 추구하는 평화사상
이다. 따라서 민본아나키즘은 평화의 적인 기존의 비인간적 정치질
서, 불평등의 경제질서, 엘리트 중심의 사회질서, 유명인 중심의 문
화질서에 거부/저항하는 성향(무정부주의가 아닌, 권력/권위무용주의)을
강하게 띤다. 이렇게 민본아나키즘은 사람 개개인에 있어서 상대방
에 대한 배려와 존중심(개인의 자유에 대한)으로부터 시작하여 사회/
세계 전체로 생각을 확대해 나간다. 민본아나키즘은 인간 개개인의
가정에서 국가에 이르기까지 모든 통치권력과 권위적 존재 그리고
일체의 '제도권력'(制度權力)으로부터 강제/억압받지 않으려 하는 사
상이다. 민본아나키즘은 권력/권위의 무용론, 법제적 통치의 무가치
성을 주장한다. 이것이 곧 민본아나키즘이 갖는 평화사상이다. 따라
서 민본아나키즘에서 말하는 평화란 사람과 사람 간 서로의 차이(다
양성)를 인정하고 서로의 행복을 추구하고/추구해주는 상호부조정
신에 기반을 두고 있다. 그래서 민본아나키즘은 상호부조정신이 완
전히 배제된 정치권력과 자본권력 그리고 종교권력의 '갑질'을 경멸
한다. 갑질은 인간의 인격과 권리를 유린하고 인간의 숭고한 자유를
파괴하는 폭력이다. 전쟁에 의한 폭력뿐 아니라, 한 사회의 제도와
구조에 의한 인위적인 억압과 법치적 제한/간섭도 폭력에 해당한다.
이러한 종류의 폭력은 인간사회에 평화를 가져다줄 수 없다. 평화라
고 말할 수 있는 상태는 인간의 원자적/천부적 자유가 천부외적인
법치(권력)에 의하여 제한/간섭/통제를 받지 않는, 곧 지배적 권력과
갈등 대립이 없는 자유로운 마음의 평온/태평상태를 평화라고 말할
수 있다. 이렇게 민본아나키즘의 입장에서 평화에 대한 정의를 내려
본다. 이제부터는 안중근, 조봉암, 김대중과 함석헌은 어떠한 평화

사상을 가지고 이를 우리 땅에 적용하려 하였는지를 살펴보기로 한다. 우리 땅에 사는 사람들(남과 북)은 분명히 평화유전자를 가지고 태어났다. 그 평화유전자의 모태(母胎)는 우리 땅 어디에서 나오고 있는지를 먼저 살펴본다.

2장. 동아시아의 평화유전자 – 강화 마니산

우리 땅을 놓고 남(南)은 한반도, 북(北)은 조선반도라고 한다. 이 용어는 곧 겨레분단을 고착시키는 용어다. 하여 글쓴이는 남의 한반도와 북의 조선반도를 아우르는 용어로 '우리 땅' 또는 '동아반도'라는 용어를 섞어 쓰기로 한다. 우리 땅에 평화유전자가 역사적으로 생성된 곳은 강화도 마니산(摩尼山, 마리산은 잘못된 표기다)이다. 하여 강화도 역사를 잠시 살펴본 다음 마니산의 평화유전자에 대하여 살펴보기로 한다. 강화도가 우리 영토의 한 땅덩어리로 편입되는 것은 고구려민족 내부의 권력 장악 싸움에서 패한 비류와 온조가 한강 유역에 내려와 새로운 나라를 건국한 때부터로 보인다.

고구려 시조 주몽(朱蒙)은 첫 부인으로 부여(夫餘) 땅에서 도망 나오기 전에 혼인한 예씨(芮氏, 또는 禮氏, 일반적으로 예소야로 불림) 부인이 있었다. 주몽은 부여에서 왕위계승권 싸움에서 밀려나자 부여를 탈출한다. 그리고 졸본부여로 와서 둘째 부인 소서노(召西奴)를 만나게 된다. 예씨 부인한테서는 장남 유리(類利, 또는 孺留, 고유리, 묘호

태왕[太王])가 있었고 소서노한테서는 두 아들, 비류(沸流)와 온조(溫祚)가 있었다. 그런데 소서노의 두 아들에 대하여 일연이 쓴《三國遺事》(삼국유사)에서는 주몽의 아들로 되어있으나, 안정복이 쓴《東史綱目》(동사강목)에서는 졸본부여 우태(優台)의 자식으로 보고 있다. 주몽이 고구려국을 건설하고 나라가 안정될 무렵에 예씨 부인의 첫 아들인 유리도 부여를 탈출하여 고구려에 찾아든다. 이 때문에 주몽의 장남 유리와 소서노의 두 아들 사이에 왕위쟁탈전이 벌어진다. 여기서 소서노의 두 아들이 패하게 된다. 이는 고대국가에서 장남에 의한 왕위계승제도가 확립되었음을 뜻한다. 어찌했든, 소서노는 자신의 소생들이 고구려 왕위쟁탈전에서 밀려나자 두 아들과 함께 한강 유역(고구려 행정구역였던 매소홀현)으로 내려와 나라를 세운다. 소서노가 한강 유역으로 내려오게 되었던 것은 평소 중국과 무역을 하면서, 사람 살기에 아주 좋은 땅이라고 생각해 두었기 때문이다. 이 때가 기원전 1세기 무렵 일이다. 원래 한강 유역에는 고조선(古朝鮮)의 마지막 왕인 준왕(準王)의 무리가 일찍이 이곳으로 내려와 한(韓)이라는 나라를 세웠던 지역이다.

그 후 한이라는 나라는 셋으로 분열되어(馬韓, 弁韓, 辰韓) 한강 유역은 마한(馬韓, 마한이 평안도에 있었다는 주장도 있다. 윤내현, 1995)이 지배하고 있었다. 고구려의 왕족으로서 발달한 철기문화를 지닌 온조(예맥족 부여씨)가 이 지역으로 내려오자(이주민 집단), 마한 왕은 이주민 세력인 온조에게 자신에게 복종한다는 조건으로 살 땅을 내어준다. 바로 이 땅이 지금의 서울지역인 북한산을 배경으로 한 세검정과 평창동 계곡 일대의 하북위례성(河北慰禮城)일 것으로 보고 있다. 온조는 십제(十濟)라는 나라를 만들고[1] 이 땅을 토대로 점점 세력을 키워나가다가 근거지를 다시 오늘날 경기도 성남의 하남위례성(남한산성지역, 풍납토성, 몽촌토성)으로 옮긴다. 이 말은 이주민 집단인 온조의 세력이 커졌다는 말이 된다. 말을 바꾸면, 온조 세력은 점점 마한의 세력권에서 벗어나 독자적인 세력으로 성장했다는 뜻이다. 결국, 세력을 확장한 온조 집단은 마한의 수도인 지금의 전라북도 익산(益山市)을 점령함으로써 마한을 멸망시킨다(기원전 7년). 이리하여 온조 세력은 경기도를 중심으로 오늘날의 충청도, 전라도 지역으로 나라의 영토를 넓혀나간다. 이때 강화도도 십제 땅이 된 것으로 본다.

한편, 온조의 형인 비류(沸流)는 어머니 소서노의 무역업(소금 교역)을 계승하기 위하여 해상활동이 편리한 옛 강화를 포함하는 인천지역(미추홀[彌鄒忽], 또는 오늘날 시흥[始興] 지역으로 보는 이도 있음)에 미추홀이라는 이름의 작은 나라를 세운다.[2] 그러나 미추홀은 소금 이외의 다른 생산물이 거의 생산되지 않는 지역이라 무역업을 빼고는 나라를 크게 만들기에는 마땅치 않았다. 그리하여 동생인 온조와 나라를 합치게 된다. 온조는 비류의 지배영역까지 흡수하고 나서 나라 이름을 십제에서 백제(百濟)로 바꾸게 된다. 이렇게 해서 강화를 포함하는 인천지역은 백제 땅이 된다. 따라서 백제는 부여 혈통의 고구려 이주민집단과 마한(강화를 포함하는)의 토착세력들이 결합하여 이루어진 나라라고 볼 수 있다. 3세기경에 이르러 백제는 중앙집권체제를 이루게 된다. 곧 부자상속에 의한 전제왕권의 확립과 중앙을 5부(東, 西, 南, 北, 中)로 나누고, 지방 행정구역도 확정하게 된다. 백제의 행정구역이 마련되면서 이때 강화도의 명칭은 갑비고차(甲比古次)가 된다. 그 후 강화도는 5세기경 다시 고구려에게 점령당하면서(400) 혈구군(穴口郡)으로 명칭이 바뀌게 된다.[3] 여기서는 강화의 연혁이나 강화라는 지명에 대해서는 더 이상 검토할 필요가 없기 때문에 이제부터는 강화 마니산에 대하여 살펴보기로 한다.

역사는 과거의 사실을 통하여 현재를 성찰하는 일이 반드시 수반되어야 한다. 즉, 현재 우리의 잘못이 어디서부터 비롯되었는지, 현재의 잘못을 고칠 수 있는 해답은 역사의 과거를 통하여 얻어낼 수 있다. 그리고 '역사 과거'의 고찰과 이를 통한 현재의 성찰만 한다고 해서 이 또한 역사의 전체가 아니다. 역사학은 과거와 현재와 미래가 완벽한 하나를 이룰 때 완전한 '역사학'이라고 할 수 있다. 그래서 역사학은 과거성, 현재성, 미래성을 모두/두루 갖추고 있는 학문이다. 과거의 고찰과 과거를 통한 현재의 성찰, 현재의 성찰을 통한 미래 인간의 진보와 자유가 보장되는 행복사회를 설계하는 게 역사다. 미래 인간의 삶의 방식을 예견하고 이를 설계할 수 없다면 역사를 공부한다고 할 수 없다. 따라서 역사학은 과거와 현재의 인문과학이면서 미래를 공부하는 사회과학이다. 이러한 역사학에 대한 기본 개념을 가지고 오늘의 주제에 접근하고자 한다.

조금 오래된 이야기이다. 지금은 고인이 된 최기선(崔箕善, 1945~2018, 김포 출신)이라는 사람이 인천시장을 하고 있을 때 일이다. 최기선이 시민단체 대표자들이 함께 모인 자리에서 강화도에 산재(散在)되어 있는 고인돌을 죄다 한군데(강화군 하점면 부근리 330-2)로 모아 고인돌 문화단지를 만들고 매년 고인돌 축제를 하겠다는 포부를 밝힌 적이 있다(1997.12.). 이 자리에 참석하였던 글쓴이가 그 말을 듣고 최 시장에게 야단을 쳤다. "만약 당신이 강화도에 널려 있는 고인돌을 하나라도 건들면 당신은 강화역사의 역적(逆賊)이 되는 줄 알아라. 어떻게 역사유적지에 손을 대려고 하느냐." 그 때문인지는 모르겠으나 강화도의 고인돌은 태초의 자리에 잘 보존되어 오늘에 이르고 있고, 세계문화유산으로 등록될 수 있었다. 전라남도 보성의 고인돌은 세계에서도 아름답기로 유명하지만, 역사적 가치도 모르는 무식쟁이 전두환이 찬탈 권력을 쥐고 있을 때, 보성강 하류에 주암댐을 만들면서(1987) 수몰지구가 되고 말았다. 그래서 주암댐 조성을 위하여 강 주변 둔치 등지에 산재하여 있던 많은 고인돌을 한 군데로 모아 고인돌 단지(고인돌공원)를 만드는 바람에 강화, 고창, 화순 등지의 고인돌 유적은 세계유산에 선정이 되었으나 보성은 제외되고 말았다. 이와 같이 역사유물은 손을 대서는 안 된다.

강화도 전역, 곧 하점리(河岾面), 장정리(長井里), 화도면(華道面), 사기리(沙器里), 동막리(東幕里) 등지에서 발견되는 청동기 유적인 고인돌은 강화도의 역사가 우리 민족의 역사와 함께 태동하였다는 것을 말해준다. 더구나 강화지역에는 구석기(石器類 등) 및 신석기(간석기, 빗살무늬토기 등) 유적도 많이 발견되고 있다는 보고서들이 있다. 이로 보아 강화도는 우리 역사 태초부터 사람이 살아왔다는 사실을 알게 된다. 특히 청동기시대의 특징인 고인돌의 발견(지금 그 자리)은 강화지역에 흔히 말하는 연맹왕국(聯盟王國) 이전의 단계로서 추장사회인 군장사회/군장국가(Chiefdom)가 존재했다는 것을 말해준다. 군장국가 성립의 정확한 연대는 아직 밝혀지고 있지 않지만, 강화의 청동기가 기원전 2000~1500년경부터 시작된다고 보면 청동기 초기부터 군장국가는 성립되었을 것으로 본다. 그런데 고려시대에 지어진 《삼국유사》(一然, 1277~1281년경)와 《帝王韻紀》(제왕운기, 李承休 작, 1287)를 보면 단군이 고(古)조선을 건국한 것으로 기록되고 있다. 고조선은 하늘 숭배의 천신사상을 이념으로 하는 청동기 문명을 가진 이주민 집단(기마집단)과 땅의 토템신앙을 가진 토착세력 간에 성립된 군장국가로 보인다. 당시 초대 군장이었던 단군(檀君)이 하늘에 제사를 지내기 위해 쌓았다는 강화도 마니산(摩尼山)[4] 참성단(塹星壇, 뒤에 塹城壇으로 글자가 바뀜)과 단군이 세 아들에게 명하여 쌓게 하였다고 전해지는 길상면의 삼랑성(三郞城, 傳燈山) 등이 있다. 일단 설화적 차원이 아닌 역사과학적 차원에서 참성단이 축성된 시기를 사료 부족으로 정확히 알 수는 없지만, 이 분야 연구자의 연구 성과에 의하면 참성단 축성연대가 제각각이다.[5] 어떤 연구자는 소서노가 이끌고 온 비류 집단(단군의 후예로 보는)이 미추홀에 나라를 세울 때 강화 마리산에 참성단을 쌓았다(기원전 26년경)[6]라는 주장을 하고 있다. 이에 비하여 다른 연구자는 참성단 축성연대를 고려 전기일 것으로 보고 있다. 다만 마니산에 관한 기록이 삼국유사에서 처음 보이는 것으로 보아 아마도 삼국유사가 쓰인 시기(1310?) 이전, 곧 13세기 이전부터 존재했던 것으로 보인다. 참성단이 우리 역사에서 관심의 대상이 되었던 것은 외적의 침입으로 우리 사회가 혼탁해져 있을 때이다. 곧 민족의 대동단결을 위해 민족의 시조로 단군을 재인식하였던 것으로 본다. 《高麗史·元宗世家》(고려사, 원종세가)에 보면 1264년 "몽골이 고려왕 왕식(王植, 묘호 元宗)더러 원(元)에 친조(親朝)하라고 여러 차례 귀찮게 하자, 몽골 사신을 피하기 위해 왕식이 참성단에 가서 초제(醮祭: 도교에서 별을 향한 제사)를 드렸다"[7]라는 사실에서도 국난극복 정신을 참성단에서 찾고 있음을 본다.

참성단이 관측소(觀測所)라는 설도 있었지만, 제단(祭壇)으로 밝혀졌다. 단군과 연결하여 참성단(塹城壇: 참호와 성벽 안에 있는 제단이라는 뜻)[8]의 존재에서 신성한 정신을 찾고자 했을 것으로 보인다. 그러나 참성단을 꼭 단군조선과 연관시키는 데에는 연구의 한계가 있다. 삼국유사 등에서 나오는 단군설화는 역사적 사실(史實)을 설화(說話)화한 것으로 본다. 설화로만 알려져 오던 중국의 삼황오제(三皇五帝)의 설화가 고고학의 발달로 점점 '사실성 설화'(史實性說話)로 밝혀지듯이 단군설화도 '사실성설화'로 인식되고 있는 게 사실이다. 그러나 참성단이 설화로서는 단군과 연결되어 있지만, 학문연구로서는 아직 그 연결고리를 찾지 못하고 있는 실정이다. 단군조선의 역사가 사실(史實)로 드러나고 있는 이상 참성단과 단군조선과의 연결고리도 언제인가는 찾아지리라 본다. 안타까운 것은 북조선에서는 단군조선과 연관하여 '대동강문화권'을 설정하고(1994) '요하문명'(遼河文明)과 같은 맥락에서 대동강 단군문명을 세계문명 5대 발상지로 내세우고 있지만, 남한 학자들과 학문적 교류를 통한 연구가 없었다는 게 아쉬울 뿐이다. 게다가 북조선의 학자들은 '대동강문화권'의 연구를 통하여 중국의 동북공정(東北工程, 행정상 2002~2006년까지였지만 현재도 진행 중임)의 그릇됨을 통렬하게 비판하면서 대응한 바 있다(2004). 그러나 이러한 중국의 동북공정에 대하여 남북 역사학자들이 공동연구를 통하여 함께 대응하였더라면 하는 아쉬움도 갖는다. 어찌했던 남한지역에서 단군조선과 관계가 있다고 생각되는[9] 역사유물은 강화의 참성단 그리고 삼랑성뿐이다.[10] 단군조선이 활동한 주된 역사무대는 대동강 유역이 분명하다. 천신(환인)사상을 지닌 북방민족(청동기문명을 지닌 환웅부족)이 바이칼 호수 지역을 떠나 한/조선반도(남북이 서로 동아반도라 하였으면 좋겠다)로 진출한다. 이들 북방민족은 대동강 유역의 토착부락인 토템부족을 정복하고 초기국가인 단군조선을 건국한다. 그리고 단군을 천신사상에 바탕을 둔 신이(神異)한 설화로 지어낸 것으로 본다. 어찌했던 야사로서 삼국유사가 정사(正史) 기록으로 인정되고 있지만, 아직도 학계에서는 정사로 인정되지 않는 여러 재야기록(桓檀古記, 檀君世紀, 揆園史話 등)에서는 참성단에 관련하여 미확인 사실(事實)을 사실화(史實化)하여 기록한 것으로 본다.

이제부터는 참성단이 갖는 평화사상에 대하여 이야기해 보기로 하자. 1) 참성단을 품고 있는 마니산(摩尼山)은 어떤 의미의 산인가 2) 참성단의 축조구조인 상방하원(上方下圓: 윗단은 사각이고 아랫단은 원형을 말함) 형태가 갖는 의미는 무엇인가에 대하여 생각해 보기로 한다. 먼저 참성단을 품고 있는 마니산에 대하여 여러 가지 의견이 나오고 있기에 이 점에 대하여 글쓴이 나름으로 살펴보기로 한다. 여러 기록을 보면 강화도 마니산(摩尼山)[11]을 마리산(摩利山)/마루산/두악산(頭嶽山) 등으로 불렀다고 한다. 16세기에 완필되는《新增東國興地勝覽》(신증동국여지승람, 1530)에서 보면 '江華府摩尼山'(강화부마니산)으로 나온다.[12] 마니의 용어에 대하여 여러 말이 있지만, 이 글을 쓰면서 밝혀보는 것은 마니의 원말(原語)은 불교의 마니보주(摩尼寶珠: 구슬)에서 온 말로 생각된다. 마니(摩尼)의 한자말 뜻은 '아름다운 구슬'이다. 마니산은 강화에서만 있는 산이 아니고 내륙에도 몇 곳에 있다.[13] 마니(摩尼)라는 구슬은 도리천(切利天)에 머물고 있는 제석천왕(단군의 할아버지, 석제환인[釋提桓因])이 전쟁을 끊임없이 일으켜 세상을 혼란으로 빠트리는 악신(惡神) 아수라(阿修羅, asura)와 싸울 때 그가 지닌 금강저(金剛杵)가 어느 바다에 떨어져 구슬이 되었다는 설화에서 보듯이, 마니보주는 바로 아름다운 구슬(如意珠)을 뜻한다. 마니라는 구슬은 불교에서 말하는 중생을 이롭게(濁水淨化: 탁수의 정화능력, 諸惡抑制: 제악의 억제능력, 炎火統制: 염화의 통제능력)하는 신물(神物)을 뜻한다. 탁수의 정화(더러운 물을 맑게 함), 제악의 억제(모든 악이 일어나지 못하게 함), 염화의 통제(마음속의 더러운 욕망을 잠재움)는 곧 평화를 뜻한다. 그러니까, 평화의 상징이 바로 마니구슬이다. 이로 보았을 때 마니산은 마루산이니 머리산이니 마리산이니 하는 어색한 뜻보다는 불교의 마니보주(평화의 상징물)에서 따온 말이라는 게 더 설득력을 갖는다.

이렇게 평화의 상징인 마니산에서 천신에게 제를 올리는 참성단을 설치했다는 것은 당대(當代: 그 시대)를 살아가는 사람들에게는 평화의 희망을 하늘에 갈구했다는 뜻이 된다. 조선 후기 역사학자 안정복(安鼎福, 1712~1791)도 그의 《東史綱目》(동사강목, 1778)에서 고려사 지리지(地理志)를 인용하여 "마니산(摩尼山)의 참성단(塹城壇)은 세속에서 단군이 하늘에 제사 지내던 단이다. 전등산(傳燈山)은 일명 삼랑성(三郎城)인데, 세속에서 단군이 세 아들을 시켜서 쌓은 것으로 전한다"라고 사평(史評)을 달고 있다. 그래서 이곳이 성소(聖所: 성스러운 곳)였기에 역대왕조도 하늘에 제사를 드린 제천단(祭天壇)이라고 기록하고 있다.[14] 평화의 산으로 상징되는 아름다운 구슬산 마니산에 하늘 제(天祭)를 올리는 참성단(제천단)을 쌓았다는 것은 고려 전기 이전의 왕조사회에서 지배층들이 재난의 방지, 외적의 격퇴, 풍년의 기원과 백성의 안녕을 기원하기 위함이었던 것으로 보인다. 한 나라의 지배층들이 백성/민인/씨을을 위하여 하늘에 제를 올리는 행위는 그 자체가 행복과 평화를 기원하는 행위에 해당한다. 조선 시대 마니산과 참성단에 대하여 가장 먼저 기록을 남긴 사람은 조선 초기 권근(權近, 1352~1409)이다. 그의 문집인 《陽村集》(양촌집, 1672)에서 그의 말(塹城醮靑詞[참성초청사])을 끌어내어 본다. "바다 위 높은 산은 저 멀리 인간의 번잡한 걱정들을 막아주고 있다. 단 가운데는 하늘이 가까워 신령(하늘의 기운)을 맞이할 만하다." 이외에도 마니산은 단군을 제사하던 곳이라고 적고 있다. 또 제문(祭文)에는 예절의 아름다움을 계승하고, 외적을 막아 나라를 보전케 하며 왜구를 격퇴하여 나라를 안전하게 해달라는 내용도 담고 있다.[15] 곧 나라의 평화를 비는 제문이다.

옛사람들이 살고 있던 그때(농경사회)부터 당시 사람들은 지구상의 생명이 살아 움직이는 것은 지구 위의 하늘(농사를 주관하는 神이 존재하는) 공간에서 내려오는 기운이 땅의 기운과 만나 생명을 잉태하고 자라게 한다는 이치를 일찍이 알고 있었다(생명력). 그리하여 하늘(자연공간)은 천지의 기운을 만들어 준다는 원(圓, 옛사람들도 하늘은 둥글다고 보았다)으로 이해하고, 땅은 생명을 움트게 하는 네모(四角形) 모양의 공간으로 이해하고 있었다. 천=양=원/지=음=방(天陽圓/地陰方)의 유기/순환적 관계는, 상호 대립과 갈등하면서 조화를 이룬다고 보았다. 이 조화가 끊임없는 생성/변화/발전을 이루어내면서 지양(止揚)/평화상태를 만들어낸다는 생각이었다. 중국의 옛사람들은 이런 이치를 하늘에서 내리는 햇볕 그리고 비와 바람을 통하여 이해하였다. 이런 이치(천문지리)를 반영한 책이 주역(周易=易經, 周代에 쓴 것으로 알려져 있을 뿐, 작성연대를 모름)이다. 주역에서 말하는 64괘 중에 옛사람들의 사고를 그대로 반영하는 괘 중 하나가 천지태괘(地天泰卦=乾坤泰卦[건곤태괘]䷊)이다.[16] 태괘는 하늘(乾卦☰ =陽)[17]의 기운과 땅(坤卦☷ =陰)의 기운이 교류(효[爻])함을 의미한다.

주역에서 태괘의 경우, 건괘(하늘)는 밑에 있고 곤괘(땅)는 위에 그려 있다. 이러한 주역의 이치에서 참성단은 땅(大地)을 상징하는 사각형(四角形)의 제단은 위에, 하늘을 상징하는 원단(圓壇)은 아래에 설치하였다.[18] 원단(圓壇)에서는 천제(天祭)를 올리지 않고 방단(方壇)에서 천제를 올린다. 이는 태괘의 성질에서 왔다. 곧 하늘의 기운이 땅으로 내려온다는 자연의 이치를 이용한 논리이다.

태(泰)의 뜻을 알기 위해 태(泰)의 자원풀이를 잠시 해보기로 하자. 태(泰)를 갑골문에서 찾아보면, 🔣와 같이 글자의 위에는 큰 대(大)의 갑골문이 그려져 있고 그 아래는 물 수(水)의 갑골문체가 그려져 있다. 위의 대(大)는 큰 사람, 곧 장정(壯丁=인간)을 뜻한다. 따라서 장정(大)이 냇가(水)에서 몸을 씻고 편안히 쉬고 있는 모습을 의미한다. 곧 편안/평화의 뜻이다. 이런 글자가 금문(🔣)을 거쳐 전서체로 오면 🔣와 같이 대(大)자 밑의 글자 좌우로 왼손(屮)과 오른손(ㅋ)을 뜻하는 글자가 그려 있고 그 가운데에는 물 수(氺)의 전서체가 그려 있다. 이는 두 손으로 물을 떠서 몸을 씻으니 몸이 개운하고 편안하다는 뜻이다. 이런 글자가 해서체에 와서 오늘날의 클 태(泰)로 정형화된다. 따라서 태(泰)의 본디 뜻은 평안/태평이다. 그래서 주역에서 태괘(泰卦)는 태평/편안/형통/행복을 뜻한다. 원래 하늘은 위에 있고, 땅은 아래에 있는 게 자연의 이치다. 그런데 이 태괘는 거꾸로 땅을 상징하는 음인 곤괘(坤卦, ☷)가 위에 있고, 하늘을 상징하는 양인 건괘(乾卦, ☰)가 아래에 있다. 앞에서도 말한 바와 같이, 이는 하늘의 에너지가 땅으로 내려와서 땅의 생물이 위로 자라는 자연의 순리(생육/생성/양생의)에 대한 설명이다. 이렇게 보았을 때, 오늘날 평화를 뜻하는 태(泰)의 본디 뜻은 태평의 뜻이었지, 평화의 뜻은 아니었다. 곧 아시아에서는 평화라는 용어보다는 비공(非攻)과 인의(仁義), 애민(愛民)과 평강(平康), 위민(爲民)과 평안(平安)의 용어들이 주로 사용되고 있었다. 이러한 용어들이 오늘날 평화라는 말 속에 용해되었다고 본다. 주역에 의하면 "하늘은 상(象=理)을, 땅은 형(形=氣)을 이루어 변화가 나타난다. 그래서 하늘(乾)은 생명의 창조를 주관하고 땅(坤)은 만물의 완성을 주관한다"[19]라고 하였다. 그리하여 천지의 상호작용을 통해 모든 만물의 생성과 변화가 생겨난다고 파악하고 있었다. 곧 하늘은 알파(alpha **α**: 최상위의 존재)로 생명의 창조자이고, 땅은 오메가(omega **Ω**: 최종 완성의 존재)로 생명의 완성자라는 뜻이다. 이리하여 자연의 순리대로 움직이게 되면 태평/형통하게 된다는 뜻을 갖는 괘(卦)가 태괘이다. 따라서 참성단이 주역의 원리를 그대로 적용하여 건곤태괘의 구조로 축조하였다는 것은 나라의 '평화'/태평을 기원하기 위하여 축조한 것으로 보인다. 곧 우주만물이 생장하고 소통한다는 것은 개인으로 볼 때는 자연스러움=자유=평화를 말하고 나라(國家라는 말은 근대에 와서 쓰기 시작한 용어임)로 볼 때는 태평성대를 의미한다. 바로 이러한 이치에서 마니산에 참성단을 조성한 이유를 알 수 있다.

이제까지의 이야기를 정리해 보면 마니산에 참성단을 조성한 까닭은 바로 마니산이 갖는 두 가지 의미였을 것으로 생각된다. 하나는 태괘사상(泰卦思想)이다. 땅의 음(陰) 기운은 생명의 뿌리를 내리게 하고 하늘의 양(陽) 기운은 생명의 싹을 틔우게 한다. 이러한 양기와 음기가 교류(爻)하면서 한 곳으로 도치(倒置: 한곳에 모아둠)하였다가 사방으로 퍼지게 하는 데 가장 좋은 기운을 만들어내는 곳이 앞의 중생을 이롭게 하는 능력을 가지고 있는 마니산이었다고 본다.

탁수의 정화, 제악의 억제, 염화의 통제는 곧 평화를 뜻한다. 이 평화의 상징인 마니구슬산에 참성단을 지었다는 것은 우리 땅에 탁한 기운을 몰아내고 불의한 악행들이 사라지고, 재난과 전쟁상태가 없기를 바라는, 곧 평화상태를 추구하는 당시 지배층의 염원이 담긴 실천적 결과라고 말할 수 있다. 참성단을 지배층의 생각 결과로 보는 것은 석축(石築)의 모양으로 보아 많은 석공과 노동인력이 필요했을 것이라는 판단이기 때문이다. 이렇게 해서 우리 땅, 한/조선반도의 평화사상은 강화 마니산에서 탄생하게 된다. 강화에서 탄생한 평화사상이 곧 우리 땅/우리 민족/우리나라의 평화유전자(平和 DNA)가 된다. 이 평화유전자는 일찍이 우리 땅에서 나와 지구 전체로 퍼져나가고 있다는 생각이다. 지구상에 존재하는 악한 기운의 전쟁광들에 의해 지금 평화유전자의 숨통이 막혀 있지만, 머지않아 그 힘이 강하게 뻗어 나가리라는 생각이다.

3장. 안중근의 동아평화공동체 사상

　안중근(安重根; 安應七, 安泰勳×趙召史=1879~1910)의 삶살이(생애)에 대하여서는 많은 연구자가 여러 각도에서 조명하여 왔기에 여기서는 필요에 의하여 몇 가지 약기 한다. 우리 사회는 유가학파 사상의 영향으로 아직도 정치적 권력과 권위가 '세상 흐름'의 주류를 이루고 있어서 혈연/지연/학연/종연(宗緣: 종교적 인연) 그리고 자본주의적 부력(富力)을 중요시하는 경향이 있다. 그래서 처음 만나는 사람과 인연을 맺을 때, 흔히들 본관/고향/부친의 직업/학교를 물어보는 경향이 있다. 이 때문인지 어떤 인물에 대한 글을 쓸 때도 부모는 누구(부자였는가, 가난뱅이였는가, 양반인가. 상놈인가)인가, 어릴 때 영특했는가, 자라면서 공부는 많이 했는가 등에 관심을 갖고 글을 쓴다. 이 때문에 그는 훌륭하게 살았다는 결론을 내리면서 그 사람의 삶살이를 써 내려간다. 바탕이 안 좋은 사람은 훌륭하게 되지 않는다는 역설적인 말이기도 하다. 여기서는 안중근의 가정사를 대략적으로만 보기로 한다. 이 글에서는 안중근의 행적을 따라 그가 이토를 왜 죽였는지 그리고 그의 동양평화론(東洋平和論, 이를 글쓴이는 東亞平和論으로 고쳐쓰기로 함)은 어떤 내용을 품고 있는지에 관심을 가지고 쓰고자 한다. 그리고 안중근의 동아평화론은 분단된 우리 현실에 어떻게 적용해 볼 수 있는지를 검토하는 시간으로 삼고자 한다.

I. 안중근의 삶살이

안중근이 역사적인 거사(巨事)를 만들게 되는 그 시기는 가련한 운명을 가진 대한제국(이하 대한/대한국으로 쓴다) 시기였다. 대한의 왕과 관료들이 시대 흐름을 읽어내지 못하고, 군주는 왕 자리에 연연하고, 고관대작의 관료들은 자기 이익에만 열을 올리는 바람에 나라의 운명이 풍전등화에 놓이고 있을 때였다. 대한나라의 운명을 뒤바꿔 놓으며 쳐들어오고 있는 적군의 대장인 이토 히로부미(伊藤博文. 이후 이토로 적음)를 격살하여 침략군을 막아보려고 노력한 이가 안중근이다. 신념과 용기를 가진 안중근의 삶살이를 개인자서전(『安應七歷史』, 1910)을 통하여 간단하게 살펴본다.

1. 안중근의 성장 배경

안중근은 황해도 해주 출신으로 그의 조상들은 역대 관료를 지냈다. 덕분에 대지주 집안이었다. 오늘날의 말로 쓰면 안중근은 금수저 집안에서 태어났다. 그의 아버지는 서양의 근대문명이 들어올 때 과감하게 성리학적 유풍을 버리고 천주교에 입교하였다. 이렇듯 대지주라는 경제기반이 있었고, 근대문명(천주교)을 수용한 가족 분위기가 그의 인간 됨됨이를 만들어 주었다고 본다. 그의 할아버지는 금수저 집안이면서도 오늘날의 금수저 혈통과는 달리 사익(私益)보다 공익(公益)을 앞세우는 가풍(家風)을 만들어놓았다. 안중근은 자기를 무척이나 아껴주고 사랑해 주던 할아버지가 세상을 하직한 후에 슬픔에서인지는 모르나 학문보다는 놀기를 좋아했다.

안중근의 말에 의하면, 자신이 16세 되던 무렵(1894)에 동학농민교의 사회개혁운동(동학농민기의[東學農民起義])이 일어났다. 그런데 그의 말에 의하면, 동학혁명군의 행동은 한 마디로 개판이었다고 한다. 역사적 사실과는 많이 다른 증언이다. 안중근은 동학혁명군의 행동이 조선을 위태롭게 한 원인이 되었다고 술회한다. 안중근은 조선왕실이 동학농민기의군을 막기 위해 청국에 원병을 요청한 것이 빌미가 되어 청일전쟁이 일어났다(1895)고 보았다. 당시 반봉건/반외세의 기치를 걸고 일어선 동학농민기의군에 대하여 일반적 역사 사실과는 달리 당대 사람들은 자신의 처지에 따라 다음과 같이 인식하고 있었다. 1) 조선왕실과 관료는 농민반란으로 인식하였고 2) 양반 등 유산계급(개화지식인을 포함하여)들은 폭도(暴徒)/비도(匪徒)로 인식하였으며 3) 무산계급(하층농민 및 천민층)은 신분해방과 평등세상을 만들기 의한 기의(起義)로 보았다. 안중근은 유산계급에 속하였던 탓인지 동학농민기의군을 적병(敵兵)으로 표현하고 동학농민기의군 지도자를 괴수(魁帥)로 표현하였다. 유산계급과 개화파 지식인들은 일제군에 대항하는 의병까지도 비도(匪徒)로 몰아세웠다.

심각한 문제는 조선왕실이었다. 동학농민기의군의 북상(北上, 서울로 진격)을 막을 수 없다고 판단하고 청에 지원병을 요청한 사실이다. 그리하여 청군이 원병으로 들어온다. 그러자 일제군도 원병으로 들어왔다. 청군에게만 원병을 요청했는데 일제군도 원병으로 들어왔다. 이게 웬일인가? 그것은 청국과 일제국 사이에 체결된 텐진조약(天津條約, 1885.3.4.)에서 기인한다. 텐진조약이 나오게 되는 과정에 대하여 간략하게 살펴보자.

당시 조선은 서양 열강들의 침입에 시달리고 있었다. 하여 이를 막기 위해 조선의 지식인들은 조선의 정치/사회를 개혁해야 한다는 생각과 주장을 하고 있었다. 이러한 과정에서 정치세력이 둘로 갈라진다. 하나는, 정통성리학을 지키고 서양의 종교와 사상을 물리쳐야 한다는 정치세력으로 위정척사파(衛正斥邪派: 최익현[崔益鉉]이 대표적임)이고 다른 하나는, 서양의 사상과 학문을 받아들여 조선의 문물을 개혁해야 한다는 정치세력으로 개화파(開化派: 김옥균, 박영호, 박규수, 유홍기 등이 대표적임)이다. 그리고 개화파 내부는 다시 개혁을 하되, 점진적으로 개혁하자는 친청적(親淸的) 온건개화파 세력(김홍집, 김윤식, 어윤중 등이 대표적임)과 친일적(親日的) 급진개화파 세력(김옥균, 박영호가 대표적임)으로 갈라진다. 여기에 온건개화파는 동도서기론적(東道西器論的) 입장에서 서양의 문물을 받아들이면서 정치현상을 서서히 개혁해 나가자고 했다. 그러나 친일적 급진개화파(개화당)는 조속히 정치개혁을 이루어야 한다는 쪽이었다.

개화파들은 당시의 정치현실에 대하여 다음과 같이 진단하고 있었다. 하나는, 청국이 조선의 속방화(屬邦化: 속국화)해 들어오면서 조선에 대한 간섭정책으로 조선의 자주독립을 침해하고 있다. 둘은, 민씨 수구권력들이 청국의 속방정책에 순응하고 있다. 이러한 판단을 가지고 있던 개화파(특히 급진세력)들은 일제 군대의 힘을 빌려 무력쿠데타를 일으켜서라도 부국강병적 자주근대화를 이루어야 한다는 생각에서 정변을 일으켰다. 곧 갑신정변이다(1884). 그러나 청국 군대의 불법적 개입으로 친일적 개화파의 정변은 실패를 보게 된다. 이후, 청국의 개입으로 불리한 처지에 놓이게 된 일제가 억지로 피해보상을 명분으로 청국과 텐진조약을 체결한다. 텐진조약에는 청/일 양국 군대의 충돌방지를 위해 조선에서 철병과 동등 파병권을 명시한다. 이 조약으로 일제는 청국과 동등한 조선파병권을 갖게 된다. 이 때문에 조선 지식인의 일부(유길준 등)에서는 조선의 중립화론을 제기하였지만, 설득력을 갖지 못하였다. 일제는 당시 조선병탄의 기회를 찾고 있던 터였다(침한론[侵韓論], 1873).

동학농민기의로 조선 땅에 청군이 파견되자 일제는 절호의 기회를 얻었다. 일제도 텐진조약을 빌미로 조선에 파병하였다. 조선으로 들어온 일제군은 조선사람들에게 더러운 함정을 팠다. 동학농민기의군을 가장한 가짜 동학당의 조직이다. 가짜 동학당에 들어간 자들은 대부분 조선 정부나 관리에 불만 있던 광부들이었다. 이들은 규율도 없고, 목적도 없었다. 그들의 불만분출은 약탈과 방화로 이어졌다. 일제는 이들 가짜 동학군을 역이용하여 동학농민기의군으로 가장시키고, 조선사람들이 동학농민기의군에 동조하는 길을 차단하려는 음모를 폈다.[1] 이들 가짜 동학당은 농민기의군의 이름으로 여러 마을을 다니며 만행(蠻行)을 저질렀다.

안중근이 사는 마을에도 예외가 아니었던 것으로 보인다. 안중근이 동학당이라고 한 것도 가짜 동학 무리였을 것으로 생각된다. 안중근은 가짜 동학당의 만행을 막기 위해 부친과 함께 의병을 일으켜 가짜 동학당의 만행에 대응하였다. 나중에 안중근이 이끌었던 의병은 일제에 대항하는 반일항전군(反日抗戰軍)으로 발전하고, 가짜 동학당은 일진회라는 친일 단체로 둔갑한다. 민족의 비극이다.

이후, 안중근은 부친을 따라 천주교 교인이 된다(1897, 18세, 영세명: 도마[多黙]). 안중근의 부친 안태훈이 천주교로 입교하는 것은 당시 서양인에게 의지하려는 조선인들의 심리적 자세(양대인 자세[洋大人 藉勢])에서 나온 것으로 보인다. 조선에 천주교 교세가 안정세를 누리며 확대되는 것은, 조선왕실이 천주교의 선교 허락과 교인들의 신분보호를 수용한다는〈朝佛修好通商條約〉(조불수호통상조약, 1886.6.4.)이 체결되면서 천주교 포교가 자유롭게 되었기 때문이다. 이에 프랑스 선교사들의 활발한 천주교 선교활동이 있게 된다. 여기에 안태훈, 안중근 부자의 활동도 황해주 지역 천주교 신자의 증가에 기여한 것으로 보는 학자도 있다. 황해도지역에 천주교 신자가 늘어나면서 (7,000여 명 정도) 세력을 확장한 천주교도들은 황해도의 지방관아와 충돌을 일으킨다. 곧 해서교안(海西敎案, 1902)이 그것을 말해 준다.[2] 해서교안은 부패한 지방 관리들의 착취와 천주교인들에 대한 모욕과 박해, 선교사들의 지나친 치외법권적 행동, 토지제도의 문란, 새로 대두된 개신교의 교세 확장에 따르는 마찰 등 제반 요인이 서로 얽혀 분규가 확산하면서 소송사건으로 이어진 것을 말한다.

한편, 안중근은 천주교 교세 확장을 위해 서울에 와 있는 천주교 수장(首長, 당시 閔 주교)에게 가톨릭 계통의 대학교 설립을 건의하였으나 무산된다. 그리고 안중근이 다니는 성당(黃海道 信川郡 斗羅面 淸溪理[청계동])의 주임신부(빌렘, J.Wilhelm, 홍석구[洪錫九])가 천주교 교폐(敎弊: 종교적 적폐를 말함) 주역으로 등장하면서 월권행위가 심해지자, 안중근은 홍 신부에 항의한다. 홍 신부는 해서교안을 일으키는 장본인이다. 여기서 안중근은 천주교는 믿으나 외국인의 심정은 믿을 것이 못 된다는 자신의 심정을 드러내고 다음과 같은 생각을 갖게 된다. "일본말을 배우는 자는 일본의 종놈이 되고, 영어를 배우는 자는 영국의 종놈이 된다. … 만약 우리 한국이 세계에 위력을 떨친다면 세계사람이 우리 한국말을 두루 사용할 것"이다. 그리하여 그는 종교는 갖되 서양인들을 믿지 않겠다는 결심을 하게 된다. 안중근은 유산계급 출신이지만 이러한 세상 경험을 통하여 권세/세력이 있는 자가 세상사를 자신한테 유리하게 끌고 간다는 사실도 알게 되었다. 이때부터 의협심이 생겨난다. 의협심이란 불의를 참지 못하고 정의로운 사고와 행동을 하는 것을 말한다. 이러한 의협심을 갖게 되면서 안중근은 악한 정부를 개혁해야 한다는 생각을 갖게 된다. 일제에 장악된 조선의 정부는 악한 정부다. 그래서 자주권을 가진 문명독립국, 자유가 보장되는 사회를 갈망하게 된다. 그리하여 탐관오리들에게도 분노를 느낀다. 그리고 청국인 등 외국인들이 조선인을 능용(凌辱)하는 것을 목격하게 되면 이에 분노하여, 끝까지 정의 편에 서서 문제를 해결하는 자세를 견지하게 된다.

2. 안중근의 의병전쟁

안중근이 정신적 성장을 하고 있을 때, 대한국의 패권을 둘러싸고 러일전쟁이 일어난다(1904~1905). 러일전쟁 이후 이토가 대한국으로 온다. 이에 의해 을사늑약이 강제로 체결된다. 이때 안중근은 그의 부친과 함께 일제가 러일전쟁 개전초기(선전포고문)에 "동양평화를 유지하고 한국의 독립을 굳건히 하겠다"라는 말이 있었는데, 러시아를 이기고 나서는 "신의를 저버리고 야심적인 책략만 자행하고 있다. 이는 이토의 정략(政略)입니다. 속히 계획을 세우지 않으면 큰 화를 면키 어려울 것입니다. … 지금 의거를 일으켜도 힘의 열세로 아무런 이익이 없습니다"라는 생각을 하게 된다. 그리고 그의 부친에게 청나라 산동과 상해 등지에 한국인 많이 살고 있다고 하니 그곳으로 집을 옮기자고 한다. 그리고는 안중근은 이사할 곳을 물색할 겸 중국으로 건너간다. 마침 상하이에 민영익(閔泳翊, 1860~1914)이 기거하고 있다는 것을 알고 찾아 만나려 하였다. 그런데 민영익이 한국인을 만나주지 않자, 이 자리에서 안중근은 "오늘날 나라가 위급해진 것은 전적으로 그대들과 같은 고관들에게 있는 것이지, 민족에게 허물이 있는 게 아니다"라고 일갈한다.

이처럼 안중근은 중국 땅(상하이)에서 고관대작을 지낸 자들과 대상인을 만나면서 그들의 태도에서 비애(悲哀)를 느끼게 된다. "만일 백성이 없다면 나라도 없다", "국가란 몇몇 고관의 것이 아니고 당당한 2,000만 민족의 것이다. 국민이 국민의 의무를 행하지 않는다면 어떻게 민권과 자유를 얻을 수 있겠는가"라는 대의명분을 자신의 철학 속으로 밀어 넣게 된다.

안중근은 이렇게 국내에서 의병활동과 해외에서 경험을 통하여 대한나라가 독립/국권회복을 해야 하는 당위성을 다음과 같이 갖게 된다. 하나는, 대한국은 문필로 세운 나라다. 을사조약은 한국인민의 나태가 초래한 측면도 있다. 대한의 독립이 위태로운 것은 무예보다 학문 중시, 현실에 안주하며 국제정세 파악에 어두웠기 때문이다. 둘은, 국민의 진보가 지체된 것은 지도층의 실책에 있다. 국권회복은 지도층의 각성과 국민의 진보가 함께 가야 한다. 대한인이 진보에 성공하면 미국, 포르투갈처럼 독립할 수 있다고 인식하였다.[3] 그리고 일제에 대한 인식도 예리하게 분석하고 있었다. 곧 일본의 대한정책은 모두 일본인을 위한 것이다. 일제가 대한을 침략하는 명분으로 대한사회의 정체론을 들고 있지만, 대한국은 지속적으로 진보해 왔다. 앞으로도 대한국은 계속하여 진보해 나가리라는 확신을 하고 있었다. 안중근이 대한국의 진보를 확신했던 것은 하나, 애국계몽운동의 성과의 확신이다. ― 안중근도 애국계몽단체인 서우학회에 가입했었다. 둘, 국채보상기성회 관서지부 설치와 활동의 기대다. 셋, 실력양성운동과 무장항쟁 병행의 성과에 대한 기대다. ― 안중근은 신민회 별동대원이었다.[4]

안중근은 중국에 와서 처음에는 의병전쟁에 가담하려 하지 않다가 참여하게 된다. 그가 의병전쟁에 참여한 것은 이토의 대한국 침략정책에 승복하지 않음을 세계에 공표하기 위해서였다. 그러던 중, 안중근은 상하이(上海) 한 성당에서 국내에 있을 때 알고 있었던 신부(곽)를 우연히 만나 그의 말을 듣고 국외로 이주하려던 계획을 접고 국내로 돌아온다(1905.12.). 그리고는 부친의 죽음을 듣게 된다. 이의 충격으로 그는 대한나라가 독립하는 그날까지 금주하기로 한다. 이것은 아버지 죽음에 대한 애도의 표시이기도 하지만 그의 굳은 신념을 보여주는 대목이다. 국내로 돌아온 안중근은 교육사업에 많은 관심을 가지고 교육사업에 뛰어든다. 진남포에서 안중근 삼형제가 가산을 털어 두 학교(삼흥학교[三興學校], 돈의학교[敦義學校])를 세워 인재양성을 위한 교육구국운동에 들어간다(1906.3.). 이어 김 진사라는 사람이 100만 한국인이 사는 블라디보스토크로 가서 큰일을 하라는 조언을 해주자, 돈을 모으기로 한다. 그리하여 돈을 모으기 위해

탄광에서 채굴사업을 하였으나 일제의 방해로 실패하고 만다. 이런 와중에 대구에서 국채보상운동(國債報償運動, 국채 1300만 원, 1907.2.21.)이 일어났다. 그러자 안중근은 평양의 발기인대회에 참가하면서 국채보상운동에 동참하기도 한다. 이럴 즈음, 대한나라의 왕(이재황[李載晃], 묘호 고종[高宗])이 네덜란드 헤이그에서 열린 '만국평화회의'에 비밀리에 특사(이상설, 이준, 이위종)를 파견하게 된다. 하지만 일제의 방해로 회의장에 들어가지 못하게 되면서 대한국의 의지를 세계에 전달하는 데 실패한다. 그러자 이토 히로부미는 이를 빌미로 대한국의 군대해산권을 갖는 정미7늑약(1907.7.24. 第三次韓日協約=韓日新協約이라고도 함)을 강제한다. 그리고 대한국의 왕 이재황을 강제로 끌어내리고 군대를 강압적으로 해산시킨다. 이에 대해 군중 2천만이 분개하여 곳곳에서 의병이 일어난다.

안중근은 통분(痛憤)에 못 이겨 연해주로 간다. 여기서 북간도시찰관을 지냈고, 러일전쟁 때는 충의대(忠義隊=사포대[私砲隊])를 이끌고 러시아를 도왔던 이범윤(李範允, 1863~?)을 만난다. 군대해산 이후, 이범윤은 사포대를 이끌고 연해주로 이동하여 의병(대한의용군=대한의군으로 불림)으로 전환하고 의병대장이 된다. 이때 안중근은 엄인섭(嚴仁燮, 나중에 일제의 밀정으로 변절)과 함께 영장(英將: 뛰어난 장수를 뜻함. 오늘날 대대장급)을 맡는다. 그리고 시간이 있을 때마다 연해주 지역의 한인들을 향해 연설을 다녔다. 그는 연설에서 이토에 대하여 "한민족 2천만이 일본의 보호를 받고자 원하는 것처럼 조작하고, 위로 천황을 속이고, 밖으로 열강의 눈과 귀를 가려 멋대로 농간하고 있다. 통분할 일이다. 이 도독놈의 목을 베지 않는다면 한국은 필시 망하고 말 것이며, 동양도 앞으로 망하고 말 것이다"라는 발언을 한다.[5] 또 "한민족이 위급한 때를 만나 할 수 있는 일은 한 번의 의거를 일으켜 적을 공격하는 도리밖에 없다",[6] "이기고 지고 잘 싸우고 못 싸우고를 돌아보지 말고 통쾌하게 한바탕의 전투를 벌여 천하 세상에 부끄러운 웃음거리가 되지 않도록 해야 한다"[7]라는 그의 말처럼 안중근이 그토록 대한독립을 희구했던 까닭은 근본적으로 인명(人命)이 가장 귀중하다고 인식했기 때문이다. 그는 일제에 저항하였다는 이유로 일제 군경이 죄 없는 사람을 투옥하는 것을 강력히 규탄하였다. 동시에 당당한 문명독립국을 이룩하여 민권의 자유를 얻는 것에 대하여 고민하였다. 그리고 국가라는 존재는 국민의 권리를 보호해 주는 도구로 인식하였다. 곧 대한국이라는 국가는 한민족의 보호장치라는 명제를 붙였다. 그 때문에 국가가 독립을 상실하게 되면 국민의 권리와 생명 또한 보호할 수 없다고 인식하였다. 이것이 안중근이 대한의 독립을 열망한 이유이다.

안중근은 이러한 국가와 국민 관계를 규정짓고 자유로운 인민을 되찾고 주권을 당당하게 갖는 국가가 되어야 한다는 의협심을 가지게 된다. 이러한 인민의 자유, 국권의 회복을 반드시 이루어야 한다는 의협심이 이토를 격살하게 된 용기이자, 그의 신념이었다고 본다. 그는 또 "스스로 강한 힘으로 국권을 회복해야만 건전한 독립이라 할 수 있을 것", "스스로 할 수 없는 자는 망하고 스스로 할 수 있는 자는 흥할 것"이라는 또 다른 생각을 하게 된다. 이러한 그의 의지가 이토를 격살하는 이념적 배경이 되었다고 본다.

3. 이토를 격살하다

이어 안중근은 연해주(블라디보스토크)에서 팔도총독 김두성(金斗
星, 생몰미상), 대장 이범윤이 이끄는 의병부대(대한의용군)의 참모중
장(大韓義軍參謀中將: 오늘날의 참모장을 뜻함)이 된다. 그리고 특파독립
대장(特派獨立大將) 자격으로 100명 내외의 소부대를 이끌고 야밤을
틈타 두만강을 건너 함경도, 양강도의 갑산(甲山)/혜산진(惠山鎭)/무
산(茂山)/회령(會寧) 등을 넘나들며 일제의 군사시설과 관공서 등을
공격/파괴하였다(1908.6.). 안중근은 한 번에 성공을 못 하면 대를
이어 목적이 이루어질 때까지 한민족의 독립을 이루어내야 한다는
굳은 의지와 신념을 가지고 있었다.

일제 기관과 시설을 공격하는 과정에서 일제 군인과 장사치들을
포로로 잡았다. 그러면 그들에게 일장 훈계를 했다. "러일전쟁을 시
작할 때 선언서에서 동양평화를 유지하고 대한독립을 굳건히 한다
고 했음에도 오늘날 이렇게 침략하고 약탈하려고 아우성이니 이것
이 어찌 평화와 독립이라 할 수 있겠는가."[8] 그리고는 포로들을 풀어
주면서 당부를 한다. 너희들 땅 안에 "간악하고 음흉한 무리가 이유
없이 전쟁을 일으켜 동족을 괴롭히고 이웃 나라를 침해하는 여론을
조성하거든, 그자를 좇아가 제거해 버려라. … 그리하면 동양평화가
이루어"진다.[9] 이러한 그의 신념은 동양평화를 위하여 우리 땅을 침
범해 들어오는 동양평화의 파괴자 이토를 죽이지 않을 수 없게 만들
었다고 본다. 일제 포로를 풀어준 데 대한 의병 장교들의 불만이 있
자(특히 엄인섭[嚴仁燮]), 안중근은 "우리마저 저들과 같이 야만적인
행동을 한다면 저들과 무엇이 다를 바가 있겠는가"라는 인간적이고

의로운 그리고 평화를 사랑하는 마음가짐으로 불만을 토로하는 장교들을 설득해 본다. 그러나 끝내 엄인섭과 결별하고 의병들이 흩어진다. 엄인섭은 뒤에 1910년 경술국치와 함께 변절하여 악질 밀정이 된다. 그는 블라디보스토크 일본 총영사관에서 비열한 태도를 취한다. 이 지역 반일민족신문인 「大洋報」(대양보, 1911.6.5. 창간) 신문사의 활자(15,000자 93㎏)를 야밤에 훔쳐갔다. 엄인섭은 절도한 활자를 블라디보스토크 일본 총영사관 기토 가쓰미(木藤克己) 통역관에게 전달한다(1911.9.17. 밤). 지조도 신념도 없는 자들이 늘 정의로운 사람들을 비난하기 마련이다.

안중근은 의병 전투 중에 다음과 같은 시를 읊기도 했다. "사나이 뜻을 품고 나라 밖에 나왔다가 큰일을 못 이루니 몸 두기 어려워라. 바라건대 동포들아 죽기를 맹서하고 세상에 의리 없는 귀신은 되지 말자." 그리고 "대한국 2,000만 사람 중의 한 사람이 된 의무를 다한 다음에 여한이 없이 죽을 것"이라는 말을 남긴다.[10] 이 말은 이미 대한국을 침범해 들어오는 일제를 향한 분노의 소리였다. 동시에 그 침략군의 우두머리 이토를 향한 소리이기도 하였다. 병력의 분산(엄인섭 부대가 이탈을 함)도 어려울 지경인데 이번에는 일제군에 쫓겨 산과 산으로 피신하다가 러시아 땅 크라스키노(煙秋下里: 엔치야)를 거쳐 블라디보스토크에 도착한다(1907. 가을경). 블라디보스토크에서는 대한민족의 장래를 낙관하고 신문의 중요성을 깊이 인식하고, '신문사는 한국인민을 문명으로 인도하는 기관'[11]이라는 생각과 함께 《海朝新聞》(해조신문, 1908.2.26. 창간)과 《大東共報》(대동공보, 1908.6. 창간) 등에 동포들을 대상으로 독립심을 고취하는 글을 투고하기도 하였다. 투고의 글에서 이토의 죄악상(학교교과서 소각, 신문구독 금지,

외국유학 금지를 통하여 한국의 진보를 저지하려는 술책 등)을 일일이 열거하며 민족계몽에 힘을 기울였다. 그리고 아무르강 유역에 자리를 잡고 있는 하바롭스크에 잠시 머물다가 다시 연해주의 탄전지대인 파르티잔스크(1972년까지 수찬이라 이름하였음)에 와서 대한국의 운명이 가냘프게 떨고 있을 때 대한국의 운명을 짓밟으며 침략해 오는 일제라는 원흉을 막아내고자 의병을 일으켰다. 그러다가 일진회 회원들에게 붙잡히게 된다. 그들이 정부에서 엄금하는 의병모집을 하는 이유가 무엇이냐고 물으며 몰매를 때렸다. 안중근은 "현재 대한 정부는 겉은 있지만 실은 이토라는 자의 개인정부다. 그러므로 한민족이 정부의 명령에 복종한다는 것은 실상은 이토에게 복종하는 것이다"[12]라고 대답을 한다. 이는 이미 당시 한민족의 원흉이 이토임을 확실히 하고 있었음을 말해준다(30세, 1908. 겨울 즈음).

이렇게 해서 국내진공작전의 실패가 안중근 개인에게 돌려지면서 의병의 재구성에 어려움을 겪게 된다. 그러자 안중근은 독자적인 대응책을 강구하게 된다. 안중근은 다시 크라스키노(煙秋下里)로 돌아가 그곳에 있는 동지 12명과 김기열 집에서 단지동맹(斷指同盟, 왼손 무명지를 자름)을 결성한다(31세, 1909.2.26.=음2.7.). 이들은 태극기 위에 '大韓獨立'(대한독립)을 써놓고 만세 삼창을 외쳤다. 그리고 동지들에게 블라디보스토크로 가겠다는 말을 남기고 그곳을 향해갔다. (자신은 이것이 신의 계시인 것으로 자서전에서 기록하고 있다.) 블라디보스토크에서 《大東共報》(대동공보) 신문사를 거점으로 활동을 모색하던 중, 그곳에서 《遠東報》(원동보)와 대동공보의 기자들을 통해 이토가 러시아의 대장대신(大藏大臣) 코코프체프(V.N. Kokovsev)와 하얼빈에서 회견하기 위해 만주로 온다는 소식을 듣게 된다. 안중근은 이토 히로부미가 블라디보스토크에 온다는 소식을 듣게 되자, 기쁨을 감추지 못하고 "몇 년 동안 소원하던 목적을 이제사 이루게 되었구나. 늙은 도독이 내 손에서 끝나는구나"를 되뇌이며 이토를 확실하게 격살하기 위해 블라디보스토크역을 떠나 778km나 떨어져 있는 하얼빈으로 간다.

여기서 잠시 이토의 만주시찰 배경과 그 목적에 대하여 살펴보자. 일제 본토에서는 이미 대한국에 대한 병탄(倂呑) 시나리오가 작성되어 있었다. 이토는 이러한 시나리오를 알고 있었는지는 모르나 어찌 되었던 조선총독을 사임한다(1909.6, 사무인계는 7.1~15). 그리고 일본으로 귀국한다. 이에 일제 내각회의에서 작성한 한국병합안(구라치 데츠키치[倉知鐵吉]가 작성하고 내각회의에서 통과한, 1909.7.6.)을 검토하고 이에 동의를 한 다음 일제 본토의 전국을 돌면서 대한국의 문제에 대하여 연설을 한다. 이를 바꾸어 말하면, 이토가 피살되기 3개월 전 대한국 병탄에 관한 기본방침이 일제의 내각회의에서 결정되고 일왕의 재가를 받아 확정을 짓고 있었다. 곧 일제는 대한국을 병탄할 준비가 이미 끝나서 시기만을 저울질하고 있었다는 말이 된다. 이러한 시점에서 이토가 만주시찰을 결정하게 된다. 그것은 대한 병탄의 순조로운 진행을 위한 외교적 조율이 목적이었다. 곧 이토의 만주시찰은 한국병탄계획이 완료된 상태에서 청일전쟁과 러일전쟁의 당사국인 청국과 러시아를 압박하여 국제적 현안을 타결함으로써 대한제국의 병탄을 용이하게 할 심산에서였다. 그리고 다음 단계로 만주경영과 함께 동북아에 대한 주도권을 장악하고 청국을 보호국으로 만들려는 계산이었다.

이러한 일제의 야심 속에서 이토가 특사 자격으로 만주를 시찰하는 형식을 취하게 된다. 바로 이토가 만주시찰과 함께 러시아와 협상을 위해 하얼빈역으로 온다는 소식을 접한 안중근이 하얼빈으로 가게 된 연유이다. 그리고 헤이룽장성(黑龍江省)의 수도(首都) 하얼빈(哈爾濱)에서 황해도 의병장 출신 이석산(李石山, 1890~1972)에게 강제로 100원을 빌린다. 이토를 격살할 권총 등을 구입할 자금조달이었다. 안중근은 이어 신의(信義)를 갖고 있는 우덕순(禹德淳, 일명 禹連後)과 조도선(曹道先), 유동하(劉東夏) 등과 이토 격살을 모의하는 등 만반의 준비를 하게 된다. 이렇게 만만의 준비를 끝낸 안중근은 10월 26일, '이토 격살'을 위해 우덕순과 함께 하얼빈역으로 향했다. 드디어 이토가 하얼빈역에 도착하는 시간이다(1909.9.13.=양10.26.).

9시 30분경, 기차가 막 하얼빈역에 도착하자 러시아군악대의 연주 소리와 함께 이토가 기차에서 내려 플랫폼으로 오르고 있었다. 안중근은 이토에 대한 인상착의를 확인했다. 그리고 권총을 뽑아 들었다. 이토의 가슴에 연달아 4발을 쏘아댔다. 3발이 이토의 가슴에 정확히 명중했다. 이는 일제의 심장에 칼을 꽂은 것과 마찬가지였다. 이어 남은 총알로 이토 뒤를 따라오는 일인 관료에게도 쏘았다. 이토가 비틀거리며 쓰러지는 것을 보자 안중근은 바람대로 '후라 코리아'(대한만세라는 뜻)라며 큰소리로 삼창을 외쳤다. 그리고 도망가지 않았다. 도망갈 필요성을 느끼지 않았기 때문이다. 이미 자신의 목숨을 던질 각오로 수년 동안 그토록 염원하던 적장을 죽였는데 도망갈 이유가 없었다. 그러고 있는 사이에 러시아 헌병대에게 강제체포를 당한다. 하얼빈은 당시 러시아 조차지로 러시아 동청철도 관활구역이었다. 그래서 이 지역에서 일어난 정치적 사건이기 때문에 안중근의 신병을 일제 영사관에 인도할 필요가 없었다. 그런데도 러시아는 안중근의 신변을 일제 관할로 넘긴다. 이리하여 안중근은 따렌(大連)의 뤼순(旅順) 감옥에 강제 수감된다(1909.9.21.=양11.3.). 그러자 국내와 러시아령(연해주 일대), 하와이 등지에서 수많은 동포가 안중근의 변호 비용을 마련하여 보내왔다. 안중근의 이토 격살에 대해 국내외 동포들이 장쾌(壯快)한 감정을 느꼈기 때문이다.

그러면 이제부터 안중근이 일제 법정에서 강제 재판을 받게 되는 과정을 살펴보자. 일제는 대한국의 사법권과 외교권을 강탈하기 위한 내각회의(안건: 韓国保護権確立の件[한국보호권확립의건])를 연다(1905. 4.8.). 그리고 다음과 같이 의결한다. "제국은 차제에 일보를 내디뎌 한국에 대한 보호권을 확립하고 해국(該國: 대한제국)의 대외관계를 모두 아(我: 일제)의 수중에 두지 않으면 안 된다. 그리고 이를 위해 한국정부와 아래와 같은 취지의 보호조약을 체결할 필요가 있다. 제일, 한국의 대외관계는 전연(全然) 제국에서 이를 담임(擔任)하고 재외한국신민은 제국의 보호에 둘 것. 제이, 한국은 직접 외국과 조약을 체결하지 못하게 할 것. 제삼, 한국과 열국(列國)과의 조약의 실행은 제국에서 책임을 맡을 것."[13] 이리하여 일제는 을사늑약의 강제체결을 위한 사전결의가 있었음을 알 수 있다. 이렇듯 일제는 대한국의 사법권과 외교권 강탈을 통해 대한국 병탄이라는 침략야욕을 드러내고 있었다.

이러한 일제의 내각회의 결정에 따라, 대한국에 을사늑약을 닦달해 들어왔다(1905.11.17.). 그리고 일제는 반일독립운동을 일으키고 있는 해외지역의 만주는 러시아의 동청철도 관할지역임을 생각하지 않을 수 없었다. 그리하여 일제는 이 지역에 대한 치외법권을 만들기 위해 청국과 간도협상을 시작한다. 그리고 동시에 내각회의에서

'간도의 조선인재판권 문제에 관해 양보방침'(間島の朝鮮人裁判權問題に関して讓步方針)을 결정한다(1909.8.13.). 그리고 '간도에 관한 일청조약(間島に関する日清条約)을 맺어 간도 지역의 대한국인에 대한 법적 지위를 일방적으로 결정한다(1909.9.4.).

한편, 러시아가 안중근을 일제 영사관에 넘긴 결정적 이유는 정치적 부담이 아니라, 안중근 사건 이전에 대한국인 김재동 등이 일제국인을 살해한 '김재동/서재근사건'(金在同徐在根事件, 1907.3.)이 있었기 때문이다. 이때 러시아는 이 사건을 청국에 이첩한다. 이는 청국과 러시아가 일제의 대한국 지배야욕에 대한 일종의 견제책이었다. 이는 '한청통상조약'(韓淸通商條約, 1899.9.11.)에 의거 "청국에 있는 한국신민이 어떤 죄과를 범하면 한국영사관은 한국법률에 의하여 이를 재판하고 처벌한다"라는 약속, 곧 간도지역의 대한국인의 치외법권을 인정하는 일이었다. 이어 일제는 을사늑약에 의하여 대한국의 사법권은 일제국에 있으므로 간도지역(청국과 러시아 조치지역)의 대한국인의 사법처리는 한청통상조약에 의거, 일제의 법률에 의해야 한다는 내용을 계속 러시아에 압력을 넣어 성공시킨다. 이어 일제는 청국과 일제가 남만주의 철도부설권을 얻는 대신 간도를 청의 영토로 인정하는 '간도협약'(間島協約, 1909.9.4.)을 맺는다. 여기서 대한국과 관계되는 내용은 "1) 간도 지역에 거주하는 대한국인을 청나라의 법권(法權)의 관할 하에 둔다는 것과 2) 일제가 통감부 간도파출소와 관계 관원을 철수하고 영사관을 설치한다"라는 내용이다. 이렇게 안중근은 러시아·청국·일제의 야합(野合)에 의하여 일제 간도영사관에 이첩되고 일제의 관동도독부 지방법원에서 재판을 받게 된다.

4. 안중근의 법정투쟁

이제부터 안중근의 재판투쟁에 대하여 살펴보자. 일제 관동도독부 검찰은 안중근을 재판에 회부하기 위하여 피의자 심문조서를 작성하기 시작하였다. 검찰이 안중근의 인적사항을 물어본 다음, 이토를 격살한 이유에 대하여 물었다. 안중근은 거침없이 이토의 죄상 열다섯 가지를 나열하였다.[14]

1. 대한제국 명성황후를 시해한 죄(韓國閔皇后 弑殺之罪)
2. 대한제국 고종황제를 폐위시킨 죄(韓國皇帝 廢位之罪)
3. 5조약(을사5조약)과 7조약(정미7조약)을 강제로 체결한 죄(勒定五條約與七條約之罪)
4. 무고한 대한인들을 학살한 죄(虐殺無故之韓人之罪)
5. 국권을 강제로 빼앗은 죄(政權勒奪之罪)
6. 철도, 광산, 산림, 천택을 강제로 빼앗은 죄(鐵道鑛山與山林川澤 勒奪之罪)
7. 제일은행권 지폐를 강제로 사용하게 한 죄(第一銀行券紙貨勒用之罪)
8. 대한제국의 군대를 해산시킨 죄(軍隊解散之罪)
9. 민족의 교육을 방해한 죄(敎育妨害之罪)
10. 대한인의 외국 유학을 금지시킨 죄(韓人外國留學 禁止之罪)
11. 국어, 역사 등 교과서를 압수하여 모조리 불태워버린 죄(敎科書押收燒火之罪)
12. 대한인이 일본인의 보호를 받고자 한다고 세계를 속인 죄(韓人欲受日本保護云云 而誣罔世界之罪)
13. 대한제국과 일본 사이의 계속되는 싸움으로 살육이 끊이지 않는데, 대한

제국이 태평무사한 것처럼 천황을 속이는 죄(現行日韓間 競爭不息 殺戮不絶
寒國以太平無事之樣 上欺天皇之罪)

14. 동양평화를 파괴한 죄(東洋平和破壞之罪)

15. 일본 천황의 아버지 태황제를 죽인 죄(日本天皇陛下父太皇帝 弑殺之罪)

안중근은 이러한 이토의 죄상을 들어 격살하였음을 망설임 없이 당당하게 대답을 하였다. 안중근은 이토 격살의 목적에 대하여, "목적은 한국의 독립과 동양평화를 수호하는 데 있으며 이토를 살해한 것도 개인의 원한에서 나온 게 아니다. … 의병참모중장으로서 독립전쟁을 하였으므로 만국공법에 따라 전쟁포로로 취급해줄 것"을 요구했다. 그러나 일제는 대한국인 안중근을 일제 법에 따라 검찰이 피의자 심문을 하고 공판을 열어 안중근에게 사형선고를 내린다. 이런 재판 과정은 불공정하고 비법(非法)이다. 일제는 안중근을 재판할 권리가 없었다. 안중근은 전쟁 중에 적군 대장을 죽였다. 따라서 안중근은 포로다. 일제가 안중근을 죽일 권한이 없었음은 명백한 사실이다.

다시 말하면, 안중근이 러시아 관할구역(동청철도)에서 일어난 사건을 러시아가 일제에 넘긴 것이나, 일제가 전쟁포로인 안중근을 일제 법정에 세운 것 자체가 어불성설이요, 부당한 처사였다. 이렇게 되자 안중근은 공판투쟁을 아니 할 수 없었다. 그리하여 안중근은 공판과정에서 일제 재판부와 격렬한 이념논쟁을 이어간다. 이념의 요점은 이렇다. 일제의 "보호독립론"과 "문명개화론"에 맞서 "침략지배론"과 "동양평화론"으로 대응해 나갔다. 안중근은 재판 결과를 이미 예견하였다. 그래서 "내가 일본 법률에 따라 재판을 받아야만 하는 이유는 무엇인가"라고 일제 재판부에 항의하였다. 그리고 안중근은 공판과정에서 "이토의 죄상은 천지신명과 사람들이 모두 다 아는데 오해는 무슨 오해란 말인가. 나는 개인으로 사람을 죽인 범죄인이 아니다. 나는 한국과 일본이 전쟁하는 도중에 대한국 의병참모중장의 의무를 다하기 위하여 하얼빈에 와서 공격을 가한 후에 포로가 되어 지금 이곳에 오게 된 것이다. 뤼순 지방재판소와 전혀 상관이 없는 일이니 만국공법과 국제공법으로 나를 판결해야 한다"고 계속 항의하였다.[15]

일제의 재판부에 의한 사법폭력이 가해지고 사형선고가 내려진다(1910.2.14.). 그리고 항소에 관한 결정 과정에서 안중근이 형무소장의 특별안내로 고등법원장(히라이시 우지히토[平石氏人])을 만나 이야기를 나눈다. 이 대화 내용이 〈청취서〉(聽取書)라는 제목으로 내려오고 있다. 안중근은 먼저 고등법원장에게 사형판결에 대해 불복하는 이유를 설명한다. 동양 대세의 흐름과 평화정책에 대한 소견이었다. 그리고 항소 포기를 마음먹는다. 항소해도 의미가 없을 것으로 생각하고 고등법원에 항소를 포기하기로 한다. 마음으로 이렇게 정하고 나서 "만일 허가할 수 있다면 사형집행 날짜를 한 달 남짓 늦추어주시오. 동양평화론이라는 책을 한 권 집필하고 싶소"라고 항소 포기 의사를 전했다. 그러자 고등법원장은 "한 달뿐인가 몇 달이라도 허가하겠으니 걱정마시오" 하고 대답을 했다.

항소 포기 결심에는 안중근 어머니(趙姓女 마리아, 1862~1927)가 안중근 동생과 안병찬 변호사를 통하여 전해준 당부(일반적으로 편지로 알려져 있으나 편지는 존재하지 않는다는 주장이 설득력을 갖는다)가 영향을 준 것으로 보인다는 주장도 있다. 그녀의 당부 내용은 "네가 만약 늙은 어미보다 먼저 죽는 것을 불효라 생각한다면 이 어미는 조소 거리가 된다. 너의 죽음은 너 한 사람의 것이 아니라 한국인 전체의 분노를 짊어지고 있다. 네가 항소를 한다면 그것은 목숨을 구걸하고 마는 것이 된다. 네가 국가를 위하여 이에 이르렀은즉, 죽는 것이 영광이나 모자가 이 세상에서는 다시 상봉치 못하겠으니 그 심정을 어찌 다 말할 수 있으리···. 천주님께 기원할 따름이다."[16] 어찌했든 항소를 포기한 안중근은 동양평화론을 집필하기 전에 32년간 삶살이에 대하여 옥중 자서전인 〈안응칠역사〉를 집필하기 시작한다(1910. 3.10. 끝냄).

이어 동양평화론 집필에 들어갔다. 그러나 일제는 고등법원장의 약속과 달리 동양평화론 집필을 끝내지 않은 상태에서 갑자기 사형일시를 앞당겨 정치적 살인을 강제한다(1910.3.26.). 안타깝게 그의 동양평화에 대한 평화사상을 완전히 알 기회를 놓쳐버렸다. 이렇게 해서 안중근은 아주 짧은 생을 오로지 조국과 민족을 위해 바치고 일제라는 타국에 의한 강제 사법살인을 당하고 말았다. 안중근은 옥살이 중에 많은 글을 남긴다. 1) 안응칠자서전, 2) 동양평화론, 3) 한국인안응칠소회, 4) 가족에 남기는 글, 5) 뮈텔 주교와 벨렘 신부에 보내는 편지 그리고 60여 점의 유목 등이다.

II. 안중근 평화공동체론의 시대적 배경

안중근이 사법피살(죽음)을 목전에 두고 쓴 〈동양평화론〉(이하, 동아평화공동체론)이 나오는 시기(1909)는 동아시아나 유럽 모두 격변하는 시기였다. 유럽은 자유주의에 바탕을 둔 자본주의와 사회진화론에 약육강식의 논리로 무장한 정치세력들이 결탁하여 제국주의로 둔갑하고 자국의 경제이익에만 충실하여 근대문명이 늦은 아프리카/아시아를 침략전쟁의 도가니로 만들어놓았다. 이에 아시아는 영토의 침략과 함께 사회진화론에 바탕을 둔 부국강병의 논리로 유럽침략국에 대응하기 위해 안간힘을 쏟게 된다. 아시아에서는 이를 근대화라는 이름으로 시대 분위기를 만들어가고 있었다.

이러할 때 아시아에서 유럽식 근대화에 가장 먼저 눈을 뜬 일제는 이른바 메이지유신(明治維新, 1868)을 단행하여 동아시아의 보편적 문화 현상인 중화문화권에서 탈피(脫亞論)하고 유럽식 근대체제(봉건체제 해체, 제국주의화, 자본주의 경제체제 확립 등)를 갖추게 된다. 그러나 이러한 시대 흐름을 뒤늦게 깨달은 중국과 대한국은 봉건적 기존의 권력체계에 안주하며 근대화를 관망하다가 제국주의화한 일본(이하 일제라 함)의 침략을 당하게 된다. 일제 내부에서는 먼저 조선을 자국의 패권 아래에 두자는 정한론(征韓論: 侵韓論, 침략적 팽창론, 1873)이 나오고 있었다. 이어 동아주의(東亞主義: 일제를 맹주로 하는)를 내걸었다. 침한론에 의거, 동아패권의 서막이 되는 조선에 대한 침략을 시작한다. 그 첫 단계가 강화도조약(江華島條約=韓日修好條約=丙子修好條約, 1876.2.27.)[17]이다.

여기서 조선국의 비애가 시작된다. 조선국은 역사 속에서 신라가 고구려와 백제를 합병한 이후(676, 삼국통일이라는 말은 잘못된 용어다) 중화질서의 논리 속에 중국을 종주국으로 하고 있었다. 일제는 이러한 조선의 종주국인 청국(淸國: 1635.10.13. 건국)을 배척하기 위하여 청일전쟁(淸日戰爭, 1894.7.~1895.4.)을 일으킨다. 그리고 승리를 한다. 이를 계기로 조선에 대한 종주권을 일제가 대신 갖게 된다. 조선

종주권의 일제 장악으로 조선국의 비극을 줄줄이 불러오게 된다. 일제를 비롯한 열강의 침략으로 조선국의 정치세력들은 여러 갈래로 갈라지게 된다(친청파, 친일파, 친러파 등). 그렇지만 일제가 조선에 대한 종주권을 장악하게 되면서 중국에 대한 회의(懷疑)와 함께 친일부일파(親日附日派)가 조선정치의 전면에 나서게 된다. 그리고 급진개화파를 중심으로 갑오개혁(甲午改革, 1894)을 단행했지만 실패한다. 이즈음에 얼지 않는 항구를 개발하기 위해 남하정책을 추진하던 러시아도 조선을 노리고 들어온다. 이런 와중에 친러/친청의 태도를 보이는 조선의 왕후 민비를 일제(이토 히로부미가 배후세력임)가 암살하는 사건이 일어난다(이를 역사에서는 을미사변[乙未事變]이라고 한다. 1895.8.20.). 그러자, 조선의 정치판국은 친러배일(親露排日)의 형국을 이루게 된다. 나약하기 짝이 없던 조선왕은 신변의 위협을 느끼고 러시아공사관으로 피신을 한다(이를 역사에서 아관파천[俄館播遷]이라 한다. 1896.2.11.). 그리고 조선국의 왕은 조선왕국을 대한제국으로 국명을 바꾼다(1897.10.12.). 조선국도 제국이라는 뜻이다.

이렇게 조선의 정세가 급변(아관파천, 조선의 국호변경-대한제국)하는 가운데 일제는 조선 땅에서 남하정책을 시도하는 러시아세력을 몰아내기 위한 모종의 음모를 꾸민다. 곧 러시아와 일전(一戰: 맞짱)을 치르는 일이다. 그리하여 러시아와 전쟁의 명분을 얻기 위해 일제는 영일동맹(英日同盟, 1902.1.30.)[18]을 체결한다. 그리고 일제는 내각회의[閣議]에서 러시아와 싸움을 인종전쟁으로 몰아가기 위하여 '동양평화론'을 제기한다(1904.2.4. 어전회의). 그러나 내막은 조선침략이었고, 동양평화론은 명분을 얻으려 한 것뿐이었다. 일제는 선제공격을 통하여 러일전쟁(1904.2.8.~1905.6.8.)을 일으킨다. 그리고 전쟁 중에 중립을 주장하는 대한국을 윽박질러 러일전쟁은 동양평화를 위한 것이고, 대한국의 독립과 영토보전에 있다면서 한일의정서(韓日議定書)의 체결을 윽박 한다(1904.2.23.).

이런 식으로 일제가 '동양평화론'을 주장하고 나오자, 조선의 지식인들도 '동아동맹론'(東亞東盟論), '동아연대론'(東亞連帶論), '동아공존론'(東亞共存論) 등 동아시아의 공존을 위한 연대/동맹을 강조하는 담론들을 쏟아낸다. 이러한 담론의 핵심은 유색인종인 황인종(동아삼국)이 단결하여 백색인종(러시아)을 막아내자는 데 있었다. 따라서 동아시아공존론의 동족론(同族論)은 곧 동주(東州: 같은 지역), 동종(同種: 같은 유색인종), 동문(同文: 같은 한자문화권)을 뜻한다. 한마디로 동아시아(당시는 동양) 3국이 백색인종인 유럽 제국주의 침략에 공동대처하자는 주장이다. 그런데 문제는 동아시아의 개념인 동양(東洋)이라는 말은 일제가 새롭게 만들어낸 용어로서, 서양에 대한 반대급부적 개념의 용어였다는 점이다.

앞에서 이야기한 바와 같이 일제는, 근대 침략세력인 서양 열강의 군사력에 자존심이 상하여 메이지유신을 단행하고 무신 중심의 막번체제(幕藩體制)를 접고 중앙집권적 왕정체제로 복귀한다(대정봉환 [大政奉還], 1867). 왕정으로 복귀한 일제는 학교제도/징병제도/토지세 개정 등에 들어간다. 이 모든 제도의 개혁은 유럽의 근대문명을 모범으로 삼은 것들이다. 그러나 유럽 열강이 아래로부터 근대문명 (자본주의를 포함하는)을 이룩한 것을 일제는 관 주도로 하는 위로부터의 자본주의 경제질서 체제를 만들어간다. 이 점이 유럽의 근대문명과 일제 근대화의 차이점이다.

이어 일제는 부국강병을 위한 군사력 강화에 들어간다. 메이지유신을 통한 근대화에 성공하면서 일제는 사회진화론에 바탕을 둔 제국주의 국가에 합류한다. 그리고 중국 중심의 중화문화권에서 탈피하고 일본 중심의 아시아라는 뜻에서 서양 유럽과 동양 일본이라는 개념을 만들어낸다. 또한, 자신들이 곧 동양의 중심이라는 뜻에서 천하 중심, 아시아 중심이었던 중국을 진(秦)=차이나(China)=지나(支那)로 폄하한다. 이렇게 해서 아시아에서 처음으로 서양식 근대화에 성공하고, 중앙집권적 부국강병을 이루고, 자본주의적 경제질서로 돌입하게 된 일제는 중화문명권에서 벗어나고자 한다. 곧 아시아 문명권을 새롭게 창출할 핵심세력은 일제라는 뜻에서 동양(東洋)이라는 개념을 만들어냈다. 그러니까 동양이라는 말은 동아시아가 공통으로 합의한 용어가 아니고 일제가 자국(自國) 중심의 아시아라는 뜻에서 만들어낸 개념적 용어이다. 따라서 동양이라는 말은 일본 자체라는 뜻이기도 하면서, 동시에 일본이 중심이 되는 동아시아 질서체계라는 뜻이다. 다른 말로 말하면, 유색인종인 아시아의 황인종이 일본을 중심으로 연대하여 아시아를 침략해 들어오는 서양의 백색인종을 막아내자는 뜻이 동양의 개념이다. 이렇게 일제는 자기들 멋대로 만들어낸 동양 개념을 아시아 연대와 동맹을 구실로 하는 각종 수호조약을 통해 동아시아국가에 대한 침략정책을 적반하장으로 드러내게 된다. 이러한 사실은 청일전쟁 이후에 더욱 명확하게 드러난다. 청일전쟁의 명분은 "한국의 독립국 권위를 확고히 하기 위한 것"[19]이라고 했다.

　그러나 전쟁에서 일제는 승리하고 나서 청에게 불평등조건을 강요하는 시모노세키 조약(馬關條約, 1895.4.17.)을 맺는다(청측 李鴻章, 일본측 伊藤博文). 이 조약에서 대한국을 둘러싼 일제와 청국의 관계가 명확하게 명시된다. "제1조 청국은 조선국이 완전무결한 자주독립국임을 확인하고, 자주독립을 해치는 조선국의 청국에 대한 조공(貢), 헌상(獻上), 전례(典禮) 등은 영원히 폐지한다"라는 내용을 담고 있다. 이렇게 일제는 청일전쟁의 승리로 중국으로부터 대만을 할양받고 동시에 조선에 대한 주도권을 쥐게 된다. 그리고 요동반도를 일제가 지배한다고 규정하였다. 그런데 문제가 발생하였다. 중국에 대한 이권을 가지고 있던 독일·러시아·프랑스 3국이 시모세키조약에 문제를 제기하면서 일제는 요동반도 지배에 실패를 보게 된다. 곧 삼국간섭(三國干涉)이다(1895.4.23.). 일제가 볼 때, 삼국 중에서 러시아의 남하정책은 가장 위협요인이 되었다. 그리하여 일제는 러시아를 상대로 전쟁을 일으키기로 한다. 바로 러일전쟁이다. 일제가 내건 러일전쟁의 명분은 청일전쟁 때와 마찬가지로 "한국의 보존과 극동평화"였다. 러시아에 선전포고를 한 일제는 대한국에서 전쟁물자의 조달과 내정간섭을 목적으로 한일의정서(1904.2.8.)을 강제한다. 그리고 체결하고 만다. 마치 일제가 대한국을 러시아로부터 보호하려는 목적으로 전쟁을 일으키는 것처럼 호도했다는 뜻이다.

이러한 일제의 음모는 맞아떨어졌다. 러일전쟁에서 전세가 일제에게 유리해지자, 일제가 의도했던 대로 대한국의 지식인들 사이에서 러일전쟁이 1) 유색인종 대 백색인종 간 전쟁이며, 2) 일제가 동양평화를 위하여 서양세력과 싸운다는 인식이 널리 퍼지게 된다. 그리고 대한국 지식인들은 실제 일제의 승리를 기원하였다. 그 예로 친일단체 일진회(一進會, 1904.8.18.)와 어처구니없게도 독립협회 관계자들도 일제 승리를 위해 적극적으로 협력하였고, 이준(李儁, 1859~1907), 정순만(鄭淳萬, 1873~1911), 이현석(李玄錫, 1647~1703) 등은

〈대한적십자회〉(大韓赤十字會, 1905.10.27.)를 조직한다. 그리고 이를 통하여 일제 부상군인들을 치료하고 의연금도 모금한다. 이러한 일들이 국민의 의무라고 선전하였다. 비록 대한적십자의 활동이 대한제국의 중립정책과 배치는 되었지만, 일제의 흑색선전처럼 동양인종이 서양인종과의 싸움에서 승리하기를 바랐다는 뜻이다. 일제의 의도대로 그들의 동아시아주의가 맞아떨어지는 순간이다. 물론 중국에서도 "역사란 무엇인가, 인종의 발달과 인종 간 경쟁을 기술하는 게 역사다. 인종을 버리면 역사도 없다"20라고 한 량치차오(梁啓超)의 인종주의 주장이 있었다. 량치자오의 인종주의는 당시 대한의 모든 지식인(개화지식인, 위정척사론자)들에게 공감대를 형성해 주었다. 이리하여 일제의 동양평화론=동아시아주의에 공감대를 형성하게 되면서 서양 열강의 침략에 맞서고자 하는 일제를 맹주로 하는 대응논리를 갖게 되었다. 그러나 일제가 대한국에 황무지개척권을 요구해 들어오자 대한국 지식인의 일단은 보안회(保安會)를 조직하여(1904.7.) 일제의 이러한 침략적 야욕에 대항하게 된다. 곧 일제의 '동양평화론'은 대한국과 청국에 대한 침략주의의 가림막이었음을 간파하게 된다.

바꾸어 말하면, 러일전쟁에서 일제를 지지했던 것은 일제가 대한의 독립을 보전하고 동양평화를 위해 싸우고 있다는 '동양평화론적' 인식 때문이었다. 따라서 일본의 대한국 침략이 가시화하고 일제가 대한국을 식민지로 만들려는 음모가 드러나면서 대한국의 지식인들은 일제가 제창한 동양평화론에 대한 기대가 무너져버렸다. 안중근도 마찬가지이지만, 당시 대부분 대한국의 지식인들은 개화적 측면과 대한국을 문명국으로 만들어야 한다는 희망적 차원에서 일제의 보호정책에 긍정적 태도를 보여왔었다. 그리고 일제의 주장에 동조하여 동양연대론을 함께 주장했던 터였다. 여기서 안중근의 말을 빌려보자. 당시 대한국의 상황에 대하여 안중근은 "외교능력이 없고, 안으로는 과격할 폭도(아마도 동학농민군을 말하는 듯)를 진압할 병력도 부족하고, 내정은 문란하고 재판은 당(黨: 아마도 친청파를 이르는 듯)이 좌우하여 부당한 행위를 함으로 생명, 재산을 원탁(援託)하기에 부족하며, 관리는 전연 그 직(職)을 사고 인민으로부터 청구를 멋대로 하고 있으므로… 병제(兵制)/사법(司法)/내정(內政)을 개정하고 문화를 성대히 하여 인지(人智)를 발달할 필요를 절실히 느끼고 있다. 한국을 개화시켜주는 일본의 보호정책 취지는 한국민이 전부 주지하고 있고 감사하는 바이며 개화를 대행하여 줄 일본은 호개(好個)의 친우요 한국의 행복이 될 수 있다"라고 평소 생각을 피력한다(被告安應七 第6回訊問調書, 1909.11.24.).

그러나 을사늑약 이후, 일제의 보호정책이 침략적 배신행위임을 대한국 지식인들이 알게 된다. 이에 안중근은 일제의 침략정책에 대응하여 철저한 반침략 의병투쟁론을 들고나온다. 따라서 안중근의 의병투쟁론은 철저하게 기성 사회체제의 부정과 함께 새로운 근대 사회 건설을 위한 '혁명전쟁적' 성격을 다분히 지니고 있었다고 본다.21 이러한 안중근의 인식변화는 국제사회에서 일제가 벌이고 있는 기만적 태도를 통하여 더욱 분명해진다.

러일전쟁이 일제의 승리가 짙어지자, 미국 대통령 루즈벨트(Franklin Delano Roosevelt, 1882.1.30.~1945.4.12.)의 중재로 미군 해군기지인 포츠머스(뉴햄프셔주에 있는)에서 이른바 '포츠머스강화회담'이 열린다(1905.8.9.~8.29.). 그리고 포츠머스조약을 맺게 된다(1905.9.5.).

조약의 내용을 들여다보면 어처구니없는 내용으로 일관되어 있음을 알게 된다. 제1조에서 "러시아제국은 대한제국에 대한 일제국의 지도, 보호, 감독권을 승인한다"(approve of Japan's supremacy in Korea)라고 규정하고 있다. 그리고 미국은 일제에게 유리한 조항들을 넣었다. 곧 "러시아는 일제에게 뤼순과 다롄의 조차권 승인 및 지린성(吉林省)의 창춘(長春) 이남의 철도부설권을 할양한다. 일제가 러시아에게 전쟁배상금을 요구하지 않는 조건으로 러시아는 북위 50도 이남의 남사할린 섬을 할양한다. 그리고 러시아는 일본해, 오호츠크해, 베링해의 러시아령 연안의 어업권을 일제에 양도한다" 등이 들어가 있다. 이러한 내용은 이후 러시아와 일본이 영토분쟁을 일으키는 원인이 된다. 그리고 우리 민족에게도 매우 불리하였을 뿐만 아니라, 오늘날 우리 민족이 만주 땅을 상실하게 되는 큰 원인이 되고 만다. 결국, 포츠머스조약으로 미국이 일제의 대한국 지배를 묵인함으로써, 러시아는 대한국에 대한 영향력을 완전히 상실하게 된다.

러일전쟁과 미국이 무슨 상관인데 어째서 미국이 포츠머스조약을 주재했는가, 회담 장소가 미국이어야 했는가, 이렇게 우리 땅의 역사적 비극은 미국으로부터 비롯된다. 곧 미제국의 대한국에 대한 일제의 지배권 인정은 러일전쟁 중, 미국과 일제가 맺은 가쓰라-태프트 밀약(The Katsura-Taft Agreement, 1905.7.29.)22에서 기인한다. 그리고 포츠머스조약으로 미국은 일제국의 대한국 지배를 재확인해 준 셈이 된다. 포츠머스조약에 바탕하여 일제는 대한국에 대한 을사늑약(1905.11.17.)을 닦달하여 대한국을 사실상 일본의 식민지로 삼기 시작한다. (참고로, 이 포츠머스조약을 맺게 한 공로로 루스벨트는 노벨평화상을 수상한다[1906].) 오호 통제로다. 이리하여 국제적으로 대한국의 일제국 지배가 공식화되자, 대한의 지식인들은 일제가 내걸었던 '동양평화론'의 허구성과 기만성을 확실하게 깨닫게 된다.

이와 같이, '동양평화론'은 러일전쟁을 전후로 일제에 의해 주창된 용어로, 일제가 동양평화의 중심역할을 맡는다는 게 핵심 내용이다. 일제는 조선에서 친일적 급진개혁파의 갑신정변(甲申政變, 1884)의 실패, 청일전쟁의 승리로 자만감을 갖게 되면서 대한국과 청국을 함께 멸시하기에 이른다. 그리고 일제는 동아시아 3국의 연대론을 포기하고(탈아론=脫亞入歐, 1885 이후 나타남) 일제를 맹주로 하는 아시아주의를 내세우게 된다. 요컨대 "오늘날의 (국제 관계를) 도모하면서 우리나라는 이웃 나라의 개명(開明)을 기다려 더불어 아시아를 흥(興)하게 할 여유가 없다. 오히려 그 대오에서 탈피하여 서양의 문명국들과 진퇴를 같이하고 저 지나(支那, 청)와 조선을 대하는 법도 이웃 나라라고 해서 특별히 사이좋게 대우해 줄 것도 없고, 바로 서양인이 저들을 대하듯이 처분을 하면 될 뿐이다. 나쁜 친구를 사귀는 자는 더불어 오명을 피할 길이 없다. 우리는 마음속으로 아시아 동방의 나쁜 친구를 사절해야 한다"[23]라면서 일제는 침략적 본심을 드러낸다. 따라서 일제는 대한국을 침략해 들어오는 과정에서는 자신들이 주축이 되는 동양평화론을 주장하였다가 이를 벗어던지고 다시 아시아주의를 주창하게 된다. 곧 아시아주의는 동양 3국을 자신의 손아귀에 넣으려는 사상적 이데올로기에 불과했고 침략사상의 이론일 뿐이었다.

이와 같이 당시 서양세력에 대한 동아시아 삼국의 대응논리는 평화논리와 침략논리로 갈라졌다. 겉모양은 다 같이 평화논리였지만, 일제가 갖는 동양평화론에는 평화가 없었다. 침략적 계략만 있었다.

그러나 대한국의 지식인들이 표출했던 동양평화론은 누가 주도권을 쥐든 진정한 동아시아의 평화, 곧 우리 모두의 공존을 지향하는 논리였다. 안중근의 동양평화론은 이러한 인식에서 출발한다. 곧 백색 인종인 서양 열강의 침략에 대한 유색인종인 동아시아 3국이 공존하고자 하는 대응논리였다. 그러면 이제부터 미완성의 글이지만 안중근이 뤼순감옥에서 썼던 〈동양평화론〉을 토대로 〈聽取書〉(청취서)와 〈安應七歷史〉(안응칠역사) 등의 자료로 보완하면서 그의 평화인식/평화사상에 대하여 살펴보기로 하자.

III. 안중근의 평화공동체론과 평화인식

안중근은 옥중에서 따렌(大連)의 일제고등법원장의 사형선고 연기 약속을 믿고 동양평화론(또는 '동아평화공동체론'=평화공동체론이라고도 씀)을 집필하기 시작한다. 그가 평화공동체론을 쓰려고 했던 것은 "1) 일제의 침략상을 만천하에 알리려는 의도, 2) 이토를 격살한 것은 동아시아의 공적(公敵)을 제거함으로써 동북아의 평화는 물론 인류평화를 유지하려는 목적, 3) 안중근이 인류평화를 위한 구상안을 널리 알리는 등, 식민지 분할에 광분하는 제국주의 열강에 일침을 가하자는 데 있었다. 앞에서도 이야기하였지만, '동양평화론'은 안중근이 창작한 고유한 주제어가 아니다. 일제가 먼저 거론하였고, 이어 당시 서양세력의 침략적 전쟁행위에 대한 동아시아 3국의 지식인들 사이에서 담론으로 형성되어 널리 회자되었던 용어다. 동양이라는 용어는 일제가 서양에 대한 대응개념으로 만들어낸 용어로서, 동양은 동아시아에서 서양식 근대화를 먼저 이룬 일제가 중심이 되는 지역사회라는 뜻이다. 다시 말하면, 중화(中華)는 중국 중심의 아시아를 뜻했지만, 동양(東洋)은 일제 중심의 아시아라는 뜻으로 동양=일제라는 개념에 지나지 않았다.

당시 대부분 사람이 말하는 동양이라는 용어는 근대일본을 뜻했을 뿐이다. 시대 분위기에 따라 안중근도 동양평화론에서 일제(안중근은 일본이라고 표현) 중심(핵심으로 하는)의 동아시아평화론을 주장하였다. 그러나 안중근의 동양평화론은 아시아에서 보기 드문 세계평화사상이 담겨 있다는 점에서 일제의 동양평화론과는 엄청난 차이를 갖는다. 곧 일제의 동양평화론은 호랑이 발톱처럼 침략주의를 감춘 평화론이지만, 안중근의 동양평화론은 1단계 동아시아평화공동체를 만든 다음 전체 아시아 그리고 세계로 확대하는 진정한 평화주의를 주장한 평화론이었다. 안중근의 동양평화론은 평소에 자신이 가지고 있던 평소의 지론(持論)을 옥중에서 글로 남기려 하였다. 그러나 일제의 배신과 함께 강제된 사법피살(司法被殺) 일자가 앞당겨져서 미완성의 작품이 되고 만다.

이러한 안중근의 미완성 동양평화론을 '안응칠자서전'과 대조해서 살펴보면, 하루아침에 주장된 게 아님을 알 수 있다. 대부분 사람이 안중근의 동양평화론을 인종주의/지역주의적 측면에서 연구하거나 정치적 입장에서 평화의 개념을 살피고 있지만, 자세히 검토해보면 안중근의 동양평화론은 너무나 인간적인 감성을 가지고 쓴 것임을 알 수 있다. 곧 인간의 가치를 자유와 평등 그리고 행복이라고 생각했던 안중근은 전쟁·폭력·침략 등에 의해 인간의 가치를 파괴하는 어떤 행위도 부정하고 있음을 알 수 있다. 이제 안중근의 동양평화론에 담긴 평화인식과 사상들을 살펴보자.

1. 안중근의 동아평화론(동양평화론)

안중근은 대한의 독립과 동아시아의 평화를 위하여 이토를 격살했다고 주장했다. 그렇다면 이제 이토격살기의(伊藤擊殺起義=하얼빈기의[哈爾濱起義]) 시점을 기준으로 안중근의 평화인식을 들여다보자. 안중근은 하얼빈기의 이전에는 의병활동을 통하여 대한국의 국권회복을 위한 대응투쟁을 한다. 그리고 이토격살기의를 일으켜 뤼순 감옥에 갇히고 법권(法權: 재판관활권)이 없음에도 재판의 형식을 빌려 자신을 사법살인하려는 일제를 향한 공판투쟁을 하면서 동양평화/인류평등을 설파한다. 공판투쟁에서 그가 보인 태도를 보면 "1) 이토를 처단한 것은 한국병합은 물론 만주침략을 저지할 수 있다는 판단에서다. 2) 대한국의 의병참모중장의 자격으로 이토를 포살했다. 이는 대일전쟁(對日戰爭)의 일환이다. 따라서 국제공법/만국공법에 따라 전쟁포로로 대우해야 한다. 이렇듯이 안중근은 재판과정에서 이토 격살은 일제 침략에 대응한 의병전쟁 과정 중에 계획/실행한 일임을 당당히 밝힌다. 그리고 우리 민족에게는 언권(言權)이 금지되어 내가 목적한 바 의견을 진술할 도리가 없었다"(제1회 公判 始末書, 1910.2.7.). 대한국 사회는 언권조차 보장이 안 되는 '창살 없는 감옥'이라고 당시 상황을 진단하고, 일제가 언론을 막아 그 부당성을 지적할 수 없어서 의병의 참모중장으로서 세계에 일제의 침략 계략을 알리는 수단으로 이토를 격살하였다고 밝힌다. 그리고 굳이 의병으로서 한 '단독행동'이었다고 하였다. 단독행동임을 주장한 것은 다른 동지를 보호하기 위함이었다. 또 다른 숨은 뜻은 살아남은 동지들이 굽히지 않고 지속해서 대일항전을 계속해 나가야 한다는 메시지를 담고 있었다. 곧 계속해서 살아남은 사람들이 연해주 지역의 항일투쟁역량을 보존/유지함으로써 후일 조국광복을 성취해야 한다는 그의 강한 의지의 발로였다고 본다. 또한, 그가 보여준 법정투쟁은 조국에 있는 청소년들에게 보내는 메시지이기도 했다. 곧 자라나는 청소년들에게 민족의식과 반일(反日) 투쟁의식을 일깨워주어, 간악한 일제에 의해 노예 상태에 놓일 조국을 수호해야 한다는 메시지였다고 본다. 이는 "이토 격살은 한국인의 뜻으로 자신의 행동은 한국인의 뜻에 따른 행동, 따라서 국권수호를 위한 정당방위"였다고 주장한 데서도 엿볼 수 있다.[24]

이렇듯, 안중근의 대일항쟁 주된 목적은 대한국의 독립(국권회복)이었다. 그러나 국권회복을 위한 의병항쟁과 북간도 연해주 등에서 일제와 전쟁을 치르는 동안 점점 그의 의식 속에 동아시아의 평화, 나아가 세계평화를 강조하는 사고를 갖게 된다. 그리하여 이토에 대한 격살은 대한국은 물론 동아시아에 평화가 올 것이라는 그의 이러한 신념의 실천이었다고 볼 수 있다. 따라서 안중근의 '동아평화공동체' 주장은 이토 격살의 이론적 근거이기도 하다. 곧 안중근이 의병을 통한 독립전쟁론도 동양평화론의 일환이었다고 볼 수 있다. 한마디로 동아평화론은 그의 민족적 신념이었다. 곧 대한국에 대한 침략질을 일삼는 원흉을 척결하면 대한국의 국권 회복과 평화가 올 것으로 생각한 그의 신념이었다. 다음 말에 귀를 기울여 보자.

만약에 이토가 생존한다면, 한국뿐 아니라 일본도 드디어는 멸망하리라고 생각한다. 이토가 사망한 이상 앞으로는 일본은 충분히 한국의 독립을 보호하여 실로 한국으로서는 크게 행복하고 금후는 동양 기타 각국의 평화를 보존하리라고 생각한다.[2]

이렇듯 안중근은 폭력적으로 남의 나라를 침범하는 한 사람을 죽임으로써 대한국의 행복과 동아시아의 전체 평화를 보존할 수 있다고 믿었다. 이는 안중근이 일제로부터 사법피살을 당하기 바로 직전에 사형집행관들 앞에서 남긴 말에서도 그 사실은 입증된다.

> 평소 내가 결행한 것은 전적으로 동양의 평화를 도모하려는 誠意(성의=赤誠)에서 나온 것으로… 彼我(피아: 너와 나)의 別(별: 구별) 없이 合心協力(합심협력)하여 동양의 평화를 期圖(기도)하기를 切望(절망)할 뿐이다. … 이 기회에 동양평화의 만세를 三唱(삼창)하고자 하니…."

안중근은 이 말을 남기고 일제에 의한 강제된 사법피살을 당하고 만다(1910.3.26.).

2. 안중근의 평화인식

안중근의 신념은 대한의 평화요, 동아시아의 평화였다. 그가 남긴 동아평화론은 서문(序文=총론)과 각론 4절(前鑑[전감]/現狀[현상]/伏線[복선]/問答[문답])로 집필할 예정(현상은 일제 침략의 실상을, 복선은 뒷일의 준비·대안이었을 것으로 봄)이었으나 총론과 각론 1절밖에는 쓸 수가 없었다. 일제의 약속 미이행 때문이다. 그러면 이제 그의 미완성 〈동아평화공동체론〉(동양평화론)을 바탕으로 검찰심문과 공판과정에서 그가 답변한 내용 그리고 〈안응칠자서전〉, 〈청취서〉(聽取書: 고등법원장과 면담기록) 등 기록을 종합하여, 안중근의 평화인식에 대하여 살펴보기로 한다. 먼저 다음과 같은 주제로 정해서 검토하기로 한다.

첫째, 안중근은 평화의 개념을 어떻게 인식하고 있었는가?
둘째, 안중근이 말하는 동아시아평화 창조의 구상은?
셋째, 안중근의 동아시아평화 구상은 설득력이 있었는가?

먼저 안중근이 인식하고 있는 평화의 개념은 어떤 것이었나. 앞의 들임말에서도 이야기하였듯이 평화라는 것은 전쟁이 없는 상태만을 의미하지 않는다. 그런데 안중근의 동아평화공동체론은 당시 침략과 반침략이라는 시대상황에서 나온 글이기에, 안중근은 침략과 전쟁이 없는 상태를 평화의 개념으로 보고 동양평화론은 썼다. 그럼에도 불구하고 그의 자서전을 읽으면 안중근이 인식하고 있던 평화의 개념은 반드시 전쟁/침략의 반대급부의 개념으로만 생각하고 있지 않았다는 사실이 발견된다. 이제 안중근이 인식하고 있던 평화의 개념을 살펴보자.

안중근은 평화주의를 사상의 본질로 삼고 있었다. 따라서 그는 지엽적으로 동아시아에 대한 평화만을 생각하지 않았다. 저 멀리 세계평화까지 생각하고 있었다. 곧 안중근은 세계적인 시각을 가지고 있었다는 말이 된다. 당시는 사회진화론에 바탕을 둔 제국주의 열강들이 자본주의 상품시장을 확대하기 위하여 남(아시아, 아프리카)의 영토를 무차별로 침략해 들어가면서 서로 자기들끼리 치고받으며 지구의 전 마당을 전쟁의 도가니로 몰아넣고 있을 때였다. 이런 마당에서 동아시아의 작은 땅 대한국에 안중근이라는 의인(義人)이 나타나 침략과 전쟁이 없는 동양평화/세계평화를 외쳤다. 그는 이토를 격살한 것은 '대국적 평화'를 파괴하였기 때문이라고 주장하였다. 이 말은 이토로 대표되는 일제의 침략주의에 대한 경고였다. 동시에 이토를 격살한 것은 바로 이토를 세계평화를 파괴하는 공적(公賊)으로 보았기 때문이다. 그래서 평화를 파괴하는 공적을 제거하지 않고는 동아시아평화뿐만 아니라 세계평화를 보장할 수 없다고 보았다. 이 때문에 안중근은 이토를 침략주의자의 괴수(魁帥)라고 표현하였다. 안중근은 이토를 격살한 것이 대한국만을 위해 복수한 건 아니라고 했다.

이러한 평화주의를 생각하고 있던 안중근은 반드시 전쟁에 대한 반대급부의 개념으로 평화를 인식한 게 아니다. 앞에서도 이야기하였지만, 평화의 개념은 물리적 폭력이 없는 상태(소극적 평화)만을 말하지 않는다. 구조적 폭력이 없는 상태(적극적 평화)까지 포함한다. 개인의 자유는 물론, 다른 나라의 행복까지 존중하면서 지구상에 존재하는 모든 인간존재는 유기적인 하나의 생명체라는 인식과 함께 이를 지켜나갈 때, 이것이 진정한 평화라고 할 수 있다.[26] 안중근은 이러한 평화의 개념을 인정한 상태에서 평화를 어떻게 인식하였는지 살펴본다. 안중근은 첫째로 생명의 존귀함을 인정하는 것이 평화라고 보았다. "지금 세계는 동서(東西)로 나누어져 있고 인종도 각각 달라 서로 경쟁하고 있다. 일상생활에 편리한 실용기계도 농업이나 상업보다는 전기포(기관총), 비행선(공격용 비행기), 침수정(잠수함) 등 모두 사람을 상하게 하고 사물(事物)을 해치는 기계에만 치우치고 있다."[27] 이 말은 안중근의 자서전 첫머리에 나오는 말이다. 곧 안중근은 국가를 앞세우지 않고 인간의 가치를 먼저 내세웠다. 인간에게 필요한 것은 농업과 상업의 실용적 가치인데 지금 세계는 인간의 생존가치를 파괴하는 전쟁무기에 몰두하고 있다고 인식함으로써 인간적 가치를 위하여 문명이 발달해 나가는 것을 평화세상이라고 보았다. 그리고 뒤를 이어 "청년들을 훈련해 전쟁터로 몰아넣어 수많은 귀중한 생명을 희생물처럼 버려"[28]라는 말에서도 알 수 있듯이 인간의 생명이 희생가치로 전락하지 않는 상태를 평화의 상태로 보았다. 이러한 안중근의 생명존중 평화사상은 "하늘의 기운으로 땅이 생명을 얻고 사람이 이 덕으로 생존해 나가는 천지인(天地人)의 자연법칙"인 순천득지응인(順天得地應人)이라는 그의 생각에서 잘 나타나고 있다. 또 살기를 바라고 죽기를 바라지 않는 마음을 뜻하는 호생염사(好生厭死)의 생명존중의 원칙에서도 그의 평화사상을 엿볼 수 있다. 그래서 안중근은 이러한 생명존중 사상으로 일제의 침략주의, 유럽인의 패권주의를 모두 비판/반대하였다. 따라서 안중근의 평화공존사상은 곧 생명존중사상이었다.

둘째로, 인간의 선한 가치가 악한 가치를 극복하는 것을 평화의 상태로 인식하였다. "예로부터 동양의 민족은 다만 문학(文學)에만 힘쓰고 제 나라만 조심스럽게 지켰을 뿐이지… 그런데 유럽의 여러 나라는 수백 년 사이에 도덕(道德)을 까맣게 잊고 무력을 일삼으며 경쟁심을 키워 조금도 꺼리는 기색이 없다.… 폭행과 잔인한 해악이 서유럽(西歐)이나 동아시아(東亞) 어느 곳에나 미치지 않은 곳이 없으니 악이 차고 죄가 넘쳐…"[29]라고 함으로써 인문학적 영성(도덕적 가치)이 인간사회에 가득 찬 상태를 평화의 상태라고 인식하였다. 안중근은 자신의 평화사상을 전통적 동아시아 민본주의 문화와 연결지었다. 그리고 서양의 문화는 무력숭배문화, 경쟁하는 문화, 폭력주의 문화라고 특징을 지었다. 한마디로 유럽의 문화가 남의 나라를 침탈하고 사람을 죽이는 문화라면, 동아시아의 정치문화는 문학에 힘쓰고 공손하여 자기 나라 지킴에 힘쓰는 문화라고 하였다. 이 때문에 동아시아는 유럽의 땅에 촌토척지(寸土尺地: 눈곱만큼의 땅)도 침탈하지 않았다고 보았다.

안중근은 이와 같이 폭력(무력)에 의해 지배되는 세상은 평화의 상태가 아니라고 보았다. 안중근이 말하는 인문학적 영성이라는 것은 타자(他者)에 대한 배려를 의미한다. 타자의 배려심에서는 무력과 폭력이 존재할 수 없다. 그러므로 인문학적 가치에서만이 평화가 나온다. 인문학(안중근이 말하는 도덕)적 소양(영성)은 반드시 남(인간)에 대한 존중심을 기본으로 하고 있다. 타자(남)에 대한 존중심은 그 타자에게 무력을 사용하는 것을 절대 용납하지 않는다. 안중근은 유럽의 침략 때문에 아시아의 도덕이 땅에 떨어졌다고 인식하였다. 이는 곧 도덕의 쇠락은 반대급부로 타자에 대한 생명의 존중심을 잃게 하고, 그들의 존재를 무시하고 무력과 폭력/악행을 밥 먹듯이 저지를 수 있다고 보았다. 무력과 폭력/악행은 곧 평화를 파괴하는 행위라는 뜻이다. 그래서 안중근은 인간의 도리를 역설하였다. 인간의 도리(도덕적 가치)를 지키는 것이 평화라고 보았다. 따라서 안중근은 반(反)전쟁 상태와 인간의 도덕가치 보호를 평화의 개념으로 생각하였다.

셋째로, 안중근은 평화를 인간 마음의 진정성으로 보았다. 다시 말하면, 인간의 순수한 본질(天命)을 평화로 보았다. 동아시아의 평화를 깬 것은 일제라고 단언하였다. 왜냐하면, 그것은 일제가 거짓을 가지고 동아시아사람들을 기만하였다고 보았기 때문이다.

> 통쾌하도다! 장하도다! 수백 년 동안 행악하던 백인종의 선봉을 북소리 한 번에 크게 부수었으니 가히 천고에 희귀한 일이요, 만방이 기념할 자취이다. 당시 한국과 청국 양국의 뜻있는 이들이 기약 없이 함께 기뻐해 마지않는 것은 일본의 정략이나 일을 헤쳐나감이 동서양 천지가 개벽한 뒤로 가장 뛰어난 대사업이며 시원한 일로 헤아렸기 때문이다. 그러나 슬프다! … 가장 가깝고 가장 친하며 어질고 약한 같은 인종인 한국을 억압하고 조약을 맺고 만주 장춘(長春) 이남의 조차(租借)를 빙자하여 한국을 점거하고 말았다. … 동양평화와 한국독립의 문제는 이미 천하만국 사람들 이목에 드러나 그들은 금석(金石)처럼 믿게 되었고.[30]

곧 안중근은 세계는 물론 청국과 대한인들이 일제가 "동양평화를 기(祈)한다"라는 장담을 믿고 있었다. 그런데 러일전쟁 이후, 그러한 믿음을 저버린 채 대한을 기만하여 침략주의로 밀고 들어오는 일제로 인하여 동아시아는 평화상태를 잃고, 대한의 사람들은 물론 청국 사람들까지도 실망과 함께 두려움과 불안의 상태가 되었다고 지적한다. 곧 동아시아의 평화상태가 깨졌다는 뜻이다. 신의를 한 번 저버리면, 인간관계는 물론 사회나 국가 관계에서도 평화유지가 어려운 것은 자명한 사실이다. 그러므로 안중근이 이토를 살해하게 된 것은 특히 동아시아 3국의 무너진 신의(信義) 상태를 회복하여 평화의 아시아를 만들고자 했다는 의미가 있다. 이러한 안중근의 마음

상태를 나타내주는 말은 뒤에 이어지는 "만약 일본이 정략(政略)을 고치지 않고 핍박만 날로 심하게 한다면 … 동양의 수억 황인종 가운데 뜻있는 수많은 인사와 정의로운 사나이가 어찌 앉아서 수수방관하며 동양 전체가 까맣게 타죽은 참상을 기다리기만 할 것인가?"[31]라는 말에서 안중근 자신이 이미 일제침략주의를 막겠다는 결심을 했다는 암시가 드러나고 있다.

넷째로, 타국에 대한 내정불간섭주의[32]를 평화상태로 보았다. 안중근의 이러한 불치주의(不治主義: 타국을 통치하지 않는)는 그가 검찰 심문과정에서 토로한 이토를 격살하게 된 이유 열다섯 가지를 들었기에 이해를 위하여 간략하게 다시 짚어본다. 1) 대한국의 황제를 폐위시키고 황후를 죽인 것, 2) 조약을 강요하여 군사권, 사법권 외교권, 행정권을 강탈 한 점, 3) 대한국의 자원(광산/산림/천택/철도 등)과 금융경제를 강탈한 점, 4) 주체적 교육을 억압하고 근대교육을 훼방한 점, 5) 대한국인이 자발적으로 식민지를 원한다고 허위사실을 유포하고 동양평화를 파괴한 점 등은 일제국의 대한국에 대한 내치간섭임을 분명히 하고 있다. 따라서 이를 반대하는 대한국인의 대응군(의병)과 일제의 침략군 사이에 전쟁은 필연적이라는 뜻이다. 다시 말하면 대한국의 평화와 동아시아의 평화를 동시에 달성할 수 없는 것은 침략을 통한 내정간섭이 있었기 때문이라고 보았다. 이러한 안중근의 사상은 나라와 사람이 함께 가지고 있는 자유의지를 남이 간섭해서는 안 된다는 뜻이다. 이러한 나라와 사람의 자유의지를 간섭하는 것은 모두의 평화를 깨는 일이라고 생각하였다.

다섯째로, 안중근은 전쟁이 없는 상태를 평화라고 인식하였다. "자연의 형세를 돌아보지 않고 같은 인종 이웃 나라를 해치는 자는 마침내 독부(獨夫)의 환난을 기필코 면치 못할 것이다"[33]라고 함으로써, 전쟁상태를 평화파괴의 주범으로 간주하였다. 심지어 같은 나라 안에서조차 반봉건, 반외세의 기치를 내걸고 봉건 지배세력과 외세의 침략을 막고자 항쟁하던 동학농민기의조차 도적으로 몰고 또 동학농민기의군의 대장을 수괴(首魁)라고 표현한[34] 것으로 보아 안중근은 나라끼리 전쟁이든, 내부의 기의군이든 전쟁의 원인을 제공하는 세력은 모두 평화의 적으로 규정했다는 것을 알 수 있다. 안중근이 동학농민기의군에 맞서 의병을 일으킨 점은 아마도 유산계급이 공격을 받는 것에 대한 반발이었는지 모르지만, 이 문제는 따로 다룰 필요가 있다. 그러나 분명한 것은 당시 동학농민기의군 중에는 참기의군과 가짜 동학당이 있었다는 점이다. 참기의군은 민폐를 끼치지 않은 것으로 기록이 되고 있다. 그러나 일제의 기록과 증언에서 찾을 수 있듯이 가짜 동학당의 악행이 있었던 것으로 보아, 안중근의 대응의병은 이런 가짜 동학당의 방화와 약탈에 대한 행위였을 것이라는 생각이 든다.

IV. 안중근의 평화공동체론과 남북평화통일의 문제

다음으로, 안중근이 말하는 동아지역 평화공동체의 창설 구상에 대하여 알아보자. 안중근의 동아평화론(동양평화론)을 위한 구체적인 내용은 뤼순 고등법원 원장 히라이시 우지히토(平石氏人)와 대화에서 나온다(1910.2.14.). 안중근의 '동양평화론'이라는 용어는 앞에서도 말했지만, 당대의 시대담론(문명개화론자들의 담론)이자, 일제가 기만적으로 내세운 용어였다. 그러나 안중근은 일제가 기만적으로 꺼낸 동양평화론을 되돌려 진정성 있게 그리고 논리적으로 전개해 나간다. 일제의 더러운 속성을 하나하나 지적하고 정확하게 드러내면서 자신의 진정한 동아평화론은 펴나간다. 여기서 안중근이 동양이라는 말을 쓴 것은 시대담론으로 어쩔 도리가 없었다고 본다. 하여 여기서는 일제의 냄새를 풍기는 동양이라는 말 대신에 동아시아 (東亞)로 고쳐서 쓰기로 한다. 이제 안중근이 옥중에서 쓴 미완의 동양평화론과 청취서, 공판기록 등을 종합하여 안중근이 구상하고 있었던 '동아평화공동체'의 구상은 어떤 것이지 하나씩 살펴본다.

1. 안중근의 동아지역평화공동체론

첫째, "동양에서 일본의 지위는 인체에 비유하면 마치 머리와 같다. … 일본은 동양평화에 대해서는 책임을 면할 수 없다. … 일본/한국/청은 형제국가이므로 서로 지극히 친밀하게 지내야 한다. … 동양평화회를 조직해 일본·청·한국 국민 수억이 이에 가입하고"[35]라는 말은 동아시아의 지역공동체를 구상하였다고 볼 수 있다. 지역공동체는 '동아시아 3국연방제'를 의미한다. 그런데 안중근이 평소 말한 동아공동체에서 유색인종인 황인종의 연대를 주장하고 있는 것으로 보아, 동아시아의 특징인 지역주의와 아시아민족의 민족주의가 결합한 연방제 비슷한 정치형태를 구상하지 않았나 하는 생각이다. 이러한 지역공동체가 갖는 의미는 역사적으로 중화질서/조공문화에서 벗어나 낮은 문화와 높은 문화의 갈등을 극복하고 정치적으로는 3국이 대외적으로 공동의 방위력과 경쟁력을 갖춘 상호부조적 지역공동체를 구상하였다고 볼 수 있다. 이렇게 함으로써 3국이 전쟁이 없는 평화상태를 유지할 수 있다는 것이 안중근의 '동아평화공동체론'에서 보여주는 첫째 구상이다. 곧 안중근이 지역공동체를 구상한 것은 1) 3국이 자국의 주체적 국가운영체제를 유지하면서, 2) 각자 역사적으로 가지고 나온 독자적 정신문화와 물질문화를 바탕으로 한 지역공동체 구성이 성공한다면, 서로 상이한 민족문화와 국가체제를 극복하고 동지/동포 관계가 유지되어 전쟁이 없는 평화공동체가 도래할 수 있다는 탈(脫)국가주의 및 탈(脫)민족주의 사상을 드러내고 있다. 이는 어떤 면에서 아나키즘 사상과 상통하는 구상이라고 볼 수 있다.

둘째, 청취서에서 "일본은 러일전쟁 때 점유한 뤼순항(旅順港)을 청에 돌려주어 그 항구를 동양평화의 근거지로 만들고"[36]라고 말한 대목이 있다. 이곳 뤼순항은 중국 명국(明國) 이후, 전략요충지였다. 이후 청국·일본·러시아의 각축장이 되고 분쟁을 유발하는 지역이 되어왔다. 안중근은 국제 분쟁지역인 뤼순항을 평화의 중심지로 바꾸자는 의도에서 일제에게 뤼순항을 청국에 돌려주고 공동군항(共同軍港)으로 만들자는 제의를 한다. 그리고 이곳에 상설회의기구인 대한국을 포함하는 청·일·러의 평화회의(안중근의 표현으로는 동양평화회)를 열자고 제안하였다. 곧 '동아시아지역공동체' 창설제안이다. 그리고 네 나라 안에도 각각 평화회의 지부(支部)를 설치하자고 하였다. 여기서 한 걸음 더 나아가 장차 인도·태국·미얀마 등 아시아의 여러 나라도 평화회의에 참여하는 회의지역으로 발전시켜 '아시아지역공동체'로 발전시키자는 제안이다. 이러한 발상은 영구적인 평화체제를 만드는 첫걸음이었음이 분명하다. 오늘날 유럽지역공

동체(1967. 창립)에 해당한다. 안중근의 '동아시아지역공동체' 창설
발상은 세계에서 가장 먼저 시도했던 첫 발상이다. 이 발상은 오늘
날 유럽의 그것보다 57년이나 빠른 '지역공동체' 창설제안이었다는
데서도 알 수 있다. 일제는 이러한 천재 평화론자를 자국의 이익을
위해 사법살인했다.

  셋째, 정치적으로는 동아시아 삼국의 청년으로 구성된 공동군대
창설을 주장 하였다.[37] 공동군대 창설은 필연적으로 군대통솔의 책
임자인 정치공동체를 필요로 한다. 이렇게 되면 초국가주의 지역공
동체는 성공적으로 추진될 수 있다. 당시에 국내신문에 안중근이 기
고한 글들을 종합해서 보면 세계정부와 국제평화군 창설을 언급(「한
성순보」 1883.12.20.)하였다. 이는 1차 세계대전 이후 1919년 베르사
유체제에서 나오는 국제연맹보다 36년이나 앞선 주장이다. 또 당시
신문을 보면 세계평화 유지를 위해 국제군대의 창설과 북경에서 만
국평화회의를 개최하자고 하였다.[38] 이러한 세계평화유지군은 당시
아무도 상상치 못하는 천재적인 머리에서 나온 평화사상이었다. 곧
국제연합의 창설과 유엔군의 창설보다 50년이나 빠르게 발상한 대
단한 사고였다. 요컨대 아시아가 공동군대를 창설하게 되면 "군사
및 군비를 축소하면서 무리하게 군비 경쟁을 할 필요가 없어질뿐더
러 무기를 통한 전쟁 위험도를 줄일 수 있는 가능성이 실현된다. 이
로써 전쟁완화공동체, 전쟁억제공동체, 전쟁문화공동체를 넘어서
군사 및 무장해제를 통한 완전한 평화공동체까지도 생각할 수 있는
것"인 만큼 안중근의 평화론과 중립적 평화공동체는 매우 획기적인
것이었다고 볼 수 있다.[39]

  넷째, 청취서에서 안중근은 경제를 바탕으로 하는 지역공동체 창

설도 주장한다. "일본이 직면한 급선무는 현재의 재정을 정리하는 것이다."[40] 경제적 측면의 지역공동체는 동아삼국(東亞三國)이 경제평화회라는 기구를 만들어 동아삼국의 나라사람(국민) 수억 명이 1엔씩 모금하여(공동기금 조성) 은행 설립을 제안하자는 내용이다(동아공동은행). 그리고 이 '동아공동은행'을 통해 동아삼국의 공동화폐[41]도 발행하여 이의 유통을 위해서 삼국 각 나라에 지점을 설치하는 한편, 공동시장도 개설하자고 주장하였다. 이렇게 되면 동양 삼국은 상호신용이 형성되어 공동의식이 함양되고 이제까지 삼국의 불균형적인 경제발전도 균형발전이 되리라고 보았다. 이러한 주장 또한 유럽연합(1994.1.)의 결성보다 84년이나 빠른 경제평화를 추구하는 발상이었다. 이렇게 경제평화를 통한 삼국의 동아공동체가 형성되면 일제의 침략성도 소멸할 수 있다고 본 것이 안중근의 평화공동체론이다. 이상과 같이 '동아경제평화공동체' 설립은 일제가 청국에 뤼순항을 돌려주는 일에서 시작된다고 본 발상은 안중근이 아니고는 생각할 수 없는 사고였다. 참으로 명쾌한 경제평화사상이다. 오늘날 안중근이 발상한 평화경제이론을 유럽이 먼저 실시하고 있다는 데서 우리는 안중근의 평화경제이론이 얼마나 대단한 것이었는지를 깨달을 수 있다.

다섯째, 안중근은 평화공동체(평화회의)를 정착시키는 대안도 제시하였다. "평화회의를 정착시키는 방법을 강구해야 한다." 곧 일제가 '동아지역공동체' 안을 수용한다 하더라도 서양 열강이 일제를 노리고 있는 이 마당에 동아 평화는 유지되기 어렵다고 판단하였다. 그래서 안중근은 동아삼국이 그들의 청년들로 공동의 평화군대를 창설하게 되면 자연, 평화군대에 들어간 청년은 자국의 모국어를 제외하고 다른 2개국의 언어를 익힐 수밖에 없다.[42] 그러면 대화의 소통도 용이하게 되어 형제관념을 갖게 된다는 의도도. 이러한 과정을 거쳐 삼국의 평화군대를 인도·태국·베트남 등 아시아 각국으로 확대하면, 광의의 '아시아공동체'가 될 수 있다고 판단하였다.[43] 이렇게 되면 패권 다툼도 없어지고 상공업의 발달은 물론 각국의 문화를 상호 존중하게 되어 이상적 공동체를 이룰 수 있다고 생각하였다. 이것은 참으로 놀라운 군사적/문화적 발상이었다. 곧 아시아 각 지역의 언어/문화/역사를 존중하는 아시아지역공동체가 성립되면 아시아의 독특한 문화와 역사/언어의 '다양성의 통일', 곧 '같은 공동체사람', '같은 운명'을 가진 사람들이라는 공감대가 형성되어 미래의 평화세계가 열리게 된다. 이렇게 되면, 자연스럽게 국가주의와 민족주의 사상은 역사의 뒤안길로 사라지고 아시아 지역의 자주적/자율적 민족이 서로 연대하는 세계시민/세계시민주의(Cosmopolitan/Cosmopolitanism)가 아시아 지역에서 탄생하게 된다. 이처럼 통쾌한 발상은 일찍이 없었다. 그의 세계시민주의 사상은 바로 아나키즘과 연결되는 발상이다.

여섯째, 동아평화공동체 완성을 위하여 "세계 각국의 지지를 얻어야" 한다고 보았다.[44] 그리고 세계 각국의 지지를 얻어내는 방법으로 로마 가톨릭의 수장인 교부(教父, 또는 교종[教宗], 안중근은 이를 교황[教皇]으로 지칭함)의 도움을 받으면 이 문제가 해결될 것이라고 보았다. 이는 외세의존적인 결과 또는 특정 종교의 영향력을 불러올 수 있는 차원적 문제로 탐탁한 제안은 아닌 것 같으나 당시 안중근이 가지고 있던 가톨릭이라는 신앙적 차원에서는 가능한 발상이었다고 본다.

안중근은 끝으로 동아평화공동체 결성의 성공을 위하여 일제의 지도 아래 한국과 중국이 산업을 발전시킬 것을 제안하고 있다. 이러한 제안을 한 데에는 동아평화공동체의 평등한 구성국으로서 근대화를 먼저 이룩한, 곧 선진문명국이 되어있는 일제라는 현실을 이해해야 한다는 생각 때문이었던 같다. 다시 말해 이러한 제안은 안중근이 일제가 선진근대문명에 앞서간 것을 이해한다는 뜻이지, 제국주의를 인정한다는 뜻은 결코 아닌 것으로 보인다. 곧 일제를 설득하려는 논리였던 것으로 사료 된다.

이러한 안중근의 '동아지역평화공동체' 창립의 제안, '동아평화군' 창설의 제안 그리고 '아시아평화공동체'의 제안, '평화경제공동체'의 제안은 현재 유럽이 진행하고 있는 유럽공동체의 설립보다 80여 년, 아시아평화군의 설립은 유엔평화유지군의 창설보다 50여 년 빠른 발상이었다. 참으로 대단한 평화학의 선구자이다. 그러나 동아지역 평화공동체·동아지역경제평화회의·동아평화유지군 설립 등의 제안은 안중근이 비록 사법피살을 당하여 세상에는 없지만 늦게라도 그에게 노벨평화상을 수여해야 한다고 본다. 그러나 안타깝게 안중근의 동아지역평화공동체론은 일제가 안중근을 사법살인 하는 바람에 세상에 빛을 보지 못하고 말았다. 안중근을 죽인 일제는 대한국과 중국, 나아가 동남아시아 그리고 태평양까지 침략전쟁을 계속 일으켜 나갔다. 그리하여 대한국은 식민지 조선으로, 만주는 일제 괴뢰국으로 전락한다. 그렇지만 일제는 안중근의 예언대로 30여 년 뒤 패망의 길을 걷게 된다. 대한국이 낳은 평화학의 창시자 안중근이 일제의 간악한 은폐로 세상의 빛을 보지 못했지만, 이제라도 오늘을 살고 있는 우리 땅 분단국가에서 안중근의 평화학을 되살려 동아평화, 나아가 세계평화의 견인차 역할을 하였으면 하는 바람이 크다. 그럼에도 불구하고 안중근의 '동아지역평화공동체' 구상도 한계점을 가지고 있다. 1) 각국 간의 갈등문제를 해결하는 장치가 없었다는 점, 2) 인종주의에서 벗어나지 못하였다는 점, 3) 일제 천황의 존재를 긍정적으로 인정하였다는 점, 4) 외세의존적으로 발상을 한 점은 시대적 한계로 보인다.

2. 동아지역평화공동체론과 남북평화통일의 문제

늘 이야기 하는 것이지만 역사학은 미래성과 현재성, 과거성을 모두 가지고 있는 학문이다. 따라서 역사연구에서 과거 사실(事實)의 사실화(史實化)는 과거성이고, 역사적 사실(史實)을 통한 성찰과 반성은 현재성이다. 여기에 미래성을 담아내지 못한다면 그 역사연구는 죽은 역사연구다. 따라서 안중근의 동아평화론(동양평화론)이 과거성에만 그친다면 의미가 없다. 하여 안중근의 동양평화론을 오늘날 우리 땅(한/조선반도=동아반도)에서 되살려냄으로써 현재성과 미래성을 함께 만들어가야 한다. 우리 땅이 일제의 식민지 노예 상태에서 '분단형 해방'과 함께 남북이 분단국가로 강제된 것은 미국의 국익에 의한 음모와 함정 때문이었다. 이러한 미국의 국익을 위해 강제된 남북분단의 현실은 75여 년이라는 세월을 보내고 있다. 그 결과 하나의 땅, 하나의 민족이 북은 공산주의 이념에 의한 민족의 특성으로, 남은 자본주의 이념에 의한 민족의 특성으로 변질되어가면서 서로 상이한 민족으로 진화되는 과정에 있다. 이러한 현실 속에서 안중근의 동아지역평화공동체(=동양평화론) 구상은 오늘날을 살아가고 있는 우리에게 많은 부끄러움을 주고 있다. 다시 말하면, 우리가 지엽적이고 미시적인 남북문제조차 해결해 나가지 못한다면

원대한 민족의 평화는 고사하고 먼 날 '동아지역평화공동체'가 결성
될 때 우리는 끼어들 자리조차 찾지 못하게 되리라 본다. 인류사회
처음으로 발상한 안중근의 (동아)지역평화공동체론을 유럽이 먼저
시행함으로써 아직도 분단 조국을 껴안고 있는 우리에게 부끄러움
만 안겨주고 있다. 이와 같이 안중근의 동아지역평화공동체 구상은
오늘날 유럽연합과 같은 원대한 꿈을 안고 쓴 책략이었다. 안중근은
동아지역평화공동체론을 쓸 때, 동아시아 전 나라가 동일한 노력을
할 때만이 가능하다는 인식을 가지고 썼음을 알 수 있다. 따라서 대
한국(대한민국과 조선인민공화국)의 건아요, 의사(義士) 안중근의 '동아
지역평화공동체론'을 오늘날에 되살려야 한다는 생각을 하는 것은
후손으로서 너무나도 당연한 생각이라고 본다. 그렇다면 먼저 분단
된 조국부터 우리 손으로 한겨레, 한나라가 되도록 노력을 해야만 동
아평화의 마부(馬夫)가 될 수 있다고 본다. 이러한 동아평화를 위해
서는 김대중이 말했던 '동아지역공동체'('동아경제연합체'=동아연합)라
도 먼저 생각해 볼 필요가 있다고 본다. 분단상황을 극복하면서 동아
시아평화, 나아가 세계평화의 초석을 마련하기 위해서는 안중근의
동아평화사상에서 해결책을 찾아 나갈 수 있지 않나 하는 생각이다.
하여, 안중근의 동아지역평화공동체 발상논리를 우리 현실(분단국가)
에 대입하여 다음과 같이 생각해 보고자 한다.

첫째, 남북이 〈안중근동아지역평화공동체연구재단〉을 만드는 일
이다. 이 연구재단을 통하여 많은 학자로 하여금, 안중근의 동아지역
평화공동체 구상을 실현하기 위한 방책들을 내놓게 하는 방법이다.

둘째, 안중근의 '동아지역평화공동체' 논리를 동아시아에 적용하
기 이전에 남북 두 국가사회에 적용하여 남북이 하나가 되는 지역

(동아반도)공동체를 먼저 결성하고 두 국가가 상호 신뢰를 바탕으로 '두(二) 국가, 한(一) 공동체'를 이루는 일이다.

셋째, '2국가1공동체'를 이루기 위해서는 먼저 경제를 통일하는 일이다. 두 국가가 공동은행을 만들어 공동화폐를 발행하고 공동시장을 개설하여 남북 두 국가가 동일한 상공업의 발달을 도모하는 일이다.

넷째, '2국가1공동체'가 만들어지면 공동군대를 창설하여 남북의 두 지역 젊은이들에게 군대생활을 함께하게 한다면 머지않아 '2국가1공동체'는 '일(一)국가, 일(一)공동체'가 된다. 곧 '동아반도공동체'라는 새로운 평화통일공동체가 만들어질 수 있다고 본다. 그런 후에 중국과 일본을 설득하여 안중근의 발상대로 동아지역평화공동체를 건설할 수 있을 것으로 본다. 동아지역평화공동체가 만들어지면, 뒤이어 전 아시아지역으로 확대하여 '아시아평화공동체'(아시아연합)를 결성하는 발판이 될 수 있다. 이렇게 아시아연합이 결성되면 세계는 아시아연합(동아시아연합, 동남아시아연합, 중동아시아연합)과 유럽연합 그리고 아메리카 연합, 아프리카 연합 등이 연대하여 세계평화공동체가 형성될 수 있다고 본다. 대륙별 평화공동체가 완성되면 국제연합(UN)을 발전적으로 해체하여 '세계평화공동체'로 대체할 수가 있을 것이다.

다섯째, "우선 그러기 위해서는 '해주–서해의 NLL(북방한계선) 해역–인천'지역의 중립화부터 모색해보는 것부터 시작하는 것이 어떨까 하는 생각을 해본다. 남북한 두 정상(노무현×김정일)은 '남북관계 발전과 평화번영을 위한 선언'을 했다(2007.10.4.). 선언문의 제3항 "남과 북은 군사적 적대관계를 종식하고 한반도에서 긴장 완화와 평화를 보장하기 위해 긴밀히 협력하기로 하였다"와 제5항, "남과 북은 민족경제의 균형적 발전과 공동의 번영을 위해 경제협력사업을 공리공영과 유무상통의 원칙에서 적극 활성화하고 지속적으로 확대 발전시켜 나가기로 하였다. … 남과 북은 해주지역과 주변 해역을 포괄하는 '서해평화협력특별지대'를 설치하고 공동어로구역과 평화수역 설정, 경제특구건설과 해주항 활용, 민간선박의 해주 직항로 통과, 한강하구 공동이용 등을 적극적으로 추진해 나가기로 하였다"라고 한 합의 내용을 이행하여 '해주–서해의 NLL 해역–인천'을 중립지대화하는 방안이다. 안중근은 뤼순을 중립화하여 분쟁 당사국인 한/중/일이 공동으로 이용하는 군항으로 만들자고 제안하였다. 마찬가지로 가장 첨예하면서도 전쟁의 위기까지도 몰고 갈 수 있는 '해주–서해의 NLL 해역–인천'을 중립화하여 남북한이 공동으로 이용하는 군사지역으로 만듦으로써 이를 통해 한반도 전체 평화공동체를 실현하는 기틀을 마련하는 기회가 될 수 있다고 본다. 여기에서 더 나아가서 DMZ(비무장지대)의 중립화, 동아반도 및 동북아시아의 비핵화지대화로까지 확장해나가는 방안도 생각해 볼 수 있다는 생각이다.45

여섯째, 만주지역(동북삼성)을 한국/조선국·중국·일본이 함께 공동역사지역으로 만들어 공동관리하고 이 지역에 대한 공동역사를 서술하여 만주지역을 동아시아 평화공동체의 모범지역으로 만드는 일이다. 이렇게 되면, 우리 땅 남북분단국가는 자연적으로 이에 동참하게 되고 자연스러운 평화공동체가 만들어질 수 있다고 본다. 하여 남북이 평화 분위기를 조성하기 위하여 한/조선·중국·일본이 정치적으로 숙의하여 만주지역을 삼국 공동관리지역화하는 문제에도 접근할 필요가 있다고 본다.

끝으로, 안중근의 '동아지역평화공동체론'이 노벨평화상을 받을 수 있도록 전 세계와 노르웨이 노벨위원회(노벨평화상 선정위원회)에 호소하는 일이다. 이렇게 되면 안중근은 우리 땅의 평화의 아버지에서 세계평화의 아버지가 된다. 그리고 당시 일제의 간악한 반평화적 침략상을 세계에 알리는 효과도 동시에 있을 것으로 본다.

V. 마감글

안중근이 이토를 죽인 것은 소아적(小我的) 입장이 아닌 대아적(大我的) 입장에서였다. 그는 대한국을 포함하는 동아시아의 평화공동체, 더 나아가 전체 아시아평화공동체 그리고 세계평화공동체를 창설하기 위한 원대한 꿈과 희망으로 그의 사상을 실천으로 옮겼다고 볼 수 있다. 이토의 격살은 안중근 본인도 말했듯이 동아지역의 평화를 교란시킨 주(主) 범법자에 대한 응징차원이었다. 따라서 동아평화공동체를 구상하고 있는 안중근의 입장과 대한국의 인민/민인 입장에서 보면 분명 이토는 침략자요, 범법자였다. 안중근은 이렇게 평화의 파괴자(범법자)를 포살(砲殺)하는 것은 살인행위가 아니고, 동아평화를 파괴하는 일제를 타도하려는 독립전쟁의 일환으로 생각하였다. "이토의 격살은 나 개인을 위한 것이 아니고, 동양평화를 위함이다. 이토의 죽음으로 일제국은 한국으로서는 다행이며 동양 그리고 각국의 평화가 보존되리라 생각한다"라고 한 그의 말에서도 입증된다.[46]

안중근은 분명히 이 땅의 지조를 가진 의인 중 한 사람이다. 지조는 흔들리지 않는 옳은 신념과 용기에서 나타난다. 용기가 없는 자는 지조도 없다. 지조가 없는 자는 결정적으로 필요한 상황이 벌어질 때 꼬리를 감춘다. 자신의 신변과 가족에게 위험이 닥치는 급한 상황이 왔을 때 꽁무니를 빼는 사람은 지조가 없는 사람이다. 황헌식(黃憲植, 1942~)의 〈신지조론〉에서 지조란 무엇인지에 대하여 잠시 살펴보자. "뜻(志)을 세우고 평생 그 뜻을 지키며 사는 삶은 아름답다. … 지조는 한국인이 가장 소중하게 생각해 온 삶의 덕목 중 하나이다. 우리가 지조 있게 산 사람들을 각별히 존경하는 것은 우리 역사가 그만큼 지조를 지키며 살기 어려웠음을 역설적으로 말해주고 있다"[47]라고 말한 것과 같이 지조는 삶의 뜻이고 우리 모두의 덕목이다. 그런데 이 지조의 덕목을 지키며 살아간 사람이 몇이나 될까. 죄다 '정치적 권력', '사회적 권위', '경제적 부유', '문화적 명예'에만 매달려 삶의 뜻이 어디에 있는지 도대체 알 수 없는 사람들이 대부분이다. 이런 가운데도 역사 속에서 자기의 세운 뜻을 위하여 구차한 삶을 멀리하고 "죽으면 죽으리라"라는 신념으로 겨레와 나라를 위해 죽음도 불사하였던 의인들이 많다. 안중근이 그랬고, 이회영이 그랬고, 신채호가 그랬다. 다시 황헌식의 신지조론에서 지조에 관한 지식을 빌려와 보자. "지조의 명분은 정당성에 있고, 정당성은 총체적이고도 유기적인 판단에 근거한 것이어야 한다."[48] 정당성이 없는 지조는 거짓이다. 정당성은 합리적이어야 한다. 합리적인 정당성이 주어지면 그 정당성을 위하여 책임 있는 행동이 따라주어야 한다. 책임 있는 행동을 용기라고 한다. 용기가 없다면 정당성은 그냥 무용지물에 지나지 않는다. 용기는 개인의 신념에서 나온다. 신념이 없으면 용기도 없다. 용기가 없으면 지조도 무너진다. 지조가 무너진 사람은 비굴하게 살 수밖에 없다. 떳떳함이 없다. 도덕적 영성도 없다. 윤리적 가치도 갖지 못한다. 그리하여 역사 속에서 비굴한 자로 기록되고 있다. 을사오적(乙巳五賊: 이완용, 이지용, 박제순, 이근택, 권중현)이 그들이다. 결국, 이들 지조 없는 비굴한 존재들 때문에 당시 2천만 조선인들이 일제의 노예가 되어 40여 년 동안 굴욕적인 삶을 살아야 했다. 몇몇 지조 없는 자들의 구차하고 비굴한 행동(변절/배신 그리고 술수와 음모)으로 수천만의 동포가 굴욕적 노예로 살아야 했다. 오늘날 집권욕에만 사로잡혀 당명을 수차례 바꿔가며 권모술수로 민심을 호도시키는 정당이 바로 지조가 없는 사람들이 모인 정당이 아닐까.

지조는 "신념의 동일성이다. 지조 있는 사람은 상황과 이해관계에 따라 뜻을 바꾸지 않는다. 지조는 시공(時空)을 초월하여 일관된 삶을 사는 것을 말한다. 지조는 언행일치(言行一致)다. 지조는 지행일치(知行一致)다."[49] 우리가 이제까지 읽어 왔지만, 안중근은 한 번 세운 뜻(志)을 굽히지 않았다. 그는 신념의 동일성(同一性)을 가진 사람이었다. 시공을 초월했던 사람이었다. 언행일치(言行一致), 지행일치(知行一致)를 실천한 사람이었다. 지조를 가진 그였기에, 죽는 그날까지 하늘과 겨레와 나라에 한 점 부끄러움 없이 살다가 젊은 나이에 죽었다(31살). 안중근은 초지일관으로 자신의 지조(평화사상)를 한 번도 꺾지 않았다. 변절하며 살기보다는 죽음으로 뜻을 지킨 선비였다. 안중근은 의(義)를 지니고 삶(生)을 살 수 없는 세상(利의 세상)이라면 의를 취하겠다는 각오로 이토를 살해하고 겨레와 조국(대한국)을 위해 의(義)를 취하고 죽었다. (2020.8.15. 취래원 풍사당에서)

4장. 조봉암의 남북평화통일론*

I. 조봉암의 삶살이 그리고 사법피살

　우리 땅의 평화유전자는 강화의 마니산에서 나왔다. 분명, 강화는 평화의 섬이다. 우리 영토의 미래평화도 강화의 평화유전자에서 열매를 맺게 되리는 생각이다. 하여 강화도에서 평화유전자를 받아서 나온 조봉암의 평화통일 사상을 가지고 강화도의 평화유전자가 가져다줄 미래 평화통일에 대하여 생각해 보기로 한다. 국가라는 울타리를 가지고 있는 모든 나라가 다 그렇겠지만 특히 한/조선반도(이하 동아반도라 하자)에는 이념을 바탕으로 한 냉전시대의 잔류물인 민족분단이 남아 있다. 더구나 동서이념의 희생으로 '6.25 국제이념전쟁'[1]이라는 민족분단을 고착시킨 비극도 있었다. 남북의 두 정치 권력들은 이러한 두 가지 불행한 조건을 그들의 권력 장악과 유지에

---

* 이 글은 "3.1운동 100년, 통일로 새 100년"이라는 주제로 열린 〈강화 3.1운동 100주년 기념 학술심포지움〉(2019.11.13.)에서 발표한 것이다.

호제(好際/好材)로 이용하고 있다. 이런 탓으로 북이든 남이든 엘리트 중심의 권력자들은 이념 몰이를 통하여 이제까지 권력을 장악(장기적)해 왔으며, 그러한 이념 몰이를 아직도 즐기고 있다. 북(北)은 자본주의적 발상을 하는 그들 나라사람을 반동(反動) 몰이로 탄압하고, 남(南)은 사상의 자유를 갖는 사람들을 빨갱이 몰이(국가보안법)로 탄압하고 있다. 심지어는 남북이 서로 이념을 문제 삼아 사람의 목숨까지 빼앗고 있다.

오늘날 한국사회는 진정한 보수와 참진보의 공존이 불가능한 상태에 직면해 있다. 사실상 유럽의 프랑스 시민혁명기(1789.7.14.~1794.7.28.)에 발생했던 보수니 진보니, 우파니 좌파니 하는 용어는 낡은 시대 용어다. 그런데도 우리 땅에서는 아직도 진보니 보수를 따지고 우파니 좌파니 하면서 낡은 용어를 가지고 밥을 먹고 있는 언론사(신문·방송)들이 있다. 이제는 그런 정치적 용어는 구닥다리가 된 시대이다. 앞으로의 시대는 인간사회를 어떻게 발전시켜 나갈 것인가, 인간의 행복은 무엇인가, 모든 나라 사람들의 진정한 보람된 삶을 위하여 나라/사회는 무엇을 할 것인가, 인간의 행복을 위하여 국가(나라가 아닌)는 과연 존재해야 하는가, 국가가 만약 존재해야 한다면 국가의 권력 한계는 어디까지여야 하는가를 고민하는 정치세력이 필요한 시대이다.

그럼에도 불구하고 아직도 이 땅의 엘리트 중심의 기득권세력들(이들을 수구/거짓 보수세력이라 부른다)의 깡패적 행위는 도(度)를 넘어 이 나라의 자발적이고 주체적인 발전 그리고 행복한 사회를 만들기 위한 개혁적/발전적 노력을 불도저로 막고 있다. 이런 현상을 바로 우리 현실 속에서 우리 눈으로 생생하게 목격하고 있다. 낡은 용어이지만, 이제까지만을 생각해 볼 때 우리 사회에 진보와 보수의 공존(共存)과 초월(超越)을 가능케 하는 서단을 열어준 이가 강화 출신 조봉암이다. 다른 정치꾼과 달리 그의 정치사상은 융합사상이었다. 한 마디로, 공산주의를 제외한 "좌우합작에 의한 민족통일의 지향"이었다. 이런 주장은 오늘날 같은 민족으로서, 같은 땅에서 분단국가를 이루고 있는 남북의 민족이 반드시 고려해야 할 평화통일의 토대라고 생각한다. 오늘날 남북이 핵무기로 포장하고 있는 동아반도에서 조봉암의 융합적 평화통일사상을 반드시 되살릴 필요가 있다는 생각을 해본다.

1. 조봉암의 삶살이

조봉암(曺奉岩, 1898~1959: 가명 박철환[朴鐵丸])은 누구인가. 그는 대한제국시대(이하 대한국) 강화의 조그마한 시골마을(선원면?)의 평범한 농부 집에서 태어났다(1898.9.25.). 그 후 대한국은 변절관료(을사오적)들의 매국행위로 일제식민지가 된다. 일제는 어떤 침략국가들도 시행해 보지 않았던 가혹한 헌병경찰통치를 통하여 우리 민족을 굴욕적인 노예상태로 만들었다. 이러한 시대 분위기에서 조봉암은 강화공립보통학교를 졸업한다(1911). 학교 졸업 후, 조봉암은 일제의 헌병경찰에 의한 폭력적 식민통치가 계속되는 가운데 강화군청 고원(雇員)으로 근무하게 된다. 우리 민족은 일제의 가혹한 헌병·경찰 통치에 굴욕을 당하고만 살 수 없었다. 불현듯, 맨주먹으로 일제의 폭압정치에 항거(抗拒)를 하기 시작했다. 이것이 바로 우리 역사 속에서 거대한 폭포수처럼 우렁차게 폭발한 3.1민족기의(民族起

義, 1919)2다. 하늘과 땅도 놀라 진동을 하였다. "일제는 가라, 우리는 노예가 아니다. 우리의 주권을 되돌려 놓아라." 독립선언을 했다. 손을 높이 들고 독립만세를 불렀다.

강화도도 예외가 아니었다. 강화 읍내는 물론 강화 인근의 섬 주민들도 들고 일어섰다. 감격의 시간이었다. 스물한 살의 청년 조봉암도 힘차게 온몸으로 독립만세를 불렀다. 이에 일제 군경은 무시무시한 폭력을 무차별로 휘둘렀다. 그러나 만세시위 군들은 이에 아랑곳하지 않고 일제의 폭력에 죽음을 무릅쓰고 공수(空手)로 맞섰다. 조봉암도 다른 주도자와 함께 일제 경찰에 강제로 체포되었다. 그리고 감옥에 투옥된다(서대문 형무소). 그는 진작부터 그래왔지만 이를 기점으로 하여 본격적인 반일(反日) 민족주의를 사상적 기저로 갖게 된다. 감옥살이 4개월여 만에 무죄로 석방된다. 감옥에서 나온 조봉암은 서울(당시 명칭은 경성[京城])로 간다(1920.3.). 그리고 종로의 중앙기독청년회관(서울 YMCA)에서 비정규학교로 운영하는 중학부(교장 이상재[李商在])에 입학하여 신학문3을 공부하게 된다. 공부에 열중하고 있던 그에게 일제 경찰이 느닷없이 들이닥쳐 그를 강제로 체포하는 뜻밖의 사건이 벌어졌다. 그것은 조선민족대동단(朝鮮民族大同團, 고문 이강[李堈], 총재 김가진[金嘉鎭], 1919.4. 발족)이 일으킨 대동단사건(大同團事件, 1919.11.10.) 때문이었다. 대동단사건은 조선 마지막 왕 이재황의 아들 이강(李堈, 1877~1955, 의친왕[義親王])을 중국 상하이로 망명시켜 〈대한민국임시정부〉의 지도자로 추대하려고 탈출을 시도하다가 일본 경찰에 발각된 사건을 말한다. 그런데 조봉암은 영문도 모른 채, 이 사건에 연루되어 평양경찰서로 끌려갔다. 고난의 시작이었다. 일제 경찰은 조봉암에게 온갖 고문(학춤, 두들겨 패기, 담뱃불로 지지기 등)을 가한다. 그러나 혐의가 드러나지 않자 일제 경찰의 가혹한 고문과 조사를 받은 지 20여 일 만에 풀려난다. 이렇 게 아무런 죄도 없는 사람을 끌어다 고문을 가하는 일제에 대하여 진저리를 쳤다. 여기서 조봉암은 발끝에서 머리끝까지 강한 반일(反 日)의식이 요동치는 것을 느꼈다. 호랑이를 잡기 위해 호랑이굴로 가기로 한다. 그리하여 일제국으로 건너가 유학을 하게 된다(1921. 7.7. 23세). 그는 일제국 땅에서 고학생이 되었다(엿장사를 함). 대한 국 유학생들이 흔히 들어가는 도쿄(東京)에 있는 세이소쿠(正則) 영 어학교를 거쳐 다시 도쿄 하치오지시(八王子市)에 있는 주오대학(中 央大學) 정경학부에 들어가 경제학 공부를 하였다.

이렇게 공부를 하는 과정에서 조봉암은 당시 피압박민족에 대한 해방운동의 이념으로 부각 되고 있던 사회주의 사상과 아나키즘(무 정부주의로 번역하는 것은 잘못이다)을 접하게 된다. 여기서 숙명적인 운명을 만나게 된다. 공산주의자 김찬(金燦, 김낙준, 1894~?)과의 만 남이다. 김찬을 통하여 여러 사회주의자와 만나게 된다. 그래서 조 봉암은 사회주의 사상(공산주의 사상)을 수용하게 된다. 그는 자서전 에서 일제에 대한 항일의식이 자신을 사회주의자로 만들었다고 했 다. 이후 조봉암은 김찬 등 사회주의자들과 자주 만나 당시 시대조 류에서 한창 거론되고 있던 러시아 귀족 출신으로 아나키스트인 크 로폿킨(Pyotr Alekseevich Kropotkin, 1842~1921)의 『상호부조론』(相 互扶助論, 1902), 찰스 다윈(Charles Robert Darwin, 1809~1882)이 진 화론에 관한 자료를 정리한 『종의 기원』(種の 起原, *On the Origin of Species by Means of Natural Selection or the Preservation of Favoured Race in the Struggle for Life*, 1859)에 대하여서도 학습을 하며 토론을 벌이기도 하였다. 조봉암은 증언한다. 당시 일제 국내 청년지식인 사이에서는 아나키즘이 풍미했었다고 한다. 아나키즘과 함께 사회주의와 볼셰비즘도 일제 청년들이 선호하는 사상이었다고 한다.

이렇게 사회주의에 관한 학습을 하는 가운데 조봉암은 사회주의 단체의 조직에 가담하게 된다. 흑도회(黑濤會, 1921.11.21.)다. 흑도회는 당시 진정한 아나키스트 박열(朴說, 1902.2.3.~1974.1.17.)4, 김약수(金若水, 1892~?), 방한상(方漢相, 1899~?) 등 아나키스트와 사회주의자들이 연합하여 조직한 최초의 사회주의 단체이다.5 흑도회에 있으면서 조봉암은 아나키즘에서 볼셰비즘으로 사상적 변이(變移)를 하게 된다. 조봉암은 일제로부터 민족해방은 무(無)조직/무(無)통제를 주장하는 아나키즘보다는 강한 조직력으로 일제와 맞서야 한다는 사회주의와 공산주의에 더 매료를 느꼈던 것으로 보인다. 곧 당대의 피압박민족이라는 시대상황에서 볼 때, 그는 식민지 조국의 해방은 오직 공산주의 조직만이 가능하다고 믿었다. 하여 조봉암은 아나키즘보다는 공산주의로의 사상적 경향을 더 많이 드러내게 된다. 그리고 흑도회가 조직된 이듬해 김찬의 제의에 따라 조봉암 등 유학생은 반일민족해방투쟁을 위하여 배를 타고 국내(식민지 조선)로 돌아온다(1922.8.,24세). 부산에 내린 조봉암 일행은 곧바로 열차편으로 서울에 도착하였다.

국내에서 조봉암은 공산주의 계열의 〈서울청년회〉(서울, 1921.1.27. 조직) 사람들과 만나 공산주의 대중화 활동을 시작하게 된다. 그러면서 점차 공산주의 이론가로 부상되어 갔다. 이런 연유로 몽골(소련령 웨르흐네스크)에서 열린 고려공산당 합동회의에 국내파 대표로 참가한다(1922.10.21..). 여기서 여운형(呂運亨, 1886~1947), 이동휘(李東

輝, 1872~1935)도 만나게 된다. 그러나 레닌의 정치자금 탈취사건을 둘러싸고 고려공산당 내에서 계파(이동휘 중심의 상하이파와 김철훈[金哲勳]과 문창범[文昌範] 중심의 이르쿠츠크파) 분열이 일어나자, 조봉암은 파벌 중재에 노력하였으나 실패하고 만다. 조봉암은 계파통합대회가 결렬된 사유를 모스크바 코민테른(Comintern: 공산주의 제삼 인터내셔널, 1919.3. 창립)에 보고하였다. 그러자 코민테른은 고려공산당의 두 계파의 대표(상하이파 이동휘, 이르쿠츠크파 김철훈 문창범)와 무소속의 조봉암 등 7명을 모스크바로 호출하였다. 모스크바에 가서도 두 계파가 단합을 이루지 못하였다. 고질적 분열이다. 여기에 코민테른의 중재도 허사가 되었다. 조봉암은 모스크바를 떠나 국내로 돌아오려고 했다. 이때 코민테른에서 연락이 왔다. 〈동방노동자공산대학〉(까우떼붸[KYTB])에 입학하지 않겠느냐는 제의였다. 조봉암은 생각할 것도 없이 곧바로 입학을 하였다(1922.2.). 조봉암은 공부하는 도중에 열악한 환경과 백야(白夜)와 같은 기후 탓으로 폐결핵(T.B.)에 걸리고 만다. 학업을 중단하였다. 코민테른이 소련에서 요양할 것을 권했으나 그는 국내로 돌아왔다(1923.7.).

국내로 돌아온 조봉암은 조선공산주의 대부인 김찬을 다시 만난다. 그리고 김찬이 조직한 〈신사상연구회〉(新思想研究會)[6]에 가입하고 그 산하의 〈신흥청년동맹〉(新興靑年同盟)을 조직하는 데 힘을 보탠다(1924.2.11.). 여기에는 무산자 청년단체인 〈조선노동연맹회〉(朝鮮勞動聯盟會, 1922.10.15.)와 사회주의계열의 〈토요회〉(土曜會, 1923.5.20.)가 참여하였다. 조봉암은 신흥청년동맹회 조직에 열성적으로 뛰어든다.[7] 신흥청년동맹는 조봉암을 비롯하여 홍명희(洪命熹)·김장현(金章鉉)·박헌영(朴憲永) 등 당시 쟁쟁한 연사단을 구성하여 전국적인 강연회를 개최하고 청년들에게 공산주의 사상을 홍보하는 연설활동을 하였다. 바로 이즈음, 나중에 사회주의운동가가 되는 김조이(金祚伊, 1904~6.25국제이념전쟁 때 실종)라는 여인을 만나 혼인을 하게 된다(1924). 그리고 혼인생활을 위해 생활비를 벌어야 했다. 그래서 조봉암은 「조선일보」 기자가 된다. 여기서 박헌영, 김단야와 동지가 되어 기자 생활을 한다. 그러는 가운데 민족해방운동을 강화하기 위하여 화요회는 신흥청년동맹을 통합하여 국내에서 처음으로 〈조선공산당〉을 창당하게 된다(1925.4.17.).[8] 다음날은 또 박헌영(朴憲永, 1900~1955) 집에서 〈고려공산청년회〉(高麗共産青年會)를 창립한다. 조봉암은 「동아일보」 기자인 조동우(趙東宇, 1861~?)와 함께 조선공산당과 고려공산청년회를 레닌 정부와 코민테른 본부에 승인받기 위해 모스크바로 가게 된다. 모스크바에 도착한 것은 그해 6월 하순경이었다.

2. 공산주의 이념에 대한 회의

모스크바에 머무는 동안 일제의 탄압과 당원의 체포로 조선공산당이 와해위기에 놓이게 되었다는 소식이 상하이 연락부를 통해 조봉암에게 긴급전문(1925.12.4.)으로 들어왔다. 조봉암은 급히 귀국하려 했다. 그러나 코민테른 본부는 조봉암에게 코민테른 극동총국 위원이라는 직임을 내주고 블라디보스토크로 가게 했다. 그러나 조봉암은 일단 상하이로 갔다. 그 이유는 국내에서 탈출해 온 김찬, 김단야와 함께 만주에 조선공산당 만주총국, 고려공산청년회 만주부 건설계획을 세우기 위함이었다. 그 책임이 조봉암에게 주어졌다. 그

바람에 조봉암은 다시 모스크바공산대학을 졸업한 김동명(金東明, 1895~미상) 등과 함께 만주지역의 지린성 주허현 이멘포(吉林省珠河縣一面坡)로 들어가게 된다(1926.4. 하순). 그리고 블라디보스토크에 있던 김하구(金河球=金河龜, 1880~미상), 고려공산당 상하이파인 윤자영(尹滋瑛, 1894~1938), 김철훈(金哲勳, 1885~1938) 등과 함께 조선공산당 및 고려공산청년회 만주총국의 결성에 들어간다(1926.5., 책임자: 김동명). 이 과정에서 민족주의 계열(신민부)의 무장독립운동세력과 대립/갈등이 생기게 된다. 이에 조봉암은 "사람답게 사는 세상을 만들고 조국 해방을 앞당기자"[9]는 공산주의 신념을 가지고 민족주의 계열과 충돌을 피해 나간다. 이게 바로 조봉암이 갖는 독특한 성격이다. 같은 민족해방운동을 하면서 "내가 옳고 네가 그르다"라는 식의 싸움으로 목적지로 가는 길을 잘못 들어설 필요는 없다는 생각이었다. 여기서 조봉암의 융합적 평화통일 사상이 싹터나온 것으로 생각된다.

다시 조봉암은 상하이로 온 뒤 여운형의 집에서 머물고 있었다. 이때 강화의 첫사랑이었던 김이옥(金以玉, 1905~1933)이 찾아온다. 김이옥은 강화 부농의 딸로, 부르주와 사상을 가진 여성이었다. 당시 그녀는 '경성제일여자고등보통학교'(옛 경기여고의 전신)를 나와 이화여전(이화여대)에 재학 중이었다. 그리고 조봉암을 찾아왔을 때, 김이옥은 이미 폐결핵 말기 수준의 환자였다. 조봉암은 김이옥을 간호하면서 자연스럽게 동거에 들어갔다. 공산주의 혁명의 적극적 활동가로서 소련의 모스크바대학에 유학 중인 본부인 김조이를 두고 김이옥과 동거(사실혼인)생활에 들어간 셈이다. 아나키즘 차원에서 보면 사실 큰 문제가 아니지만, 이 문제로 조봉암은 공산주의 계열

사람들과 민족주의 계열 모든 사람에게 차가운 시선을 받게 된다. 아직도 유교적 전통관념이 잔존하던 시대적 한계였다. 조선공산당은 즉시 조봉암의 신분을 평당원(야체이카: 세포)으로 격하시켰다. 게다가 폐결핵으로 쓰러져 가는 김이옥을 살리기 위해 사회주의 국제청년단의 공금인 모풀(국제구호기금)[10] 공금을 유용한다.[11] 조봉암이 먼 타국에서 공부를 하고 있는 본처(김조이)를 두고 김이옥과 동거를 한 점, 국제청년단의 공금에 손을 댄 점 등으로 공산주의자들부터 비난과 외면을 받게 된다. 이 문제는 해방이 되고 나서도 조봉암을 괴롭히는 문제를 만들어낸다.

그럼에도 조봉암은 상하이에서 〈상하이한국독립운동자동맹〉(上海韓國獨立運動者同盟)에 참여하고(1929.10.) 다시 〈상하이한인반제동맹〉(上海韓人反帝同盟)을 조직한다(1931.12.). 그리고 책임자로 활동하다가 일제 경찰에 체포된다(1932.10.). 일제 경찰은 조봉암을 대한국 국내로 이송한다. 그리고 검찰심문을 거쳐 재판에 회부한다. 일제 재판부는 조봉암에게 7년 언도를 내린다. 또다시 신의주 감옥에서 영어(囹圄) 생활에 들어간다. 이러한 분위기에서 조봉암은 서서히 자신이 가지고 있던 공산주의 이념에 대하여 회의를 품게 된다. 사실 조봉암은 공산주의 이념에 대한 회의를 일찍이 하고 있었다. 중국대륙에서 국공합작(1차, 1924)에 의한 항일투쟁을 하는 것을 본 조봉암은 이념과 사상을 초월하는 1920년대 후반부터 일기 시작한 '민족유일당운동'(民族唯一黨運動)에 함께 나서게 된다.

여기서 조봉암은 민족주의계열과 연대하여 〈한국유일독립당상하이촉성회〉(韓國唯一獨立黨上海促成會)에 가담한다(1927.4.). 하지만, 당시 소련이 주재하는 코민테른은 조선공산당을 중국공산당에 흡수시켜 버린다(1927.5.). 이런 이유로 조봉암은 중국공산당원으로 활동하게 된다. 이런 점에서 조봉암이 민족의식은 가졌지만, 민족주의자로 판단하기에는 어려운 점이 있다고들 말을 한다. 감옥에 있는 동안 일제는 조봉암에게 공산주의를 버리도록 끈질기게 전향(轉向)을 강요한다. 그러나 조봉암은 일제의 전향정책에 말려들지 않았다. 그리고 동료들이 일제의 강압에 못 이겨 전향하고자 할 때, 그는 "생존을 위한 일시적 타협은 변절이 아니다"[12]라는 말로 그들의 아픔을 달래주면서 정작 자신은 일제의 회유에 조금도 흔들리지 않았다. 이런 그의 태도를 보면, 조봉암은 분명히 지양적(止揚的) 평화사상을 가졌던 것으로 본다.

그는 신의주 형무소에서 6년 2개월 만에 긴 감옥 생활을 마치고 출옥한다(1938.12.4.). 그러나 일제가 미국과 태평양전쟁 막바지에 수세에 몰리자, 예비검속(預備檢束)이라는 이름으로 독립운동/민족해방운동의 전력이 있는 자들을 헌병대 감옥에 가두게 된다. 조봉암도 이때 예비검속에 걸려 경성헌병대에 다시 감금된다(1945.1.).

여기서 잠시 예비검속이라는 용어에 대하여 알아보자. 일제는 태평양전쟁이 극렬해지면서 〈예비검속법〉(1941)과 시행령 〈조선정치범예비구금령〉(朝鮮政治犯預備拘禁令, 1941)을 마련한다. 이 법률에 의거하여 일제는 평계가 생길 때마다 자국(自國)에 위험인물이라고 생각되는 대한의 항일지사들을 죄목도 없이 언제든지 불법으로 미리 감금하였다. 그래서 예비검속(잠재적인 적에 대한 단속)이라는 말이 나왔다. 반공독재권력 이승만 때에도 있었던 일이다. 당시 이승만 권력은 일제의 예비검속법을 상기하면서 〈국민보도연맹〉이라는 단체를 조직한다(1949). 그리고는 좌익세력들을 이 단체에 가입시켰다. 6.25국제이념전쟁이 일어나자(1950) 보도연맹 회원들이 인민군에 협력할 '잠재적 적'이라고 악의적으로 판단한다. 그리고 이들을 예비검속이라는 이름으로 한 곳에 모이게 한 다음 무차별로 죽였다. 그 역사적 증거가 제주도의 섯알오름 및 거제도 학살터에 오롯이 남아 있다.

시간이 흐르면, 오류의 역사 시간을 수정하는 정의의 역사 시간이 오기 마련이다. 일제병탄기가 끝나고 해방이 왔다. 그러나 민족의 해방은 미국에 의하여 슬픈 '분단형 해방'을 만들어낸다. '분단형 민족해방'에 대하여 잠깐 이야기를 나누어 보자. 미국의 전통적인 외교정책인 먼로주의(Monroe Doctrine, 1823.12.)로 제2차 세계폭력전쟁(제2차 세계대전)에 참여를 못 하여 안달이 나 있던 미국의 땅덩어리 한 귀퉁이(진주만)에 일제가 폭탄을 퍼부었다(진주만공습, 1941.12.7.). 미국은 신이 났다. 즉각 연합국에 가입하여 일제가 일으킨 태평양전쟁에 참여한다. 이제 제2차 세계대전은 미국이 주도하는 전쟁이 되었다.

미국의 참여로 전쟁도발국(추축국)이었던 이탈리아는 연합국 편에 가담하고 독일도 패전을 맞는다(1945.5.7.). 그러자 미국은 일제를 굴복시키기 위하여 영국, 중국과 함께 포츠담선언(Potsdam Declaration, 1945.7.26.)을 만들어낸다. 포츠담선언은 독일의 항복(1945.5.8.)을 계기로 일본에 대해 항복 권고와 함께 종전 후, 일제에 대한 처리방침을 정하는 선언이었다. 우리와 관련한 내용을 보면 1) 한국의 독립확인, 2) 일본영토에 대한 연합국 관리였다. 그러나 일제가 포츠담선언 수용을 거부하자 당시 독일/소련/일본보다 핵원폭탄의 개발(아인슈타인의 권고로)이 빨랐던 미국이 히로시마(廣島, 1945.8.6.)와 나가사키(長崎, 1945.8.9)에 시차를 두고 원자폭탄을 투하한다. 핵폭탄의 개발이 미국보다 늦었던 소련은 이에 놀라 일제와 맺은 중립조약(日ソ中立條約, 1941.4.13.)[13]을 즉시 파기한다. 그리고 일제국에 대해 선전포고를 한다(1945.8.8.).[14] 이게 국제사회의 양심이다. 이어 소련은 지체할 시간도 없이 소련의 극동전선군 제88독립보병여단(蘇聯極東戰線軍第八八獨立步兵旅團) 소속의 동북항일연군이 주축을 이루고 있는 제1극동방면군 산하의 제25군을 만주에 투입한다. 25군은 일본 관동군을 격퇴하면서 파죽지세로 남하하여 두만강에서 일본 관동군과 대치하게 된다.

이렇게 미국의 원자폭탄 투하, 소련의 일소동맹 파기와 대일선전포고 등으로 더 이상 전쟁을 지속시킬 수 없다고 판단한 일제는 연합국(사실상 미국)에 몇 가지 조건, 곧 천황의 통치권 보존, 일왕을 전범재판소에 넘기지 않는다는 조건을 걸고 항복의사를 밝힌다(8.10.).[15] 이에 미국은 프츠담선언(1945. 7.26.)에서 "일제영토의 연합국관리"(제7항과 제12항)라는 약속을 어기고 일본영토를 독점관리하기 위한 음모를 꾸민다.

이에 따라 미국은 재빨리 전쟁종결에 대비한 자체 전략회의에 들어간다(8.10.). 전략회의의 결과 1) "동남아지역은 영국 2) 중국대륙은 중국 장개석 3) 소련과 접전 중인 지역은 소련 4) 필리핀과 일본 본토는 미국 5) 한국 땅은 적정선에서 선을 그어 북반부는 소련 그리고 남반부는 미군이 일본군한테서 항복을 받는다는 지침을 정하게 된다. 이에 따라 우리 땅을 소련과 분단통치하기 위한 적정선을 정하게 된다. 그 분단의 적정선은 우습게도 실무자들인 딘 러스크(Dean Rusk)[16]와 찰스 보네스틸(Charles Bonesteel)가 '눈대중'으로 대충 우리 땅의 중간에 38선을 긋게 되는 데서 비롯된다. 그리고 우리 땅 동해안으로 진출을 시작한[17] 소련에 이런 사실을 제의하고 동의를 받는다. 그래서 38선은 미소의 분할관리선이 아닌 영토분단(分斷, 군사분계선이 아닌)의 선이 된다. 그리고 일제가 실제로 연합국(사실상 미국)에 항복을 선언하는 날짜는 8월 15일이 된다.[18] 참고로 소련이 두만강을 넘어 조선반도로 들어오는 시간은 1945년 8월 11일이다. 그리고 소련의 공격으로 만주국이 붕괴되는 시기는 1945년 8월 18일이며 소련의 평양 진주는 1945년 8월 22일이 된다. 이렇게 해서 우리 땅은 비극적인 '분단해방'을 맞게 되고 남과 북에 각각 분단국가가 생겨난다.

3. '분단해방'과 사상적 전향

조봉암은 민족해방 이튿날(8.16.) 감옥소에서 나오게 된다. '분단형 민족해방'이 되고, 조봉암이 풀려나자 몽양 여운형(呂運亨, 1886~1947)이 찾아와 눈물을 흘리며 평화로운 세상을 만들 것을 약속한다. 이후, 분단형 해방정국에서도 건국(建國)에 대한 주도권 싸움에서 공산주의 계열과 민족주의 계열이 서로 대립하자, 조봉암은 "민족주의 진영도 공산주의 진영도 서로를 인정하고 어울려야 건국이 될 것"이라고 생각하게 된다. 이러한 사고의 기저에는 바로 강화 마니산 참성단에서 흘러나오는 평화유전자를 물려받은 조봉암의 평화사상에서 나온 발상이라는 생각이 든다.

분단해방이 되고 나서 조봉암은 인천에서 건국준비위원회(건준 인천지부)를 설립하게 된다(1945. 8.16.). 그러나 분단지역 남쪽을 통치하기 위해 들어온 미군에 의하여 불허(不許)된다. 그 이유는 미국이 일본을 자국의 자본시장으로 만들려는 조치 때문이었다. 다시 말하면, 1945년 8월 일제가 항복하기 전부터 미국은 남한을 자본주의와 사회주의의 완충지대화함으로써 소련의 사회주의 이념이 일본으로까지 파급되는 것을 막으려는 음모를 하고 있었다. 이 때문에 미국은 남쪽을 자국의 유사식민지(類似植民地)로 만들 필요가 있었다. 하여 자주적 주권국가를 지향하는 '건준'운동을 인정해서는 안 되었다. 게다가 〈재조선미육군사령부군정청〉(USAMGIK, 이하 미군정청, 1945.9.8. 설치)은 행정편의라는 미명 아래 친일관료들을 그들 미군정청 행정조직에 대거 편입시킨다. 이는 대한민국이 지금까지 정치적 오류가 계속되고 있는 원인이 된다. 여기에 미군정은 친미적 이승만 중심의 친미정권(親米政權)[19]을 세우는 음모를 꾸민다. 이러한 가운데 조봉암은 "내 조국을 착취가 없는 평등한 나라로 만드는 데 힘을 쏟으리라"라는 각오를 하게 된다. 조봉암은 해방 이후에도 여전히 볼셰비키였으나 조선공산당은 그에게서 점점 멀어져 가고 있었다. 여기서 조봉암은 다시 생각하게 된다.

"내 인생에서 공산주의는 무엇이었던가. 조국독립을 위한 방편이자 수단이었지. 인간의 존엄성을 존중하고 모든 사람의 자유가 완전히 보장되고, 모든 사람이 착취당하는 것 없이 응분의 노력과 사회적 보장 때문에 다 같이 평화롭고 행복하게 잘 살 수 있는 조국을 만들기 위한 투쟁"이었을 뿐이다. 인간에 대한 완전한 자유의 보장이라는 말은 어느 사상에나 있지만, 조봉암의 위와 같은 생각은 일찍이 아나키즘을 그의 사상으로 받아들인 적이 있었기에 가능한 생각이었다고 본다. 아무튼, 이후의 조봉암은 해방정국에서 자기만의 새로운 생각에 잠기게 된다. 그래서 그는 자기성찰을 하게 된다. 1) 최우선 과제는 민족통일이다. 2) 공산주의를 신봉한 것은 조국통일의 방편이었다. 3) 해방정국은 자신을 공산주의 사상에서 벗어나게 한 시점이 된다. 4) 아나키즘 사상에서 자유와 평등이라는 사고를 갖게 되었다. 5) 이념에 의한 냉전을 극복하고 세계평화사상을 굳히게 되었다. 이러한 생각 끝에 그는 결론을 내린다. "이제 남은 목표는 평등과 평화의 조국 건설이다."[20] 그러나 해방 이후 그가 가장 견딜 수 없었던 것은 일제에 빌붙어서 민족에게 해악을 끼친 자들이 애국자라고 큰소리를 치며 건국대열에 끼어들겠다고 설쳐대는 상황이었다. 오늘날과 똑같은 상황을 조봉암은 해방정국에서 이미 겪었다. 친일/친미적 인간들이 마치 애국자인 양 광화문광장에서 큰소리를 치고 미국 국기를 흔들어대고 있는 상황을 조봉암은 일찍이 겪으면서 미래의 현실을 보았다.

오늘의 외세 의존적 세력들이 마치 애국자인 양 떠드는 모습은 전봉준(全琫準, 1855~1895)도, 조봉암도 가슴 아파했던 상황이다. 일찍이 전봉준은 이렇게 외쳤다. "한갓 녹봉(급여)만 도적질하여 총명을 가리고 아부와 아첨만을 일삼아 충성으로 간하는 말을 요언(妖言)이라 이르고 정직한 사람을 비도(匪徒)라 하니, 안으로는 보국(報國)의 인재가 없고 밖으로는 백성을 탐학(貪虐)하는 관리만 많도다"(무장포고문[茂長布告文], 1894.3.20.). 전봉준의 이 말은 지금 우리 사회의 현실을 꿰뚫는 선견지명 같다는 생각이 든다. 나라를 걱정하는 사람들이 들려주는 말은 요언(妖言: 긴급조치 위반, 국가보안법 위반)이요, 올바른 길을 가는 사람들은 비도(匪徒: 빨갱이, 좌빨, 종북세력)가 되고 있다. 더불어 황제언론과 같은 엉터리 언론과 수구세력들만이 보국인재(報國人材)가 되고 있는 오늘의 현실에 들어맞는 말이다. 해방조국에서 분단의 현실이 깊어지면 깊어질수록 조봉암은 사고(思考)의 갈등을 겪는다. 이즈음에 조봉암은 결국 미국 CIC(정보부대)의 공작(윤치영[尹致暎]이 주도)에 말려들어 조선공산당의 박헌영에게 공개 비판 서한을 보낸 후, 사상적 전향을 하게 된다(1946.5.15.).[21] 조봉암이 전향을 선택한 이유는 해방조국에 유럽식 사회주의가 최선이라는 판단을 했기 때문이었다. 결국, 조봉암은 청년시절부터 가졌던 공산주의 사상을 버리게 된다. 그리고는 철저하게 반(反)공산이념자가 된다. 이로써 조봉암은 부패한 자본주의가 아닌 평등/평균의 사회민주주의 사상을 정치신념으로 삼게 된다. 이렇게 해서 해방정국기 분단 한국의 정치판은 크게 수구적 민족주의세력(이승만을 대표하는)과 개혁적 진보주의세력(조봉암을 대표하는)이라는 두 그룹으로 형성되었다. 전자가 친일/친미적 성향을 가진 지주/자본가 세력의 지지를 받고 있었다면, 후자는 일제의 압제하에서 민족해방운동(독립투쟁)을 하였던 투사들과 농민/노동자/서민 등 일반 대중의 지지를 받게 된다. 이런 분위기 속에서 조봉암은 친일/친미적 반(反)평화적 북진통일세력에 의하여 죽임을 당하게 된다. 전자의 후예들이 바로 수구적 반공보수 정치세력과 함께 이들에 부화뇌동한 엘리트 권력들이다. 지금도 이들을 추종하는 세력(타락한 개신교 목사와 변호사 등 엘리트 신도)들과 맹신의 무지한 사람들이 광화문광장에서 태극기와 미국 국기를 흔들며 참민주주의를 파괴하고 있는 중이다.

4. 조봉암에 대한 사법살인

조봉암에 대한 사법살인은 이승만의 독재와 부패자본에 대항하는 '진보당사건'에서 비롯된다. 조봉암은 해방정국에서 '사회민주주의'[22] 이념을 가지고 두 차례 대통령선거(제2대와 제3대)에 출마하여 이승만에게 패배하게 된다. 그러나 제3대 대통령선거(1956.5.15.)에서는 216만 표 이상의 국민적 지지를 얻게 된다.[23] 이에 힘입어 조봉암은 진보당을 결성(1956.11.10.)하기에 이른다. 진보당은 당수로 사회주의 민족해방운동가였던 조봉암을 선출한다. 그리고 평화통일론을 당의 국정 목표로 삼는다. "평화통일론"을 들고나온 조봉암의 비약적인 진출은 무력통일론(북진통일)을 국시로 하는 이승만체제에게 심각한 위협으로 인식될 수밖에 없었다. 왜냐하면, 죽산의 평화통일론은 곧 북조선 존재의 인정과 함께 평화공존/남북공존을 의미했기 때문이다. 이에 자신을 국부(國父)로 착각하고 평생 독재권력을 행사하려 했던 이승만과 자유당은[24] 야비한 음모를 꾸민다. 자신들이 주장하는 북진통일론보다는 조봉암의 평화통일론에 대중적 관심이 더 있을 거라는 판단에서이다. 그래서 조봉암의 평화통일론은 북녘 공산국가를 이롭게 한다는 이적론(利敵論)으로 본질을 호도하고 조봉암을 적색분자로 내몰았다.

6.25국제이념전쟁을 혹독하게 치른 후에 1950년대 남한에서 조봉암의 이러한 남북의 평화공존 주장은 이승만정권의 존재기반을 근저부터 흔드는 일이었기 때문이었다. 여기서 이승만세력들에 의하여 정치적 음모가 시작되고 함정이 생기게 된다. 당시 최고 권력자 이승만의 사주를 받은 치안국장 이강국(李康國)과 정치검찰(오제도[吳制道])은 진보당이 북한과 연계하여 간첩 활동을 하였다고 사건을 조작해낸다. 진보당의 평화통일론이 북한의 통일노선과 같다는 억지다. 이러한 억지 논리를 바탕으로 조봉암이 북한 공작금을[25] 받아 간첩 활동을 하였다고 사건을 조작해낸다. 이 음모/함정에 의하여

조봉암과 핵심 당원들은 간첩죄와 국가보안법 위반죄로 누명을 쓰고 함정에 빠지게 된다. 1심 재판부는 조봉암에 대해 징역 5년을 선고한다.[26] 국가보안법 위반은 유죄로 인정했지만, 간첩 및 간첩방조죄는 무죄를 선고한다.[27] 그러나 2심과 3심은 끝내 조봉암에게 사형선고를 내린다. 곧 이승만의 정치적 목적에 의해 정적(政敵)을 국가보안법 위반으로 조작하여 사법적으로 인재를 제거하는 음모의 첫 사건이 된다(1959.7.31.). 이후 박정희와 전두환이 그 전철을 밟게 되고 정치적 인재들이 형장의 이슬로 사라지게 만든다. 조봉암은 사형판결을 받고 다음과 같은 말을 한다.

법이 그런 모양이니 별수가 있느냐. 길 가던 사람도 차에 치어 죽고 침실에서 자는 듯이 죽는 사람도 있는데 60이 넘은 나를 처형해야만 되겠다니 이제 별수가 있겠느냐, 판결은 잘됐다. 무죄가 안 될 바에야 차라리 죽는 것이 났다. 정치란 다 그런 것이다. 나는 만(萬) 사람이 살자는 이념이었고 이 박사는 한(一) 사람이 잘 살자는 이념이었다. 이념이 다른 사람이 서로 대립할 때에는 한쪽이 없어져야만 승리가 있는 것이다. 그럼으로써 중간에 있는 사람들의 마음이 편안하게 되는 것이다. 정치를 하자면 그만한 각오는 해야 한다.[28]

이러한 발언은 조봉암만이 할 수 있는 발언이다. 그는 재판을 받을 때부터 이미 이승만이 사법재판을 통해 자신을 죽이리라는 것을 알고 있었다. 마치 안중근이 자신의 사형을 예언했듯이.

조봉암에 대한 사법살인은 수구적 민족주의자에 의한 개혁적 진보주의자에 대한 처형이었다. 조봉암이 사라진 한국사회는 이제 '자유민주주의'(결코, 자유주의와 민주주의가 무엇인지도 모르는)의 탈을 쓴

'친일민족주의자'들이 중심세력을 이루게 된다. 이들의 정치 기조는 민족중흥과 반공주의였다. 그리고 이 정치 기조를 대대로 우려먹으면서 21세기를 넘어서도 파쇼시대를 만들어간다. 그러다가 잠시 개혁세력(결코 진보적일 수 없는)이 정치 권력을 잡자, 우리 사회에 진보주의운동이 다시 불을 지피게 된다. 게다가 수구적 민족주의자들(이들은 자신들을, 말도 안 되는 보수세력이라고 한다)에 의하여 우리 사회에 이상한 진보와 보수라는 두 세력이 대립하는 사회구조가 만들어진다. 이런 호들갑에도 불구하고 진보니 보수니/우파니 좌파니 하는 정치용어는 전 세계에서 그 생명력이 옅어져 가고 있다. 따라서 이제는 진보/보수, 우파/좌파니 하는 무의미한 용어 대신에 기득권세력인가, 사회발전세력인가라는 정치/사회용어가 나와야 한다고 본다. 기득권세력은 결코 보수가 될 수 없다. 보수세력은 사회개혁에 동참하지만, 기득권세력은 사회발전을 파괴하는 세력이다. 그리고 사회발전세력은 결코 진보세력일 수 없다. 사회발전세력은 인간 중심으로 사회개혁을 추진하는 세력이기 때문이다. 여기에 무슨 진보라는 말이 필요한가.

현실적으로 보더라도 우리 사회는 진보세력을 용납하는 사회 분위기가 못 된다. 진정한 참사회는 다양한 사상과 이념이 자유롭게 공존하는 사회다. 내가 옳다고 남의 생각에 존중심을 잃게 되면 그것은 참이 될 수 없다. 그러나 이제까지 오랜 세월 동안, 수구적 권력들이 집권해오면서 나라 사람들의 뇌세포가 오염되고 세뇌되어 여전히 혼돈상태에 놓여 있다. 게다가 어리석게도 이제까지 우리 사회는 진보주의=빨갱이=종복세력=친북세력으로 왜곡되어 오고 있다. 이렇듯 사상과 이념이 왜곡되는 세상은 사회발전세력들이 발붙일 땅이 없다. 이런 진흙탕인 땅과 대지에서 보수와 진보를 찾는 것은 흙탕물 속에서 진주를 찾는 어리석음과 같다.

정치권력자들이 자신의 정치이념이나 정책이 반대되고 비판받았다고 해서 반대이념을 가진 자들을 죽이거나 감옥에 보낸다면, 이 나라 인재들은 모두 사라지게 될 게 뻔하다. 장차 자신들이 세상을 떠났을 때 이 나라는 누가 만들어갈 것인가. 잘못하면 바보들만 남아서 행진하는 우스운 꼴의 나라가 될 우려가 있지 않겠는가. 우리 땅의 정치 권력들은 자신들의 정권/권력유지만을 위하여 시대를 앞서가거나 우리 사회를 발전적으로 이끌고자 하는 사람들의 사상과 사고를 통제/압박하는 권력법을 만들어놓았다. 국가보안법이니, 테러방지법이니 하는 사상/표현/언론통제법은 나라의 장래에 필요한 인재들을 사라지게 하거나 인재양성의 배양터를 아예 불살라버리는 악법에 지나지 않는다. 일찍이 민주주의를 만든 나라, 그리스에서 있었던 것처럼 "내가 권력을 장악하고 있는 동안은 너의 사상과 이념이 내가 정치를 하는 데 걸림돌이 되니 잠시 외국에 나가 있도록 하고, 내가 물러난 다음 네가 들어와 네 정치를 해라"라는 '인재 살려두기'식의 정책과 정치적 행동을 취해야만 이 나라의 장래는 밝아지고 많은 인재가 나라발전과 공동체 이익을 위해 온 힘을 쏟을 수 있다고 본다.

분단해방 이전부터 우리 시대를 통찰해 볼 때, 한국 정치에는 미국이 늘 개입하고 있다는 사실을 알 수 있다. 즉 "미국은 어느 나라를 조종하든지 양다리를 걸쳐 놓는다. 이쪽저쪽도 다 자기편인 것처럼 믿게 만든다. 그렇게 저울질하면서 자국의 이해관계를 따진다."[29] 이 사실은, 미국의 이익에 위협이 되고 있다는 판단에서 김재규를 이용하여 박정희를 죽인 다음 김재규를 버리고 전두환을 택하는 미국의 태도에서도 알 수 있다. 이뿐만이 아니라 해방정국에서도 미국의 태도를 읽을 수 있었다. 하나는 미국이 강대국(미소)의 이념 논리에 의하여 우리 영토에 대한 분단함정을 파고 각각 사회주의 체제와 자본주의 체제를 갖는 이념적 분단국가를 강제했다는 점, 둘은 남쪽에 친미적 분단국가를 강제하였다는 점이다. 미군정청은 조봉암을 궁지로 몰고 그를 전향시키기 위해 그가 조선공산당 서기인 박헌영한테 보낸 개인편지(조선공산당을 비판한)를 보수 4대 일간지(동아/조선/한성/대동신문)에 폭로한다(1946.5.).

결국, 조봉암은 미국의 CIC 공작에 의해 공산주의 이념을 버리게 된다. 그리고 민족주의 세력인 이승만의 대항마로 그리고 민주주의 한 축으로 조봉암을 부각시킨다. 하지만 미군정청은 일본 자본주의 부흥을 위하여 한/조선반도 38 이남에 친일적 분단권력을 중심세력으로 만들어가려는 음모를 꾸민다. 이 바람에 조봉암은 더 이상 미국의 국익에 도움이 안 되는 존재가 되어버린다. 그 결과, 민족주의 세력들에 의하여 사법살인을 강제당하는 비극적 상황을 맞게 된다. 곧 조봉암의 죽음 뒤에는 미국의 야비한 음모가 있었다는 이야기다. 이러한 미국의 공작정치는 박정희의 피살과 전두환의 권력 찬탈에도 깊이 관여된다.

II. 조봉암의 진보당과 평화통일론 분석

1. 조봉암의 진보당과 평화통일론

조봉암의 진보적 정치사상, 특히 그의 사회민주의의와 평화통일 론은 그가 진보당을 창당하면서 정강이나 그의 연설을 통하여 살펴 볼 수 있다. 먼저 조봉암의 평화통일론이 나오게 되는 계기는 해방 직후, 김규식(金奎植)/여운형으로 대표되는 중도파 민족주의자들의 좌우(左右)합작운동에 적극적으로 동참한 데서 찾을 수 있다 (1946.5.6.). 해방정국과 미군정 시기 김규식과 여운형 등이 "좌우합 작에 의한 민족국가 건설"을 해야 한다는 주장은 당시 민중들로부터 광범위한 지지를 받고 있었다. 미군정청(米軍政廳)은 당시 남한의 해 방 민중들을 대상으로 차후 남한 사회의 정치형태와 체제에 대한 여 론조사를 실시한 바 있다(대상자 8000여 명). 그런데 그 결과를 보면, 먼저 정치형태에 대해서는 대중정치(대의정치)가 85%, 계급독재가 3%로 나왔으며, 정치체제에 대해서는 사회주의가 70%, 자본주의가 14%, 공산주의가 7% 등이었다.[30] 이는 당시 민중들이 사회주의에 바 탕을 둔 자주적 통일민족국가 건설을 희망하고 있었다는 사실을 반 영했다고 볼 수 있다. 분단국가라도 만들어 권력을 장악해 보자고 안달하는 반민족적/반통일적 이승만 세력들에게는 아주 위험한 여 론조사 결과였다. 그

리하여 이승만은 좌우합작에 의한 통일민족국가를 건설하자고 주장하는 정치 세력들에게 치명타를 날릴 음모를 꾸미고 있었다. 이 러한 생명의 위협을 느끼면서도 김규식/안재홍/여운형/조소앙 등은

좌우합작위원회를 만들어 통일민족국가 건설을 위해 고투를 하게 된다. 이때 제삼세력으로 등장한 인물이 평화통일론을 주장하는 조봉암이었다. 이 제삼 정치세력에게 불운이 닥쳐왔다. 당시 미국에서 일기 시작한 정치사조의 변화는 곧바로 미군정청에도 영향을 주었다. 당시 미국 정가에 불기 시작한 정치사조는 수구적 보수세력들이 진보정치인들을 공산주의(빨갱이)로 몰아세우는 지저분한 매카시즘 (McCarthyism: 반공주의)이었다. 이에 따라 미군정청도 반공노선으로 급선회하게 된다.

이러한 반공적 정치분위기에서는 중도세력들이 불이익을 당하기 마련이다. 이런 가운데 미쏘(米蘇)가 우리 땅의 임시정부 수립 문제를 놓고 〈미쏘공동위원회〉(米蘇共同委員會)를 개최하게 된다(1946.12. 16.). 그리고 신탁통치문제가 거론되었다. 이에 반공진영에서는 신탁통치를 반대하고 즉각 독립을 주장한다. 이러한 가운데 김규식/여운형 등 중도세력에서는 〈합작7원칙〉(1947.5.23.)을 발표하게 된다.[31] 합작7원칙에 "통일된 임시정부 수립을 성취하자"라는 내용이 들어간다. 이에 대하여 조봉암은 "합작조건이 자당 자파에 다소 불리한 것을 이유로 통일과 합작을 반대함은 대국적 입장에서 정당하다고 할 수 없다"라는 발언을 한다. 곧 좌우합작운동에 적극적으로 찬성한다는 뜻이다.

이를 위하여 김찬, 배성룡(裵成龍, 1896~1964), 조봉암은 곧바로 〈민주주의독립전선준비위원회〉를 구체화한다. 여기서 조봉암은 "1) 자주성 견지, 2) 동족상잔 배격, 3) 민족통일 완수, 4) 미쏘양국을 충동시킬 행위의 삼가" 등을 발언한다.[32] 바로 이러한 자주성 확립, 동족상잔 회피, 민족통일 완수 등 발언은 조봉암 평화통일론의 출발점이 된다. 오늘에 와서 생각해 볼 때 미쏘 충돌방지를 위한 행동은 곧 이념에 의한 전쟁방지를 위해 민족적 차원의 방책이었음을 벌써 간 파하고 있었다고 볼 수 있다. 이어 유엔의 결의에 의하여 '5.10선거' 가 이루어질 때도 적극 참여를 한다. 이는 평화적인 민족통일의 완 수를 바랐기 때문이다. 이어 조봉암은 본격적으로 대민강연에 나선 다. 그가 각종 연설에서 한 내용을 종합해 보면 "1) 남북통일 촉진을 위해 미쏘양군의 철수, 2) 미쏘의 전쟁유발 반대와 일방에 의한 통일 정부 수립 반대" 등이다. 곧 남북이 이념을 초월하여 좌우합작에 의 한 통일정부 구성을 신념으로 삼고, 전쟁 등에 의한 통일정부 구성 을 반대한다는 주장이다. '6.25국제이념전쟁' 이후 그의 개인적 신념 은 "종전과 평화적 조국통일을 우리 민족 절대다수가 원한다"라는 확신이었다. 또한, 그는 "주권강화, 자주적 외교 확립, 냉전체제의 배척, 동족상잔의 반대" 등을 주장한다. 이러한 주장은 그의 평화통 일론과 통하는 주장이다. 한편 조봉암은 한국 문제를 다루는 제네바 회담(1954.4.26.~6.15.)이 열리기 전에 〈우리의 당면과제〉라는 장문 의 글에서 이승만 노선이자 극우반공세력의 북진통일론을 비판하였 다.[33] 북진통일론은 무력대결을 수반하는 바 이를 반대하고 본격적 으로 평화적인 방법으로 남북의 정치세력이 통일방법을 모색해야 한다는 평화통일론을 제시한다.

조봉암은 원칙적으로 무력대결을 반대하였다. 그가 평화적 방법 으로 제시한 내용을 보면 1) 현 정부에서 민주세력들의 민중운동을 반국가적 행동/반정부 분자로 몰아서는 안 된다. 2) 김구/김규식으 로 대표되는 중간파/협상파를 배척해서도 안 된다. 3) 보도연맹 관 계자 및 반미(反米), 반공(反共)을 동시에 주장하는 단체(족청계[族青

系]: 〈조선민족청년단〉 계열)를 반국가적/반당적 분자로 취급해서는 안된다. 4) 우익/중도우익/전향좌익세력까지 포용해야 한다고 함으로써 극우반공세력에 의한 정치적 전단(專斷)을 반대하였다. 여기서 잠시 족청세력에 대하여 살펴보자. 족청세력의 중심이었던 이범석(李範奭, 1922~1983) 등은 해방공간에서 민족주의를 바탕으로 일민주의(一民主義)를 내세웠다. 그리고 반(反)공산주의, 반(反)자본주의, 반(反)제국주의를 이념으로 내걸었다. 이러한 이범석은 친미주의자 이승만의 정치적 동반자였지만, 끝내는 이승만에 의하여 숙청을 당하고 만다(1953). 5) 조봉암은 평화통일의 주체를 민중(노동자/농민)으로 보았다. 민중은 이승만의 극우반공체제 하에서 다만 피통치계급으로 존재하는 자가 아니고 평화통일의 주체여야 한다고 보았다. 6) 조봉암의 평화통일론 주장은 이승만에 의한 극우반공체제가 공고히 되는 시점에서 중요한 의미를 갖는다.

그러나 조봉암은 6.25국제이념전쟁 때부터 신익희와 함께 제삼세력(민족주의도 공산주의도 아닌)으로 부각되기 시작한다. 이에 반공적 이승만세력이 장악하고 있는 제3대 국회(1954.5.31.~1958.5.30.)는 제삼세력을 깨부수어야 한다는 국회 차원의 결의를 한다. 당시 자유당이 장악하고 있는 국회는 제삼세력을 구성하려는 민족반역자가 있다면서 조봉암과 신익희를 몰아세웠다. 이어 이승만세력은 계속하여 북진정책을 주장하면서 평화통일안과 중립화통일론을 범죄시하는 담화를 발표한다. 이어 휴전협정 반대-북진통일 완성, 중립화통일안 배격(1954)을 주장하며 총궐기대회까지 열었다. 이러한 가운데 조봉암은 진보당(進步黨)을 창당하기에 이른다(1956.3.31.). 이제까지 조봉암은 자신의 통일정책에 대하여 평화통일론이라고 하지 않았다. 그런데 진보당 강령에서 조봉암의 평화개념을 통일방안에 연결한다. 곧 "평화적 방식에 의한 조국통일"이다. 평화적 조국통일 정책은 당시 집권정치세력인 이승만의 극우반공주의 세력들의 북진 통일과는 상반되는 정책이 된다. 진보당이 이승만 독재 권력의 북진 통일에 맞서 '평화적 통일'이라는 용어를 쓰기 시작한 시기는 1956 년, 5.15 정부통령 선거 때부터로 보인다. 이때 조봉암은 "유엔지지 하에 평화적 방법으로 조속히 통일되어야 한다. 북진통일 구호는 적절치 않다"라는 표현을 한다. 이어서 "평화적 통일이란 민주주의 방식에 의한 민주주의의 승리를 전제로 하는 것"이라고 하였다.[34]

이러한 조봉암의 발언은 당시 정치 상황을 의식한 발언으로 이승만 계열의 주장(무력적 북진통일론)과 차이를 보이지만, 공산주의를 배제한 "민주주의방식→민주주의 승리"라는 말은 '평화적 통일'과는 거리가 먼 발언이라고 생각된다. 그러나 평화통일론은 조봉암의 지론이 되었고 진보당의 당론이 되었다. 진보당의 비(非)무력적 평화통일론은 이승만과 자유당의 무력적 북진통일론과 대립하는 통일론이다. 어찌했든, 조봉암이 이끄는 진보당 정강의 제일 목표는 평화통일정책이었다. 이러한 진보당의 평화통일론을 야비한 자유당에서는 "공산당과 합작"이라고 몰아세웠다. 그리고 언론도 이에 동조하였다.[35] 이런 억지는 오늘날의 야비한 정치판과 똑같다. 야비한 음모공작은 바른 정치세력들을 더럽게 만든다. 야비한 음모공작 세력들에게 인간은 존재하지 않는다. 인간의 본질인 양심도 존재하지 않는다. 이들에게 오로지 존재하는 것은 권력욕, 권력 찬탈뿐이다.

2. 조봉암의 평화통일론 분석

조봉암은 '5.15정부통령선거'(1956) 운동 과정에서 자신의 평화통일론을 구체화해 나간다. 조봉암의 평화통일론을 분석해 보기로 하자. 1) 조봉암/진보당이 평화통일론을 통일정책으로 내걸게 되는 시대적 배경으로 세계 대세는 평화추구 방향으로 흐르고 있다. 국민 또한 더 이상의 6.25와 같은 동족상잔이 없어야 한다는 생각에서 평화적 통일을 주장하게 되었다. 2) 6.25전쟁의 원인을 제공한 북한공산당의 반성과 책임규명이 필요하고 남한의 무력통일론도 반성해야 하는 차원에서도 평화통일은 필요하다는 생각이다. 3) 민주주의적 진보세력이 평화통일의 주도권을 장악해야 한다는 생각이다. 4) 평화적 통일방안만이 대한민국의 발전과 민주화로 가는 길이다. 이러한 인식을 바탕으로 조봉암은 평화통일을 해야 하는 당면성(우리의 당면과제)을 구체화해 나간다. 조봉암 평화통일론의 기본 정신은 민족의 피를 흘려서는 안 된다는 강화 마니산의 평화정신이다. 곧 전쟁에 들어가는 군수물자를 평화적 건설에 쓰자고 주장하였다.

이러한 기본 정신(피 흘리지 않는 통일)을 바탕으로 다음과 같이 평화통일론을 구체화한다. 1) 평화통일을 위하여 노력하는 지도자가 나와야 한다. 2) 통일논의를 가능케 하는 자유민주주의 사회를 확립해야 한다. 북의 공산당을 적대세력이 아닌 민족화해 차원에서 민족문제를 통일접근 쪽으로 이해해야 한다. 3) 평화통일을 거부하는 반동세력은 견제하고 평화통일을 추구하는 민주세력은 결집해야 한다는 기본 입장에서 출발한다. 이제부터 조봉암의 평화통일론에 대하여 그의 글 중 〈우리의 당면과제〉, 〈내가 걸어온 길〉, 〈평화통일의 길〉,〈평화통일의 구체방안〉 등을 종합해서 분석해 보기로 한다. 조봉암은 평화통일의 정치사상으로 민주주의를 기본으로 깔고 이야기한다. 이것은 당시 정치 판세에서 이승만이 집권하고 있는 정치 분위기를 감안했던 것으로 보인다. 그리고 그는 정치적인 평화정책과 인도주의적 평화주의를 분명하게 선을 긋고 있다. 또한, 그는 피를 흘리지 않고 통일하는 방법을 절대적인 통일방안으로 삼았다. 이러한 발상의 기조들이 조봉암을 평화통일론자라고 부르는 이유다. 따라서 조봉암에게 평화라는 개념은 무력통일(전쟁)을 반대하는 정치적/수단적 평화의 개념이었다.

조봉암은 이제까지(분단해방 후 12년 동안) 민족/영토통일이 안 된 이유를 외세[米蘇]에 의한 '분단해방'이었기 때문으로 보았다. 이런 맥락에서 그는 외세를 배제한 통일의 필요성을 다음과 같이 들고 있다. 1) 단일민족이기 때문에 민족적 긍지, 민족적 감정에서 통일이 필요하다고 보았다. 이 점은 1950년대 민족 감정이 식지 않았던 일반적 분위기를 반영한 것으로 보인다. 2) 경제적 차원에서 통일이 필요하다고 보았다. 곧 우리 땅은 남부의 농업지대와 북부의 공업지대로 지형적으로 구조화가 되어있다. 따라서 우리 땅의 균형적 경제발전이라는 차원에서도 통일은 반드시 필요하다는 영토통일의 필연성을 주장하고 있다. 3) 냉전이념을 들고 있다. 미쏘의 이념적 냉전상태가 충돌하는 최일선에 우리 땅이 놓여 있다. 따라서 그 피해를 보지 않으려면, 반드시 평화적인 남북통일이 필요하다. 남북통일의 가장 쉬운 방법은 미/쏘가 직접 결자해지(結者解之)하면 된다. 그러나 그것은 지금의 냉전 상태에서는 어려운 문제이니 우리가 평화통일의 노력을 열심히(젖달라고 우는 아이처럼) 해서 저들에게 우리의 희망과 노력을 보여주어야 한다는 주장이다. 그리고 정치적으로 무력적인 통일방법이 그릇되었다는 것을 6.25전쟁에서 그 교훈을 찾을 수 있다고 주장하였다. 또한, 조봉암은 외교적인 수단도 무의미하다고 보았다. 그것은 강국들은 자국의 국익이 어디에 있느냐에 따라 태도를 달리 결정하기 때문이라는 생각에서다. 또 정치적인 평화정책으로 남북통일을 해야 하는 이유로 〈한미상호방위협정〉(韓美相互防衛協定, 1953.8.8.)과 9차 유엔총회(1954.11.1.)의 결의문을 들고 있다. 유엔총회의 "한국통일은 가급적 조속히 그리고 평화적으로 실현되어야 한다"라는 결의내용을 의미한다. 곧 남북문제는 평화적 방법이어야 하고 무력행사는 삼가야 한다는 데에 근거를 두고 있다. 따라서 당시 이승만 권력의 무력에 의한 북진통일론은 실현성이 적다고 비판하고 평화적 통일방법만이 유일한 대안이라고 주장하였다.

그러면 조봉암이 말하는 평화통일의 방법이란 무엇인가. 조봉암은 다섯 가지 방법론을 제시한다. 첫째는 유엔감시 하에 북조선에서 선거를 통해 통일문제를 결정하는 방법, 둘째는 남북이 협상하여 연립정부를 구성하는 방법, 셋째는 중립화 방안, 넷째는 국가연합에 의한 방법, 다섯째는 유엔안으로 유엔 감시하에 남북이 동시선거를 하는 방안이다. 그러나 이 중에서 가장 좋은 방법은 다섯째라고 생각하였다. 이에 대한 구체적 방안에서 조봉암은 기본 신념을 다음과 같이 내세운다. 1) 통일은 민족 전체의 이익과 행복이 보장되어야 한다. 2) 민족 전체의 의사가 반영되는 민주주의의 정치사상을 기본으로 해야 한다. 3) 남북통일은 반드시 정치적 해결이어야지, 군사력을 통한 해결은 안 된다. 4) 군비확장을 반대한다. 이 문제에서 조봉암은 이렇게 주장한다. 군사력은 국가방어를 위한 최소한이면 족하다는 생각이다. 그것은 최첨단의 군사력을 갖추고 있는 강대국을 따라갈 수 없다는 현실 인식에 따른 판단이었던 것으로 보인다. 그리고 군비확장은 인류가 원하는 바가 아니라는 생각을 하고 있었다. 5) 소모적 전쟁무기/물자를 사회건설용 물자로 전용(轉用)하여 인류의 행복사회를 건설하는 데 사용하는 것이 바람직하다는 생각이었다. 이런 차원에서 조봉암은 '인류사회에서 전쟁은 사라져야 한다', '인류의 평화사회 건설은 평화적인 남북통일에서 시작되어야 한다'는 생각을 기본적으로 가지고 있었다. 6) 조봉암은 6.25국제이념전쟁을 겪고 난 후 엄청난 민족의 고통을 겪었기에 더 이상 이산가족과 골육상쟁을 만들어서는 안 된다는 생각에서 평화통일론을 주장한다. 7) 유엔이든 중립국이든, 외국감시단의 감시하에 자주적/민주적/평화적으로 총선거를 통하여 통일조국을 만들어야 한다는 생각을 하고 있었다.

이와 같이 그의 평화통일론은 유엔의 존재, 유엔의 감시, 유엔의 권위를 인정한 바탕 위에서 남북의 평화적/정치적 통일과업이 이루어져야 한다는 논리를 가지고 있었다. 8) 전쟁을 피하는 방법으로 공산주의를 반대/약화시키는 노력은 곧 평화로 가는 길이라는 인식을 하였다. 그래서 조봉암은 공산세력과 투쟁을 위하여 민주역량 강화, 민주세력의 총집결을 강조하고 공산세력과 투쟁을 민주세력의 총체적 문제라고 주장하였다. 아마도 이러한 발상은 조봉암이 과거 자신의 이력을 의식해서 한 발상으로 보인다.

이러한 조봉암의 평화통일론을 오늘날의 입장에서 분석해 보았을 때, 그의 평화통일론 주장에도 한계가 있었다는 것을 발견하게 된다. 1) 자신이 공산주의 활동을 해왔고 그 사상에서 벗어나 전향을 한 탓인지 평화통일론에서 통일의 한 축을 이루고 있는 상대방인 공산진영과 대결을 지나치게 강조하고, 민족통일의 주체를 "민주세력+민주우방"으로만 한정하고 있다. 다시 말하면, 민족통일의 주체는 두 이념을 가진 남북이다. 그러므로 공산주의 집단(북조선 공산권력)과 민족주의 집단(대한민국 독재권력) 양대 집단이 상대방의 존재를 인정한 상태에서 평화통일의 문제를 논의해야 하는데, "민주세력+민주우방"만을 통일의 주체로 삼는 문제는 자칫 허공의 메아리일 수밖에 없었다. 곧 통일의 한 축이 가지고 있는 이념을 적극 반대하면서 평화적 통일 주장은 모순이었다는 생각이다. 2) 조봉암이 그의 평화통일론에 대한 주장을 담고 있는 〈우리의 당면과제〉라는 글은 제네바회담을 겨냥하여 주장되었던 것들로 현실성이 많이 결여되었다는 생각이다. 3) 조봉암은 국가적/민족적 요청이 있을 때는 전쟁도 필요하다고 보았다. 따라서 정치적 평화정책과 사상적 평화주의를 별개의 문제로 보았다. 이 점도 시대적 한계요, 조봉암의 정치적, 사상적 한계로 보인다. 전쟁을 내포하는 평화개념은 없기 때문이다. 4) 조봉암은 우리 민족을 단일민족으로 보고 단일민족의 차원에서 통일이 필요하다고 보았다. 이 점은 당시의 시대 분위기를 반영한 것으로 보인다.

이런 점에서 조봉암이 주장하는 평화통일론의 모순이 발견된다. 북조선을 통일의 동반자로 보면서 북조선을 이북괴뢰도당으로 몰고 갔다는 것은 논리의 모순으로 보인다. 한편 6.25국제이념전쟁은 미국의 음모(일본의 자본주의 부흥을 위한)에 의하여 자본주의진영(워싱턴-동경-서울)과 공산주의진영(모스코바-북경-평양)의 이념대결에서 남한과 북조선이 최전선을 형성하면서 발생한 전쟁이라는 것을 인식하면서도 이를 북한괴뢰도당의 남침으로만 몰고 가는 논리는 당시 반공독재자 이승만이 권력을 장악하고 있는 현실정치에서 나온 정치적 발언이었다는 생각이다. 조봉암이 이승만이라는 반공독재자가 권력을 잡은 현실적 정치상황에서 자신의 과거 공산주의 운동을 한 이력을 너무 많이 의식한 탓으로 보인다.

이는 다음과 같은 이유에서도 알 수 있다. 가) 민주주의 승리를 지나치게 강조한 점, 나) 통일의 반려자인 북조선을 반민족적인 이북 괴뢰집단으로 몰고 간 점, 다) 공산주의세력의 약화를 평화통일로 연결한 점, 라) 북조선에서 중국군(당시는 중공군으로 표현)의 완전 철수를 요구하면서 남한의 미군철수를 주장하지 않는 점(어느 때는 미소 양군의 철수를 주장하기도 했지만). 조봉암 자신도 이야기했듯이 평화통일론에 미래성이 담겨있지 않았다는 점은 조봉암의 평화통일론이 갖는 부정적 요인으로 보인다. 어찌 되었든 조봉암의 평화통일론에 아쉬움이 남는 부분이다. 조봉암이 주장한 평화통일론은 미국 반공주의 선풍(매카시즘)의 위력이 대한민국에도 거세게 영향을 주었던 탓에 크게 부각되지 못하였다. 더구나 자유당이 과반수를 석권하고 있던 3대 국회에서 애석하게도 〈통일안에 대한 결의안〉과 〈남북협상 중립화 배격에 관한 결의안〉의 가결(1954.10.2.)은 조봉암의 평화통일론에 결정적 장애 요인이 된다.

그 내용의 일부를 보면 "유엔 결의로 합법적으로 수립된 대한민국과 침략자로 규정된 북한괴뢰를 분별하지 않고 소련 제국주의 아래 한국을 유린하려는 이런 공산세계 침략음모의 일환인 남북협상 또는 중립화를 통한 한국의 통일 운운은 있을 수 없는 것이므로, 우리 대한민국은 거국일치하여 단호히 이를 배격함을 천하에 선포하며 한국문제 해결에 있어서 남북협상이나 또는 중립화는 있을 수 없으며, 이는 공산진영의 세계침략 음모의 일환이므로, 이를 단호히 배격할 것을 결의한다"라는 내용이다. 이렇게 1) 당시 이승만의 반공적 독재권력과 무력적 북진통일론, 2) 절대다수를 차지한 반공국회에서 평화통일론과 중립화론을 배격하는 결의안을 낸 것, 3) 미국의 매카시선풍의 영향 등 조봉암의 평화통일론은 당시 남한 사회에서 이적행위로 몰리게 된 점 등은 안타까운 역사적 사실이다.

III. 마감글

죽산이 사형 직전에 "나는 공산당도 아니고 간첩도 아니오. 그저 이승만과의 선거에서 져서 정치적 이유로 죽는 것이오. 나는 이렇게 사라지지만 앞으로 이런 일은 없어야 할 것이오…"[36]라고 말했지만, 정치적 논리에 의하여 감옥에서 억울함 죽임을 당하는 이들은 조봉암 이후에도 계속 있었다. 박정희와 전두환 때 일이다. 국가지상주의자인 이들은 자신들의 정치적 입지를 강화하기 위해 늘 희생양을 찾아다녔다. 이것이 바로 대한민국에서는 반공이데올로기라는 올무이다. 그래서 희생을 당하는 사람의 인격이나 내면의 지성적이고 문명적 정신세계는 문제가 되지 않는다.

엘리트 권력자들은 오직 자신들의 정치적 이익을 위해 희생양을 만들고 알량하게도 사법적 절차라는 명분을 빌려 사법살인을 한다. 희생양을 만드는 명분은 늘 공산주의자, 국가변란/음모자, 고정간첩(빨갱이), 남파간첩 등의 명분이다. 그리고 고문(부록 자료 참조)을 통하여 사건을 조작해낸다. "공산주의가 국가를 전복하려고 했다는 명목으로 사건을 조작한 것이 박정희 때의 인혁당사건(1차 1964, 2차 1974)이고 전두환 때 아람회사건(1981.8.20.)과 오송회(五松會)사건(1982.11.25.)이다. 다시 말하면 독재권력을 지속시키기 위해서는 반드시 그 누군가를 희생양으로 삼는 게 국가지상주의자들의 논리이다. 이승만 독재권력 때는 평화통일사상을 가진 조봉암이 국가지상주의 독재권력에 의해 사법살인을 당한 첫 번째 정치적 인물이 된다. 그는 강화의 평화유전자를 받고 태어난 이 나라의 아들이었다.

역사는 정의로 향해가는 법칙을 가지고 있다. 조봉암이 사법살인을 당한 지 9개월 만에 평화통일의 주체세력(시민학생)들이 4월시민혁명(1960.4.19.)을 일으켜 이승만 독재권력을 무너트리고 평화통일론을 부활시킨다("가자! 북으로, 오라! 남으로, 만나자 판문점에서"). 그러나 이러한 평화통일론도 괴뢰만주군 일제장교(岡本實: 오카모토 미노루 중위) 출신이자 기회주의자였던 박정희(남로당 출신, 육군소장)가 이끄는 군사쿠데타(1961.5.16. 미국의 묵인하에 일으킴)에 의해 또다시 무참하게 짓밟히고 만다. 이 탓으로 4.19민중민주체제가 무너지고, 5.16군사독재체제가 들어선다. 이렇게 권력을 찬탈한 박정희 '쿠데타 권력'에 의하여 평화통일을 주장하던 대부분 사람은 간첩으로 몰리고, 모진 고문을 통하여 사실이 아님에도 간첩 등으로 조작되어 반공법/국가보안법 등으로 감옥살이를 강제당하게 된다. 그러다가 박정희 스스로 '7.4남북공동성명'(1972)을 통하여[37] "통일을 평화적으로 한다"는 내용을 담음으로써 이후 평화통일론을 주장했던 사람들이 더 이상 국가보안법 이적행위자(利敵行爲者)로 몰려 사법살인을 당하는 일이 없게 된다.[38] 그러나 박정희는 겉으로만 평화통일론을 지지하는 척했다. 정작 평화통일론을 신념으로 하는 김대중이 대중적/정치적 인기를 얻게 되자, 김대중을 납치/살인하려다 실패를 하는 등의 이중성을 보인다. 결국에는 기회주의자요, 이중인격자였던 박정희가 미국의 또 다른 사주(?, 객관적 상황에서는 맞다고 보지만)에 의하여 김재규(金載圭, 1926~1980)에게 포살(砲殺)되는 창피한 결과를 맞게 된다.

이후 평화통일론은 박정희-전두환-노태우로 이어지는 반공권력들에 의하여 수면 위로 고개도 내밀지 못한 채, 물밑에서 조용히 꿈틀거리고만 있었다. 하지만 이들 군사권력은 김영삼 권력에 의하여 무너지고, 뒤를 이어 평화통일론을 신념으로 삼고 있는 김대중이 대통령이 되어(1998) 〈6.15남북공동선언〉(2000)을 만들어냄으로써 조봉암의 평화통일론은 그가 사법살인을 당한 지 40년 만에 비로소 자신의 조국에서 빛을 보게 된 셈이다.

강화의 평화유전자를 지녔던 조봉암은 파란만장한 삶을 거쳐 결국에는 평화통일론을 주장한다. 그러나 애석하게도 무력적 북진통일론을 주장하는 극우 반공주의자들에 의하여 사건이 조작되고, 사법부마저 폭력적 판결을 내리면서 조봉암은 '사법피살'을 당하게 된다. 이후 극우 반공주의 세력들이 권력을 잡게 된다. 그 결과로 오늘날까지 우리 민족이 헛된 이념에 사로잡혀 영토를 가르고 민족이 갈라져 있는 사실은 우리 민족이 가야 할 평화사상과 너무나 거리가 멀다. 분단 민족이 갈라지는 시간이 길면 길수록 같은 민족임에도 공산주의 하의 민족과 자본주의 하의 민족으로, 각각 서로 다른 민족으로 변질될 우려를 하게 된다. 따라서 같은 민족이 서로 다른 두 이질적 민족으로 발전하면서 동질성이 더 이상 희박해지기 전에 두 분단국가가 서로 종전선언과 평화협정을 맺어 평화 분위기를 만들어야 한다. 평화 분위기는 통일로 가는 징검다리가 된다. 늦었지만 이제라도 더 이상 우리 영토, 우리 한/조선민족의 동질성이 이질화되어 가는 시간을 줄이고 막아야 한다. 하여 하루빨리 우리 땅에 평화유전자를 가지고 있는 강화 마니산의 평화정신과 조봉암의 평화통일사상이 우리 후손들에게 이어져 평화통일운동이 하루속히 제대로 전개해 나아갔으면 하는 생각이다. 강화가 정치권력에 의하여 인천으로 강제 통합(1995.3.1.)되긴 하였으나 강화도는 인천에서 분리하여 특별자치도(特別自治道)가 되어야 함이 마땅하다고 본다. 평화라는 입장에서 보면, 인천과의 통합은 어쩌면 평화의 상징인 강화의 기운을 빌려 아직도 인천 만국공원에 전쟁의 상징물로 서 있는 맥아더 동상을 견제하면서 동시에 미국이 세계에 일으키는 광란의 전쟁 기운을 제압하고 있는지도 모른다.

이제 이야기를 마무리해 보자. 우리는 왜 이 시대에 무슨 까닭으로 정치적으로 뛰어난 인재가 없어서 '적폐청산'을 '복수'라고 어거지[억지]를 쓰고, 또 적폐청산을 '적폐재생산'으로 몰고 가는 치사하고 더러운 정치꾼들만 우글거리는 사회가 되었는지를 알 것 같다. 이승만과 박정희, 전두환 등 반공독재와 국가지상주의 권력자들에 의하여 수많은 시대적 인재들이 죽어 나갔기에 오늘날 우리 정치마당이 이렇듯 지저분해졌다는 생각을 해본다. 특히 조봉암이 죽기 전에 한 말 중 "우리가 못한 일을 우리가 알지 못하는 후배들이 해나갈 것이네. 그러면 어느 땐가 평화통일의 날이 올 것이고, 국민이 고루 잘 사는 날이 올 것이네. … 나는 씨만 뿌리고 가네."[39] 조봉암도 당시는 진보당 결성의 때가 아니었음을 뒤늦게 깨달았던 모양이다.

5장. 김대중과 함석헌의 평화공동체 사상*

I. 들임말

지난 2018년 7월, 『김대중어록』과 『김대중대화록』[1]을 펴낸 아시아 문화커뮤니티 정진백 대표로부터 김대중과 함석헌의 평화사상을 가지고 강연회를 갖자는 논의가 있었다. 아주 좋은 생각이라고 생각하여 "그러자"라고 대답을 하고 발표준비를 위해 자료를 들추다 보니 너무 어려운 주제라는 것을 느꼈다. 그것은 두 분이 서로 다른 신념을 갖고 있었기 때문이다. 김대중은 국가주의를, 함석헌은 아나키즘 사상을 갖고 있었기에 서로 잘 안 맞는다는 생각이 들었다. 그러나 두 사람은 사상(思想)을 떠나 민족의 통일에 대하여 '평화통일'이라는 공통된 신념을 가지고 있었기에 이 점에 중점을 두고 두 분의 공

---

* 이 글은 광주 〈아시아문화커뮤니티〉에서 발표한 것이다(2019.11.15.).

통된 평화사상을 도출해 보아야겠다는 생각을 가지고 이 글을 쓰게 되었다.

전(前) 대통령 인동초(忍冬草) 김대중, 아나키스트 바보새 함석헌과 글쓴이는 현생(現生)의 인연을 가지고 있다. 1981년 5월경이다. 살인 독재자 전두환의 권력탈취에 저항하는 '5.18광주시민혁명'이 있었다. 시민혁명군을 향해 전두환 살인마들은 무자비한 총격을 난사했다. 엄청난 사람들이 제 명(命)을 다하지 못한 채, 미쳐서 날뛰는 군인들의 총격에 의해 주검으로 변했다(5.18, 10일의 항쟁).

아람회 사람들은 이러한 전두환 살인마들의 폭악(暴惡)에 대한 전말(顚末)을 적은 전단지를 철판으로 긁고 등사기로 프린트하여 수차례 전국에 배포한 사실이 있었다. 그리고 김대중이 5.18광주시민혁명[2]의 배후인물로 체포되기 바로 전 글쓴이 동료(아람회 사람들)들이 김대중을 사저(私邸)에서 만난 사실이 있다. 전두환의 시녀 공안당국은 이 두 사실을 엮어 글쓴이와 동료들을 국가변란죄로 몰아 불법 체포하고 33일간 고문 끝에 〈아람회사건〉(1981.8.19.)을 조작해낸다.[3] 이리하여 5차례 법정공방을 거쳐 글쓴이는 7년 언도를 받고 영어(囹圄)의 몸이 된다. 그리고 공판(公判) 중에 함석헌은 우리 재판에 증인으로 나와 우리 일행들이 공산주의자(빨갱이)와는 무관하다고 증언을 해 주었다. 또 인연이라면 인연이 될 수 있는 일이 있다. 1988년 2월 27일에 글쓴이에 대한 복권(復權)/사면(赦免)이 있었다. 그 명단에 이 시대 두 거물인 김대중, 함석헌의 이름이 함께 있었다. 이리하여 이 두 사람과 직접적은 아니지만, 이 나라 민주화운동을 함께 한 인연이 있다. 오늘 이 두 분에 대한 발표를 하게 되어 감회가 새롭고 또 깊다. 전(前) 대통령 김대중은 국가주의 정신에 입각하여 통일/

평화사상을 정치일선에서 펴신 분이고, 아나키스트 함석헌은 반(反)국가주의 정신에서 세계주의와 평화사상을 펼쳐 오신 분이다. 오늘 이 두 큰 인물들의 평화사상을 가지고 발표를 하게 되어 몹시 두려움이 앞선다. 그러면 이러한 서로 다른 입장을 가진 두 사람이 주장하는 평화사상을 현재를 살아가는 우리가 어떻게 조화를 시키면서 이들의 평화사상을 계승해 나갈 수 있을까 하는 문제가 오늘의 주제가 아닐까 생각한다.

어쨌든 이 두 사람은 한국의 민인/씨을의 인권과 나라의 민주화운동에 함께 해왔다. 그리고 함석헌은 김대중이 대통령이 되는 것을 적극 지지하였다. 함석헌과 김대중이 함께 활동한 일들을 몇 가지 적어본다. 5.16군사반란(쿠데타) 직후인 1962년 서울예식장에서 위장결혼식을 가장해 '군정연장 반대'시위를 벌였을 때 윤보선, 함석헌, 김대중은 국민연합 공동의장이 된다. 또 박정희 군부독재에서 3선개헌을 단행하려 하자, 효창공원에서는 시국강연이 열렸다(1969. 7.19.). 이때 김대중, 함석헌이 자리를 함께하여 개헌반대 강연을 했다. 그리고 박정희 군부독재를 반대하는 재야민주화운동의 상설조직인 〈민주수호국민협의회〉(1971.4.19.)에서도 함께 활동을 한 바 있다. 〈한국기독교교회협의회〉(NCCK)와도 관련이 있다.[4]

NCCK는 1970년대와 1980년대를 통해 민주화운동과 관련하여 고문받고 구속되거나 권리를 침해당하고 권력으로부터 억압받는 모든 이의 인권보호를 위하여 종로5가 기독교회관에서 정기집회 〈목요기도회〉를 열었다. 이 자리에서 함석헌은 김대중 등 구속자 석방을 위한 기도와 강연을 하게 된다. 〈목요기도회〉에서는 글쓴이의 석방을 요구하는 기도회를 열기도 했다. 또 민청학련사건 이후 활발해진 반

(反)유신민주화운동을 결집하기 위해 만들어진 〈민주회복국민회의〉(1974. 11.27.)에서도 함석헌은 '7인 위원', 김대중은 고문(顧問)으로 함께 활동을 한 바 있다. 이어 명동성당에서 〈3.1민주구국선언사건〉(1976)을 일으킬 때도 함석헌과 김대중은 함께 한다. 선언문의 내용은 긴급조치 철폐, 민주인사 석방, 언론/출판/집회 등의 자유, 의회정치 회복, 대통령직선제 요구, 사법권의 독립 등과 박정희 정권 퇴진을 요구하는 내용이었다. 경찰 당국은 이 선언문을 〈긴급조치〉 9호에 걸어 윤보선, 김대중, 정일형, 함석헌, 문익환, 함세웅 등 18명을 구속·기소한다. 그리고 문익환, 김대중, 윤보선, 함석헌에게 징역 5년과 자격 정지 5년을 선고하는 등 관련자 전원에게 실형이 선고된다. 이후 김대중은 가석방된다. 그리고 바로 가택연금을 당한다(1978). 그리고 1980년 5월 17일 계엄확대 발표가 있기 바로 하루 전 〈「씨올의 소리」 발간 10주년 기념강연회〉(1980.5.3.)가 광주에서 있었다. 이때 함석헌은 "씨올혁명의 꿈"이라는 강연을 하게 된다.[5] 여기에 김대중도 자리를 함께했다.[6] 이후 전두환 살인 군부가, 5·17 비상계엄 전국확대 조치를 내리면서 동시에 김대중, 김종필을 비롯한 정치인과 재야인사들을 체포한다. 이후 전두환이 이끄는 계엄사령부는 김대중 등 37명을 내란 음모혐의로 기소한다(7.31.).

이와 같이 함석헌과 김대중은 이 나라 민인/씨올의 인권과 나라 발전(민주화)을 위해 늘 함께 노력하였다. 김대중과 함석헌은 박정희 권력의 반평화정책에 대하여도 함께 싸웠다. 김대중은 세계적인 정치적 인물이고, 함석헌 또한 세계적인 철학자다. 이 두 분의 입장은 달랐지만, 세계적인 입장에서 평화사상을 펼쳐왔다. 이 때문에 김대중은 노벨평화상을 받았고, 함석헌도 김대중보다 먼저 노벨평화상

후보에 두 번씩이나 오른 적이 있다(1979, 1985). 그러나 두 사람의 차이는, 한 사람은 정치권력을 인정한 바탕에서 평화사상을 펼쳤고, 또 한 사람은 반(反)권력의 입장에서 평화사상을 펼쳐왔다는 점이다. 그래서 이 두 사람의 공통된 평화사상을 찾아보고자 먼저 김대중의 〈6.15남북공동선언〉(이하, 6.15선언)을 통해 본 평화통일사상과 함석헌의 아나키즘적 세계평화사상을 나누어 살펴보고 끝으로 이 두 분의 공통된 평화사상을 찾아보기로 한다. 그 전에 우리 땅의 평화운동을 줄기차게 방해해온 반평화세력이 있다. 곧 이승만, 박정희, 전두환, 이명박, 박근혜다. 이 중 김대중, 함석헌과 크게 연관성을 갖는 사람이 박정희다. 이승만은 조봉암과 연관하여 일단 살펴보았기에 여기서는 대표적으로 반평화통일권력인 박정희에 대하여 알아보기로 한다.

II. 반평화독재권력 - 박정희를 중심으로

박정희는 김대중, 함석헌이 공통적으로 말하는 반평화/반통일 독재자였다. 김대중과 함석헌의 동아평화공동체론은 그들이 고통스럽게 살았던 1960년대 5.16군사쿠데타에서 박정희가 포살당하는 1970년대 말, 곧 박정희의 반공 및 유신독재가 욱일승천(旭日昇天)하던 시간을 배경으로 해서 나온다. 그리고 1980년대는 박정희가 권력 내부의 모순과 미국의 배후조정(?)에 의하여 암살되고, 전두환을 중심으로 하는 신군부(육사 11기)가 미국의 각본에 의하여 기회주의 독재를 승계하고 있을 때이다. 곧 박정희, 전두환이라는 두 개인독재자

(사익에 충실한 독재자)들이 권력을 장악하고 있을 때 김대중과 함석헌은 평화사상을 외쳤다. 2012년 18대 대선에서 반평화 개인독재자였던 박정희의 딸 박근혜가 대통령에 당선된 후, 많은 지성인이 한국인의 민족성, 한국인의 인간성이 창피하다는 말들을 쏟아냈다. 게다가 지식인 사이에서는 '역사전쟁'(박정희 미화작업)이 시작되었다는 말들을 진작부터 하고 있었다. 그런 의미에서도, 1960~80년대 시대상황을 검토하면서 김대중과 함석헌의 말을 빌려 한국의 반평화적, 반민주적 독재자였던 박정희에 대한 역사적 평가를 간략하나마 확실히 해두는 게 좋다는 생각을 해본다.

1960년대 초반은 4.19시민학생혁명(4.19혁명이라 함)을 통하여 한국사회가 확실한 민주주의 나라로 발전해 나아가려고 몸부림치며 울부짖던 희망의 시간이었다. 동시에 친일 군부세력인 박정희가 느닷없이 5.16군사쿠데타를 일으키고, 권력욕을 불태우던 불운의 시기이기도 하다. 당시에 함석헌이 쓴 글들은 한국의 대표적인 개인독재자의 반(反)평화적 통치형태를 잘 보여주고 있다. 특히 개인독재자 박정희는 쿠데타(군부반란)를 혁명으로 미화하면서 쿠데타 명분(이른바 혁명공약)을 만들려 애를 쓴다. 공화당(共和黨, 지금의 국민의힘 당으로 계승됨)[7]을 창당한 뒤 대통령에 출마하면서 1인 독재자의 길을 착실히 준비하던 시기이다. 박정희는 분명히 기회주의자였다. 일관된 신념이나 인생관이 전혀 없는 자였다. 늘 패권적 권력자에게 빌붙어야 산다는 신념만을 가지고 있었다. 그는 일제점령시대는 천황 중심의 국가주의 신봉자였다. 한 마디로, 전쟁숭배주의자였다. 반평화(反平和) 신봉자였다. 그래서 일제의 천황에 대한 숭배와 함께 충성혈서(忠誠血書)를 통해 일제의 식민지조선인에서 침략국 일제군인

으로 탈바꿈하였다. 그리고 이름도 고목정웅(高木正雄, 다가끼 마사오 [たかぎ まさお])로 개명하였다. 철저히 식민지인을 거부하고 제국국민이 되었던 자이다. 그리고 민족해방세력에 대한 탄압군이 되어 광기 비슷하게 민족해방군들을 살육하였던 반(反)민족행위자였다. 그러던 그가 일제 패망이 눈앞에 다가오자, 기회주의 근성을 발휘한다. 재빨리 일본 제국주의 군인 신분을 말해주는 장교 계급장을 떼고 독립군으로 위장하였다. 그리고 중국을 통해 간접입국을 한다. 친일장교 신분을 숨기기 위함이었다. 그런 사람이 분단해방을 맞은 분단한국에서 대통령이 되었다는 것은 이 나라의 창피가 아닐 수 없다.

위장 입국 후에도 박정희는 기회주의 근성을 한껏 발휘하였다. 국내 '분단 조국'에서 미국을 등에 업은 이승만 분단권력이 유리할 것 같으면 자유주의 진영에 빌붙고, 소련을 등에 업는 김일성 분단권력이 유리할 것 같으면 공산주의 진영에 빌붙었다. 이렇게 기회주의자였던 박정희는 1940년대 후반 공산주의진영(남조선노동당, 이하 남노당)이 남한 사회에 대한 주도권을 장악하는 것을 보자, 곧바로 남로당의 조직책이 된다(1947). 이런 박정희에게 민족이니 반민족이니, 공산이니 자유니, 민주니 하는 이념 따위는 있을 수 없었다. 오로지 출세기회만 노리고 살았다. 그런 그에게 기회가 찾아왔다. 제주4.3 민중기의(民衆起義, 1948)와 여순군인기의(麗順軍人起義, 1948.10.19.)의 여파로 남한 내에서 남로당의 기세가 꺾이게 된다. 이에 이승만 반공권력은 특무부대(오늘날 국군보안사령부→군사안보지원사령부) 관동군헌병 이등병 출신인 김창룡(金昌龍, 1916~1956)으로 하여금 이른바 빨갱이 소탕작전(肅軍, 肅軍總責任者는 백선엽[白善燁])을 벌이게 한다. 그러자 박정희 조직책은 남로당 조직체계와 주요 인사 명단을 김창룡에게 넘겨주고 자신의 목숨을 구걸한다. 김창룡과 백선엽이 박정희 목숨 구걸을 받아 준 것은 같은 친일파 군인 출신이었기 때문으로 해석이 된다. 이것이 계기가 되어 박정희는 목숨을 부지하고 이번에는 또 우익세력이 된다. 이후로 남한에서는 민족주의 계열로 구성된 분단세력이 우리 땅 남한 내 정치권력을 장악하면서 반평화주의로 나아가게 된다. 이후 박정희도 이승만 반평화 권력세력에 합류하게 된다.

이승만의 도가 지나친 개인독재자의 길과 반평화 폭력행위가 극에 달하고 있을 때다. 미국은 느닷없이 에치슨라인 선언(Acheson line declaration, 1950.1.12.)을 발표하게 된다. 에치슨선언은 미국의 동북아시아에 대한 극동방위선을 긋는 것을 말한다. 이에 의하면, 미국의 극동방위선은 타이완(臺灣)의 동쪽인 일본 오키나와와 필리핀을 연결하는 선이다. 곧 미국이 군사전략적으로 그다지 중요성이 없다고 생각되는 타이완과 대한민국, 인도차이나를 미국의 극동 방위에서 제외시킨다는 뜻이다.[8] 이는 바로 미국이 우리 땅에서 전쟁을 유발하려는 전략적 음모였다고 판단된다. 그것은 일본 경제를 부흥시키기 위해 일본과 가장 가까운 우리 땅에서 전쟁을 유발하여 일본 군수산업을 부흥시키고 이 결과로 일본을 미국의 자본시장 진출의 핵심지역으로 삼겠다는 함정이었다고 본다. 이러한 사실을 감지했는지는 모르겠으나 에치슨선언은 모스크바-베이징-평양으로 연결되는 공산진영이 전체 한/조선반도 공산화라는 명분을 가지고 워싱턴-도쿄-서울로 연결되는 자본진영에 대한 총공세(남침)를 일으켰다. 이것이 6.25전쟁으로 표현되는 국제이념전쟁이다(1950). 이 전쟁은 처음부터 계획된 전쟁으로 어느 진영도 자기네 뜻대로 우리 땅

전체를 공산화 또는 자본화하지 못한 채 분단국가 고착화의 신호탄이 되었다. 이에 이승만 분단세력은 무력적 북진정책을 부르짖으며 반공정책을 구실로 개인독재를 강화하고 자신의 독재권력에 위협이 된다고 생각되는 사람과 단체들을 무차별로 탄압하는 폭력정치를 계속하였다. 이에 반독재/친(親)평화통일세력인 학생시민들이 분노하기 시작하였다. 노도와 같은 분노의 불길은 이승만을 미국 하와이로 쫓아내고 말았다.

이를 우리 역사에서 4.19시민학생혁명[9](1960)이라 한다. 4.19혁명의 결과로 대한민국은 이승만의 반평화/독재권력을 물리치고 제대로 된 민주주의가 배양될 토대를 마련하였다. 그리하여 한반도에는 통일론의 변화가 오기 시작한다. 그 가장 큰 요인은 혁신세력의 정치활동이 가능해진 데 있다. 혁신세력은 1960년 7.29 총선에서 참패를 교훈 삼아 남북이 통일되지 않고는 정치민주화와 자립경제를 이룰 수 없다는 판단에 남북통일론을 제기하였다. 혁신세력은 민족통일을 위한 국민운동의 실천방안으로 즉각적인 남북대표자회담 개최를 제의하였다. 이에 북의 김일성 프롤레타리아권력도 4.19혁명 이후 한반도 남에서 민족통일운동이 제기되자, 그동안 주장해 오던 '혁명적 통일론'에서 '지역적 혁명론'으로 전환하였다. 그리고 한반도 내두 정부의 공존을 인정하는 "남북연방제통일방안"을 제기한다(1960. 8.15.). 이에 대하여 4.19혁명의 의지를 배반하고 권력 전면에 나선 장면 등 보수세력들은 남북교류 시기상조론만 거듭 주장하고 혁신세력의 요구를 지지부진 수용하지 않고 있었다. 우주의 기운이 이 땅에 내려준 기회를 박차는 순간이다.

이 무렵, 기회주의자 박정희는 민주주의 싹이 막 움터오는 봄기운을 기회로 이용한다. 또 기회주의 기질이 발동하였다. 5.16군사반란(쿠데타)을 일으키고 권력을 찬탈하였다(1961). 결국, 혁신세력과 학생들이 주장하던 민주주의운동과 민족통일운동(평화통일론)은 5.16군사쿠데타로 하늘도 무심하게 불법화되고 만다. 그리고 평화통일운동은 탄압을 받기 시작한다. 이에 대하여 함석헌은 "군사쿠데타로 된 정부는 올바른 정부라고 생각할 수 없었고 하물며 박정희가 하고 있는 것은 아주 비굴한 태도(한일국교정상화 협상-글쓴이 주)로 우리는 가만히 있을 수가 없어서 운동을 시작했던 것입니다."[10] 결국 함석헌 말대로 쿠데타 정권은 올바른 정부, 정통성이 있는 정부가 아니었기 때문에 쿠데타 권력이 장악한 분단국가 대한민국은 폭력적 반(反)평화국가가 될 수밖에 없었다.

쿠데타 권력의 우두머리인 박정희는 자신의 권력기반을 다지기 위해 적반하장으로 빨갱이=공산주의=반국가세력=폭력세력이라는 등식을 만들고 폭력의 괴수인 자신을 반(反)폭력자로 위장한다. 그리고 내면으로는 반(反)평화 폭력세력의 좌장이 되어 자신의 반대세력을 제거하는 방편으로 이를 이용한다. 이때부터 김대중, 함석헌이 말하는 대한민국 인재들의 죽음이 시작된다. "나는 우리나라의 어려움의 근본 원인은 인물이 못 나는 데 있다고 생각합니다. 사람을 자꾸 죽이면서 나라가 잘 되기를 바라는 것은 어리석은 일입니다."[11] 이 말은 실제 인재들을 죽이기도 하였지만,[12] 인재들을 감옥에 너무 오랫동안 붙잡아놓았기에 나라를 구하는 인재성(人才性)이 죽었다는 말이다(국가보안법, 반공법 등에 의해). 그리고 박정희는 그의 목적(장기집권과 총통제)을 위해 반(反)평화정책도 불사한다. 그중 하나가 월남파병(1964.9.~1973.3., 연 30만 장병)이다. 베트남에서 뒤로 빠져나가는 미국의 강한 압력에 돈을 벌기 위해 월남파병을 자행하고(브라운 각서) 우리의 수많은 젊은이를 청부전쟁의 포화 속에 매장하였다. 그뿐만 아니라, 김대중 납치사건(1973.8.8.)과 이어 장준하 등 전쟁 반대세력에 대하여 폭력살인(?)까지 일삼았다(1975.8.17.).

박정희는 거짓된 방법으로 대통령(1963년 이후부터)이 된 후, 호시탐탐 제제화(帝制化: 전제군주가 되려는)를 꿈꾼다. 그리고 그 음모는 헌정질서의 파괴와 반(反)평화 폭력정치로 나타났다. 그럴 때마다 박정희는 이상한 이념을 끌어온다. 어불성설의 '한국적 근대화'(조국 근대화, 1966)라는 구호가 그것이다. 당시 한국은 이미 근대화가 된 나라였다. 또 무슨 근대화가 필요했단 말인가. 그런데 말도 안 되는 '조국근대화'라는 구실을 내세워 국헌을 유린한다. 곧, 3선개헌(1969. 9.14. 국회 날치기 통과, 1969.10.17. 국민투표)이다. 이것이 첫째 제제화 음모의 실천이다. 이어 박정희는 둘째 제제화 음모를 꾸몄다. 국제사회에 변화가 오자, 이를 기회로 이용한다. 국제사회 변화는 1960년대 말, 1970년대 초 닉슨 독트린(1969.7.25.)에서 시작된다. 이후 미국은 월남을 포기하고(1973) 주한미군의 감축에 들어간다. 이어 미국은 한국에게 북한과 우호적 관계를 유지하라는 압력을 가한다. 이것으로 박정희의 반공을 국시로 하는 조국근대화 음모는 더 이상 효용가치가 없어지게 되었다. 그러자 박정희는 남북대화와 냉전체제 와해라는 국제정세를 역이용하여 허구적으로 '평화통일론'을 앞세운 민족주의 탈을 뒤집어쓴다(민족중흥론, 1970.8.15.). 이를 두고 함석헌은 "우리 민족도 세계의 경쟁장에서 지지 않아야 한다는 것은 케케묵은 국가주의 도덕입니다",[13] "'나는 한동안 부귀를 누려보고, 민족중흥의 인물이란 공적을 남겨 보겠다' 하는 묵은 역사의 찌

꺼기 주워 먹는 사람들은 그런 소리를 할지 모릅니다"라고 박정희의 민족중흥론이 구시대적 발상이었음을 비판하였다.[14] 이어 함석헌은 "이제 민족주의시대는 갔다. 부자의 등쌀에 고생했으면, 돈 없이 사는 세상을 만들어보자는 것이 목표가 돼야지, 나도 이젠 부자가 돼보련다" '이런 생각은 안 된다'[15]라며 부자 되겠다(강자 중심의)는 생각은 잘못되었다고 비판하고, 동시에 민족주의는 이미 한물간 시대사조임을 강조하였다. 결국, 당시 박정희는 구태의연한 시대사조를 가지고 마치 자기가 시대영웅인 것처럼 개인독재를 위장하였다는 말이 된다.

한편 박정희의 강제된 국가 주도의 사회주의식 '경제개발5개년계획'(이를 유가주의 공업문명 또는 '유가자본주의'라고 한다)을 그의 추종세력들은 부끄럽게도 '성공적'이라고 평가하고 있지만, 이들은 박정희의 계획경제정책이 오히려 우리 사회를 씻을 수 없는 나쁜 방향으로 몰고 갔음을 모른다. '경제개발5개년계획'이 차수를 변경하면서 계속되면 될수록 한국의 경제구조는 수출위주형/금융특혜형/정경유착형 등의 유가자본주의사회를 만들어냈기 때문이다. 이에 따른 사회적 부조리, 부패, 비리 등 악순환이 똬리를 틀면서 꼬리를 물고 일어났다. 이런 탓으로, 자본집중, 빈부심화, 저성장율, 실업률 증가 등 비정상적인 사회구조와 비윤리적, 비도덕적, 비인간적 범죄구조가 마치 목에 걸친 구슬 목걸이처럼 줄줄이 이어지게 되었다. 곧 한국사회에 부패하고 타락한 자본주의사회가 형성되었다는 말이다. 돈/자본에 의한 능력경쟁과 대결구도의 사회구조를 만들어놓음으로써 국가폭력을 최상의 가치로 만들어놓았다. 이에 곧 자유민주주의라는 허울을 쓰고 인간의 기본권리인 민주주의와 자유주의를 파괴하는 국가권력/국가폭력만 강화하였다. 이에 대하여 함석헌은 "결과가 뭐냐, 문명이라는 것은 순전히 '먹고 놀자'야, 의미가 없어요. 먹고 입는 쾌락이지… 남을 내 마음의 종으로 부리고 나는 턱 앉아서 놀아도 좋다는 거지… 공장에 있는 아가씨들 노예지 뭐야",[16] 또 "사람은 철두철미 정신적인 존재다. 물질론, 이것이 사람을 못 쓰게 만들었어. 물질세계가 다가 아니야. … 그러니까 여기서 뭐가 되겠어. 그 담엔 강한 놈과 약한 놈이 붙어 싸움이 나고, 죽기 전에 여기서 좀 더 먹다 죽을래, 좀 더 놀다 죽을래 해서 별별 일이 다 일어나지 않겠어요?"[17]라고 박정희의 물질주의 경제정책 탓으로 우리 사회가 폭력사회가 되고 정신적, 윤리적 타락이 왔음을 지적하였다.

결국, 함석헌이 예언한 것처럼 박정희의 경제개발5개년정책은 타락/부패한 유가자본주의를 만들어냈고 이에 대한 거센 민중저항(민중기의)을 만나게 된다. 곧 광주대단지 폭동사건(1971.8.10.), 체불임금 지불을 요구하는 파월(派越)노동자들의 대한항공빌딩 방화사건(1971.9.15.), 전태일의 분신사건(1970.11.13.) 등이 그러하다. 이러한 사회적 대립구도를 조성하는 경제정책에 따른 민중들의 부정적 반응은 박정희 제제화 음모에 방해가 되고 있었다. 이처럼 사회경제적으로 국내에서의 부정적 반응과 국제사회의 냉전와해 분위기는 박정희의 기회주의 기질을 다시 근질거리게 했다. 곧 〈국가보위법〉(국가보위에관한특별조치법)의 날치기 통과(1971.12.27.)를 통한 제제화(황제화)의 기틀 마련이다. 그리고는 국가보위법과 괴리를 보이는 발상을 보인다. '7.4남북공동성명'(1972, 이하 7.4성명)의 발표다. 박정희는 그의 제제화 음모에 국제사회 냉전화해 분위기를 이용한다. 그러기 위해서는 북한의 협조가 필요하다고 생각을 하였던 모양이다. 그러면 이제부터 7.4성명에 대하여 구체적으로 이야기를 나누어 보자. 당시 박정희 '독재자본주의권력'은 "북한의 남침위협"이라는 상투적 구호로 국민을 협박하면서 비열하게 인민혁명당사건(1964.8.)과 통일 혁명당사건(1968.8.24) 등을 조작하고 "빨갱이 몰이"를 시작하였다. 바로 이 시기에 미국은 "아시아의 여러 나라와 체결된 조약은 준수 하지만, 핵 위협을 제외하고는 아시아 각국은 스스로 협력하여 내란이 나 침공에서 자국을 방위해야 한다"라는 닉슨 독트린이 발표된다(1969. 7.25.). 이후, 미국은 중국과 국교정상화를 이룬다(1972.2). 그리고 '우 리 땅의 분단고착화 정책'을 쓰게 된다. 그러자 박정희도 미국의 압 력에 굴복하여 북과 접촉을 시도한다. 이 결과 남북적십자회담이 판 문점에서 예비회담(1971.9.20.)을 거친 후 1, 2차 본회의를 서울 (1972.8.29.)과 평양(1972.9.12.)에서 각각 개최하게 된다. 그러나 남 북적십자회담은 연막전술이었다. 남북적십자회담을 대국민용으로 연극하면서 막후에서는 남북의 불안한 두 독재권력들이 야비한 정 치적 비밀접촉(1971, 11월부터)을 하고 있었다.

이 결과 북의 김영주와 남의 이후락 사이에 비밀스러운 타협과 약 속이 이루어졌다. 서울과 평양에서 동시에 발표된 '민족기만적' 7.4 남북공동성명'(1972)이 그것이다. 그 내용을 잠시 들여다보자. 첫째, 외세(外勢)에 의존하거나 외세의 간섭을 받음이 없이 자주적으로 해 결하여야 한다(자주). 둘째, 상대방을 반대하는 무력행사에 따르지 않고 평화적 방법으로 실현하여야 한다(평화). 셋째, 사상과 이념 및 제도의 차이를 초월하여 우선 하나의 민족으로서 민족적 대단결을 도모하여야 한다(민족대단결). 7.4성명은 이 밖에도 상호 중상비방과 무력도발의 금지, 다방면에 걸친 교류 실시 등에 합의하고 이러한 합의사항의 추진과 남북 사이의 문제 해결 그리고 통일문제의 해결을 목적으로 남북조절위원회(南北調節委員會)를 구성/운영하기로 하였다. 또 전쟁발발을 방지하기 위한 남북직통전화도 가설하였다.

이렇듯 민족분단 이후 처음으로 민족통일을 위한 바른길, 곧 자주·평화·민족대단결의 '평화통일 3원칙'이 제기된 듯 보였다. 그러나 7.4성명에는 남북의 두 분단권력이 정치적 비밀접촉을 통해 내면적으로는 한반도의 분단을 현실화하고 또 두 개의 분단국가를 전착시키려는 속셈이 숨어 있었다. 즉 남북의 두 독재권력들은 미국의 전략인 '두 개의 한국'에 편승하여 그들의 불안한 독재체제를 안정시켜 나가려 하였다. 그 결과 남한의 독재자 박정희와 북조선의 독재자 김일성이 각각 일인 통치체제를 서로 인정하는 유신헌법(1972.10.17.)과 사회주의헌법(1972.10.27.)을 공포하게 된다. 유신헌법과 사회주의헌법은 각각 남북에서 박정희 '반공 자본주의 독재권력'과 김일성 '프롤레타리아 1인 통치체제'를 강화하면서 전혀 이질적인 두 체제를 전착시켜 나가는 기틀이 되고 말았다. 공공연한 우리 땅의 분단 고착 음모다. 이것은 7·4 공동성명이 밝힌 "이념/사상/제도의 차이를 초월하여 우선 하나의 민족으로서 민족적 대단결을 도모"하는 일과는 너무나 거리가 먼 일이었다. 앞에서도 이야기하였지만, 7.4성명은 겉으로는 민족통일을 내걸었지만, 당시 불안했던 두 분단 권력들이 조국분단의 고착을 통해서라도, 자신들의 분단적/독재적 권력을 영속화하려는 고도의 기만적/반통일적 정치술책이었다는 것을 알수 있다. '7.4성명'에는 민족에 대한 진정성(眞情性)이 전혀 없었다. 박정희 제제화와 김일성의 부자세습화 길을 열어주는 기만적인 민족배반적 협상만이 있었다.

이러한 국가주의사고에 대하여 함석헌은 "(국가는) 수천 년 정도로 내려오는 동안에 자기 사명을 다하기보다는 인간의 성장을 방해하는 노릇을 하게 되었기 때문이다. 특히 선진국에서 국가는 지배주의에 기울어지고, 권력 있는 정치가들을 도와서 (없는) 민중을 내리누르는 하나의 우상이 되고 있습니다."[18] 함석헌이 1985년에 한 말로 "한국의 민중운동과 나의 걸어온 길"이라는 주제 속에 나온 글이다. 과거 박정희의 국가지상주의(황제권력화)와 반평화적 세력화 길을 비판하였던 것으로 보인다.

7.4성명 이후, 박정희는 내부적으로 남북대화를 뒷받침할 수 있는 국민총화와 능률의 극대화라는 구실을 내걸었다. 이는 곧 영구집권과 권력강화를 위한 연막이었다. 7.4성명 이후 남북적십자 제1차 본회담(1972.8.29.)과 남북조절위원회 공동위원장 1차 회의(1972.10.12.) 등 남북대화가 시작되었다. 그러나 이념 등의 문제로 난관에 부딪히면서 불안한 정국이 조성되었다.

박정희는 또 한 번 이 기회를 교묘하게 이용한다. 느닷없이 국회를 해산하고 전국에 비상계엄령을 선포했다. 이에 모든 대학은 휴교가 강제되었다. 정당의 정치활동 금지도 강제되었다. 그리고 신문/통신에 대한 사전 검열제가 강제되었다. 또 비상계엄령은 비상국무회의로 하여금 국무회의와 국회의 입법기능까지 떠맡도록 했다. 이것이 바로 10월 유신이다(1972.10.17. 대통령특별선언). 그리고 그는 일본 메이지유신=일본의 근대화=천황일인체제화를 그대로 모방하여 한국의 조국근대화=유신체제=박정희 황제체제화를 음모하였다. 이것이 10월 유신체제로 나타났다. 10월 유신체제에는 일본의 메이지유신(明治維新, 1868), 중국의 무술유신(戊戌維新, 1898)처럼 입헌군

주제를 꿈꾸는 박정희의 음흉한 음모가 겉으로 드러난 셈이다. 박정희는 황제(전제군주)가 되는 발판으로 '유신헌법'을 발의하여 통과시켰다(국민투표 1972.11.21., 1972. 12.27. 공포). 명분은 조국근대화를 위한 '한국적 민주주의'의 기본법 제정이다. 민주주의라는 말에 '한국적'(韓國的)이라는 말을 붙였다. 그러나 유신헌법에는 민주주의제도(곧, 국가권력에 대한 의회적-시민사회적 통제) 및 자유주의 이념(국민기본권, 노동삼권, 정치활동 보장 등) 등이 도통 보이지 않는다. 유신헌법에는 파시즘 체제를 이끌 기구만 있었다. 곧 '유정회'와 '통일주체국민회의'다. 이들 기구의 실체는 박정희를 황제화하기 위한 제도적 틀이었다.

이러한 유신헌법에 따른 통일주체국민회의에서 박정희는 8대 대통령에 당선된다(1972.12.27. 취임). 이는 박정희 황제의 탄생을 알리는 신호탄이었다. 이어 박정희는 그의 독재적 영도력을 선봉(先鋒)에서 휘날려줄 대중운동을 선도한다. 이것이 '새마을운동'의 본격화로 나타나게 된다. 마치 중국의 국민당 정부 시절 장개석이 중국의 군국주의화를 위해 이끌었던 신생활운동(新生活運動, 1934~37)처럼. 군부세력들이 말하는 이스라엘의 병농일치의 키부츠(kibbutz)를 모방한 게 아니다. 이들의 새마을운동은 일제가 식민지 조선에서 농촌의 근대화라는 명분으로 1940년대 일제의 식량기지화를 위해 일으킨 농촌계몽사업의 연장이었다. 박정희는 그의 군국주의적 황제 등극을 위해 일제와 장개석이 그랬던 것처럼 신생활운동이 필요했던 거다. 이 결과로, 한국은 농촌지역을 시작하여 한국사회 전체가 전통문화의 파괴와 함께 오로지 박정희 황제를 위한 사회체제/질서와 농촌/도시구조가 만들어지기 시작하였다. 추악한 유신헌법을 강행하기 전, 제7대 대통령선거가 있었다(1971.4.27.). 대통령 후보는 박정희와 김대중이었다. 이 결과 박정희가 겨우 당선되었다(95만여 표차, 개표부정이 있었다는 후문이다). 이에 김대중은 해외에 나가 체류하게 된다. 이때 이른바 '10월유신'(발상: 이후락, 각본: 김기춘)이 선포되자(1972.10.17.) 김대중은 귀국을 미루고 미국에서 〈한국민주회복통일촉진국민회의〉(한민통)를 결성한 다음 일본으로 건너가서 한국민주회복통일촉진국민회의 결성을 추진하는 등 박정희의 유신권력에 반대하는 활동을 이어갔다. 그러자 박정희는 김대중의 저항이 유신체제에 미칠 영향을 두려워하여 중앙정보부(당시 부장 이후락) 요원들로 하여금 김대중을 일본에서 납치(1973.8.8., 도쿄 팔레스호텔)하여 동해바다에 수장하려다가 미국의 감시로 미수에 그치는 파렴치한 일을 저질렀다. 이어 박정희는 그의 황제화(유신헌법)로 가는 길에 일체 비판이나 어떤 말도 금하는 긴급조치(국가폭력)를 발동하였다(1호 1974.1.8.~9호 1975.5.13). 이로써 나라 사람들은 국가적 감시체제와 억압적 통제체제 하에 놓이게 된다.

결국, 긴급조치 발동으로 박정희 개인독재에 저항했던 수많은 인재가 체포되고 영어의 몸이 되었다. 이것은 박정희를 황제로 만드는 두 번째 음모의 성공을 의미하는 듯했다. 글쓴이도 긴급조치 9호 위반으로 불법체포되어 군사재판에서 3년 선고를 받고 공군본부 영창을 거쳐 육군교도소에 이감되어 감옥생활을 하였다(1979).

박정희의 황제화 음모인 유신체제의 발동으로 우리 땅에서 민족주의를 완성하고 세계평화로 가는 통일조국의 길은 멀어져만 갔다. 박정희 제제화 음모는 내국의 시민/학생의 분노와 혁명의 불길에 의해서 붕괴되지 못하고, 종주국인 미국의 음모(?)에 의하여 붕괴되는 또 하나의 불행을 만들어낸다. 미국의 사주(?)를 받은 김재규에 의해 박정희가 포살된다. 그러나 김재규가 뒷수습을 다하지 못하는 태도에 실망한 미국은 다시 신군부세력인 전두환이 권력을 잡도록 도와준다. 하여 박정희 뒤를 이어 전두환 신군부세력이 다시 반평화 개인독재 권력을 이어가게 된다. 이런 국가주의 음모에 대하여 함석헌은 이렇게 말했다. "지금 국가라는 거는 자기네끼리 몇이 모여 너하고 나하고 내 말 들어 내가 임금 되면 너는 무엇 해라. 이른바 정당이 다 그런 게 아니에요. 그런 걸 이 세상에서 정치라 그러지 않아요. … 국가라는 거, 세상에서 조직적인 악이에요. 제도적인 악으로 전락한 겁니다. 정치는 바로 힘의 정치(power politics)라고 합니다."[19] "그러니 이 나라는 어느 몇이 짜고 들어서 모든 사람을 동원하고 자기 말을 듣게 하려고 법을 이렇게 만들고 나라의 명령이라고 이럴 터이니까. 어느 나라도 그걸 국가지상주의라, 제국주의라 그러는 거야."[20] 이렇게 함석헌은 박정희의 유신체제와 함께 전두환의 군국주의적 독재체제를 국가주의가 빗어낸 '조직적 악, 제도적 악'으로 보았다. 그리고 이러한 조직적이고 제도적 악으로서 국가주의를 '힘의 정치'라고 하였다. 곧 폭력을 모태로 하는 힘의 정치라고 말한다. 폭력을 앞세우는 권력은 곧 반(反)평화세력이요 독재다.

이와 같이, 분단국가 한국과 북조선의 정치권력은 곧 반평화 폭력세력들이 장악해 왔다. 그 대표적인 권력세력은 남한분단국가에서는 이승만, 박정희, 전두환, 이명박, 박근혜다. 그리고 북조선분단국가는 김일성, 김정일, 김정은 등 3대 세습권력이다. 남북 가릴 것 없이 반(反)평화 독재권력들의 공통분모, 즉 그들의 권력기반으로 삼는 정치이데올로기는 국가주의와 민족주의다. 곧 국가지상주의다.

이들은 국가지상주의에 바탕을 둔 힘의 정치, 폭력정치를 정당화한다. 그리고 내국인에 대하여 공권력이라는 이름으로 민주주의를 부르짖는 이들을 짓밟고 억압한다. 더 나아가, 반공이데올로기를 내세워 늘 나라 사람들에게 불안한 심리와 반민족적 적대의식을 심어놓는다. 이 모두가 다름 아닌 개인적 권력유지를 위해서다. 인간의 참 속, 인간의 참 삶, 인간의 자유, 인간의 평화, 인간의 정의, 사람의 상식을 위한 게 아니다. 그러면 이러한 반성의 토대 위에서 김대중과 함석헌이 말하고 실천원리로 내세우는 평화사상(평화통일론)은 무엇인가를 살펴보기로 한다.

III. 김대중의 민본주의적 평화통일론[21]

김대중은 우리나라의 민주주의/인권/평화를 위해 평생의 삶을 바쳐온 인물이다. 민주주의/인권/평화는 김대중의 신념이요, 신앙이요, 자신의 자체적 삶살이였다. 김대중의 성장 과정에서 대통령(15대, 1998.2.25. 취임)이 되기까지 이력은 세상에 이미 너무 잘 알려져 있고 관련 서적들이 많다. 그래서 여기서는 김대중의 〈6.15남북공동선언〉(이하 6.15선언이라 함)과 관련한 평화통일론을 중심으로 이야기를 해나갈까 한다.

김대중은 야당 시절 그리고 대통령 재임 중과 퇴임한 이후에도 "빨갱이", "사상이 의심스러운 사람", "북에 퍼주기를 하여 북이 핵미사일을 만들게 했다" 등 생각이 맑지 못한 사람들로부터 온갖 음해와 오해를 받아왔다. 그리고 박정희는 아예 '납치살인'으로 김대중을 죽이려 시도했다가 미국의 방해로 실패하고, 전두환은 교활하게도 김대중을 사법살인하려다 세계여론에 굴복하여 사형을 중단했었다. 이렇게 생사의 고비를 넘나들었지만(5번), 그의 '대북햇볕정책'으로 실천했던 평화통일사상은 조금도 흔들리지 않았다. 앞의 안중근의 '동양평화회의체' 구상과 '동양평화론' 그리고 김대중의 '동아시아공동체' 구상 및 '평화통일론'이 서로 비슷한 점이 발견된다.

하여 잠시 이 두 역사적 인물들의 평화사상을 비교한 다음, 김대중의 평화통일론을 살펴보기로 하겠다. 안중근과 김대중한테서 공통적으로 발견되는 것은 두 사람이 모두 동아시아 철학에 바탕을 두고 있다는 점이다. 김대중은 노벨평화상을 받는 자리(2000.12.10.)에서 다음과 같은 비유를 한다. 중국 전국시대 유가학파 집단의 한 사람이었던 맹자(기원전 372?~기원전 289?)의 역성혁명론(방벌론)[22]과 유럽의 계몽주의 시대 존 로크(John Locke, 1632~1704)의 사회계약설[23]을 비교하면서 인민/민인주권사상이 유럽보다 2천 년 앞서 나왔음을 상기시킨다. 곧 서양보다 아시아가 더 먼저 민주주의/민본주의 사상을 가졌음을 유럽인들에게 새롭게 각인시켜 주었다.

김대중은 서구(西歐) 중심의 사고보다는 동아시아 중심의 사고를 지녔음을 볼 수 있다. 이런 점에서 그는 안중근의 사상에서 많은 영향을 받은 것으로 보인다. 우리 역사가 일제의 행정구역인 '식민지 조선'의 나락으로 떨어지기 전 안중근은 앞에서 살펴본 바와 같이 평소에 자신이 가지고 있던 동아평화론의 신념으로 동아평화를 파괴한 이토 히로부미를 격살한다. 안중근의 동아평화론이 초(超)국가주의적 동아시아를 겨냥한 신념이었다면, 김대중의 평화통일론은 우리 영토의 평화와 통일을 먼저 지향하고 이를 토대로 아시아의 평화공동체를 만들어야 한다는 신념이었다. 따라서 이 두 역사적 인물은 '실천하는 평화주의자', '행동하는 양심'으로 역사에 영원히 기록되고 있다. 안중근은 그의 동양평화론을 실천하는 방안으로 "한·중·일 3국 동양평화회의체 구성, 공동은행 설립과 공용화폐 발행, 공동평화군 창설" 등을 들었다.[24] 이에 비하여 김대중은 먼저 우리 영토의 평화통일을 구축한 다음 순차적으로 '동북아평화체제 구축', '동아시아공동체 건설' 등 '동아시아 평화구상'을 내놓았다.[25] 이는 우리 영토의 평화와 통일은 곧 동북아시아의 평화와 직결된다는 신념이었던 것으로 보인다. 이러한 신념에 의하여 김대중은 대통령에 출마해서 '미·중·소·일, 4대국 한반도 평화보장론'을 제창한다(1971.4.27.).[26] 이후 김대중의 이러한 의지는 곧바로 대통령에 당선(1997.12.18.) 되고 나서 가장 먼저 한/조선반도 평화분위기를 조성하는 정책부터 추진해 나간다.

대한민국에서 김대중이 대통령(재임기간, 1998.2.~2003.2.)에 당선된 것은 대한민국 수립(1948.8.15.) 이후 1) 첫 여야의 정권교체(일명 명예혁명), 2) 흡수통일론 배격, 평화통일론에 입각한 대북포용정책(일명 햇볕정책) 추진,[27] 3) 첫 남북정상회담 실현, 4) 첫 노벨평화상 수상(2000.12.10.), 5) IMF금융위기의 조기극복 등 역대 대통령이 생각지도 못했던 민족문제와 평등경제 해결에 최선을 다했던 인물이다. 김대중은 어떤 권력자보다 민족의 평화와 통일문제에 나름대로 구체적인 구상과 방안을 평소 가지고 있었다. 그래서 오늘의 주제를 김대중의 평화통일론에 맞추어 이야기하게 된 이유이다. 김대중의 평화통일론은 〈6.15남북공동선언〉에 잘 나타나 있다.

그의 평화통일론의 기조는 조봉암처럼 '민주주의와 시장경제' 발전이라는 국가주의에서 출발한다.[28] 그의 평화통일론은 독일(1990. 10.3. 평화적 협상을 통한 외교통일), 베트남(1976.7.2., 전쟁을 통한 통일)의 경우와는 성격을 달리하는 한국형 통일모델이다. 바로 민족통일은 단계적으로 가야 한다는 '3단계통일론'이다.[29] 이에 따라 그의 대북포용정책의 출발하는 〈베를린선언〉에서 시작된다(2000.3.9.). 이를 통하여 김대중은 "냉전구조 해체와 항구적 평화, 남북간 화해와 협력"을 실천에 옮기게 된다. 김대중은 "정전협정에 의한 남북분단이 체제경쟁을 불러왔고, 북조선을 핵무기체제로 무장하도록 만들었다"라는 문제 인식부터 출발한다. 이러한 인식은 친일/친미분자들이 득실거리는 한국사회에서 매우 분명하고도 정확한 시대인식이었다. 그의 이러한 인식은 '3단계통일론'에서 잘 나타나고 있다.[30] 김대중은 자신의 '3단계통일론'에 대하여 다음과 같이 밝히고 있다. 1) 박정희의 유신독재시기인 1970년대 처음 구상하기 시작하였다. 2) 전두환이 살인독재시기인 1980년대에 수정/보완하였다. 3) 그리고 김영삼이 권력을 잡고 있을 때인 1990년대에 완성되었다. 곧 김대중의 이러한 '3단계통일론'이라는 말 자체가 바로 흡수통일론/폭력통일론을 배격하는 평화통일론을 뜻한다. 조봉암이 이승만의 무력적 북진통일론에 반대하는 좌우통합의 평화통일론을 주장한 이치와 같다. 김대중은 반드시 통일을 해야만 평화가 오는 게 아니라, 평화분위기를 먼저 만든 다음 서서히 통일로 가는 방안이 '3단계통일론'이라고 하였다.[31]

이제 그 내용을 간략하게 짚어보자. "제1단계는 남북이 상호주권을 인정하면서(2국가체제 유지) 협력기구를 제도화(남북연합 정상회의, 남북연합의회회의, 남부연합각료회의)하는 단계이다. 곧 1단계는 이러한 협력기구를 통하여, 남북 쌍방이 "평화공존, 평화교류, 평화통일" 등 '3대행동강령'에 대한 실천의무를 갖는 단계를 말한다. 제2단계는 1단계의 실험/실천이 성공한다는 전제조건을 가지고 "2자치정부+1연방국가"를 만드는 단계로 들어가는 것을 말한다. 곧 남북연합 정상과 의회를 연방대통령, 연방의회로 단일화하는 단계이다. 그래서 연방정부의 임무는 외교와 국방업무만 맡고 국내문제는 각각의 자치정부가 담당하는 단계로 사실상의 민족통일단계에 들어오게 된다. 제3단계는 완전통일의 단계에 해당한다. '1정부+1체제'로 완전한 통일국가+통일정부를 완성하는 단계이다. 그런데 여기서 문제는 김대중도 조봉암과 마찬가지로 통일국가의 이념과 체제는 민주주의/시장경제/사회복지/도덕적 선진국/평화주의를 기반으로 한다는 점이다. 다른 점은 몰라도 시장경제를 바탕으로 하는 경제체제는 하나의 연방공동체를 만드는 데 있어 장애물이 될 수 있다는 생각이다.

이러한 3단계 통일방안, 그 자체가 바로 무력/전쟁을 통하지 않은 평화주의에 입각한 평화통일론이다. 이를 실천하기 위하여 김대중은 북쪽의 〈조선민주주의인민공화국〉(1948.9.9.)을 직접 방문하고 북조선의 김정일과 〈6.15남북공동선언〉을 발표하게 된다(2000).[32] 여기서 박정희의 기만적 〈7.4남북공동성명〉과 달리 성명이라 하지 않고 선언(宣言)이라고 한 것은 성명(聲名)의 표현은 소극적일 수 있지만, 선언이라는 표현은 적극적인 실천성을 담고 있다는 말이 된다. 결국, 7.4성명은 기만성을 가진 독재(박정희 유신독재와 김정일 세습독재)로 가는 함정이었다면, 6.15선언은 진정한 남북이 통일을 지향하는 평화적인 선언이었다. 6.15선언 중에 둘째 선언조항인 "남과 북은 나라의 통일을 위한 남측의 연합(聯合)제안과 북측의 낮은 단계의 연방(聯邦)제안이 서로 공통성이 있다고 인정하고, 앞으로 이 방향에서 통일을 지향시켜 나가기로 하였다"라는 항목은 특히 중요한 선언이 아닐 수 없다. 곧 북의 '남북연합제통일방안'은 '1국가1정부1체제'의 통일목표로 세우고 나온 방안이다. 당장은 '2국가2정부2체제'를 유지하면서 점차 단일국가로 나가는 통일방안이었다. 남북의 통일방안은 서로 다른 통일방안을 제시한 듯하지만, 내용상으로 보면 일단 남북이 평화분위기(전쟁이 없는 상태)를 우리 땅에 먼저 조성하자는 기본원칙을 선언한 것이라고 볼 수 있다. 남북이 통일된 1국가로 가기 위해 당장은 '2정부+2체제'를 그대로 유지한다는 평화체제 구축선언이었다. 동시에 전쟁이 없이 남북이 서로 간 논의에 의한 평화체제 구축과 뒤이은 통일방안이다. 따라서 독일의 외교적 통일이나 베트남의 전쟁을 통한 통일방안과는 전혀 다른 평화체제 구축 후, 자연스럽게 통일하자는 평화통일안이었다. 그러나 이러한 방안은 남한의 반(反)통일/반(反)평화법인 국가보안법에 저촉되는 조항이다. 곧 반통일/반평화법인 국가보안법이 아직도 존재하고 있는 한 이러한 평화통일방안은 실천하기가 어렵다는 뜻이다. 예컨대 북조선의 평양 김일성경기장에서 치른 2022 카타르 월드컵 예선전인 남북축구시합을 무(無)관중, 무응원, 무중계로 치른 것은 남에서 반통일/반평화법인 국가보안법을 존치하고 있는 현실과 마찬가지로 평화체제 구축을 어렵게 만드는 일이다.

김대중의 6.15선언은 겉으로 드러내지는 않았지만, 그의 심중에 있던 평화통일의 논리는 바로 2정부+2체제(자본주의/사회주의 상호인정)를 그대로 둔 채, 이 두 체제 위에 단일외교와 군사권을 갖는 단일국가를 수립하자는 생각이었다.[33] 곧 무력을 통하지 않는 평화체제

구축방안이다. 당장 미국(米國)이라는 폭력적 세계 경찰국가가 존재하는 한 통일이 어렵다는 것을 인정하고, 평화의 분위기를 먼저 만들어보자는 발상이다. 남북통일은 미국이 착한 마음으로 나서만 준다면, 당장이라도 이루어질 수 있는 문제다. 어쨌든 김대중의 평화통일방안은 북조선에서 통일방안으로 내걸고 있는 '낮은 단계'의 통일방안(1국가 2정부 2체제)부터 실천하고 시간을 두면서 높은 단계의 통일방안(1국가 1정부 1체제)으로 나아감으로써 국제무대에서 외교적/이념적/군사적 대립을 일소하고 두 국가/체제 간 협조와 소통을 하자는 평화논리였다. 이는 남북이 서로 우리 땅에 평화 분위기를 먼저 조성해 보자는 두 정상 간의 심중(心中) 교류가 있지 않았나 하는 생각이다. 이것이 6.15선언이 갖는 평화통일 방안의 진정성이다. 7.4.성명처럼 분단체제를 영속화하자는 음모가 절대 아니었다.[34] 그후 6.15선언의 이행을 위한 실천들이 나타났다. 가장 중요한 것은 개성공단의 시설과 함께 생산품이 생산된 일이다. 그리고 남북 이산가족 면회와 상봉, 금강산관광의 성사다. 이는 평화적 방법으로 북조선과 균형적 경제발전을 통한 3단계 통일방안을 실현하려는 첫걸음이었다. 그러나 불행하게도 평화통일론을 반대하고 흡수통일론을 내건 반공 극우세력인 이명박·박근혜 같은 폭력지향적 괴물들이 나오는 바람에 금강산도, 남북가족면회도, 개성공단도 모두 수포로 돌리고 만다. 이는 우리 민족의 평화통일을 수십 년 후퇴시키는 통탄할 일이다. 이 두 반(反)통일 정치괴물들은 이것도 시원치 않아 전쟁 공포 분위기를 조장하여 권력연장에만 열을 올렸다. 안중근, 조봉암, 김대중이 힘겹게 쌓아 올린 평화통일의 분위기를 일거에 날려버렸다. 그리고는 '천안함사건'(2010.3.26.), '연평도사건'(2010.11.23.)

등 분단고착과 폭력전쟁을 유도해 나갔다. 비극의 두 파렴치한들이다. 그리고 6.15선언의 4항에서 "남과 북은 경제협력을 통하여 민족경제를 균형적으로 발전시키고 사회·문화·체육·보건·환경 등 제반 분야의 협력과 교류를 활성화하여 서로의 신뢰를 다져 나가기로 하였다"라는 선언은 글쓴이가 늘 주장해 온 것처럼, '우리문화동질성 회복'에 관한 조항이다. 우리는 단군민족-사국민족(고구려 백제, 신라, 가야)-신라민족-고려민족-조선민족 등 혼혈민족이 오랜 세월 한 덩어리로 발전해 오는 과정에서 하나의 통일된 민족으로 정착이 되었다. 그런데 불행하게도 일제의 침략과 미국의 분단 음모/함정에 빠져 다시 하나의 민족이 사회주의 이념과 자본주의 이념을 갖는 두 분단 민족으로 강제되고 말았다.

민족의 분단해방 이후, 70여 년 세월이 흘러가는 동안 우리 땅에 살고 있는 민족의 단일성이 자꾸만 두 개의 민족으로 이질화되어 가고 있다는 사실은 참으로 안타까운 일이다. 세월이 흘러갈수록 동질 민족성의 이질화는 점점 심화할 수밖에 없다. 이러한 민족 동질성의 이질화가 더욱 심화하기 전에 우리 문화 동질성 회복을 위한 노력은 당위성을 갖는다. 이러한 단연한 노력만이 우리 영토의 평화 정착과 함께 통일에도 결정적 역할을 하게 되리라는 생각이다. 평화는 곧 통일로 이어지는 매개체/징검다리다. 따라서 우리 민족의 평화를 위해서는 우리 민족문화의 동질성 회복 노력은 무엇보다 중요하다. 바로 이러한 점을 염두에 두고 6.15선언의 넷째 조항이 나왔다고 본다. 김대중은 평소 우리나라가 '민주주의 위기, 남북관계 위기, 민생경제 위기' 등 3대 위기에 처해있다고 보았다(2009년 신년하례식). 김대중은 국가권력을 이용하여 헌법을 유린하고, 인권을 겁탈하는 것을 민주주의의 위기로 보았다. 또한, 이념논리에 집착한 채 이를 이용하여 권력 장악에만 눈이 먼 반공적 군사정권(공화당-자유한국당으로 계승된)과 이를 계승하고 있는 정치세력의 집권은 남북관계를 위기로 몰아넣고 있다고 보았다. 또 기업과 자본가들이 공익(公益)보다는 사익(私益)에 집착하여 나라 경제를 위기에 몰아넣은 것을 민생경제의 위기로 보았다. 이러한 이념 논리가 3대 위기를 만들어냈다고 본 김대중은 평화적 통일이 이루어져야만 민생경제가 살고 남북관계가 평화롭게 되고, 민주주의/민본주의적 정치도 보장될 수 있다고 보았다. 그래서 북조선에 가서 이런 문제를 한 번에 처리한 것이 '6.15선언'이다. 그는 평화통일론에 입각하여 성사된 '6.15선언'을 실천해 나가기 위하여 북조선과 합의하여 남북의 꾸준한 대화(남북직통전화 개설), 금강산 육로관광길 개방, 개성공단의 설치, 이산가족 상봉, 분단된 철로(경인선, 동해선)의 연결 등을 실천해 나갔다. 이러한 그의 실천 의지를 〈6.15남북공동선언〉 3주년 기념식(2003.6.15.)에서 그가 말했던 "피맺힌 마음", "행동하는 양심"이라는 절규에서 잘 보여주고 있다.[35]

김대중은 '6.15선언'이 국제적으로 인정을 받아야만, 자신이 임기를 마친 후에도 영속되는 정책이 되게 하려고, 국제적인 도움/협력과 약속을 만들어낸다. 곧 남북간·북미간 평화분위기 조성에 문제가 되는 북조선의 핵 문제를 해결하는 방안이었다. 그리하여 김대중은 북조선의 핵 문제를 논의하는 당사자인 남북과 주변국 중국, 미국, 러시아, 일본이 참여하는 다자회담인 '6자회담'(2003.8.27. 시작)을 실현하는 주역을 담당한다.[36] 그리고 그는 임기를 마친 뒤에도 6자회담을 계속하여 추진하면서 끝내 베이징 4차 6자회담의 결과인[37]

베이징 〈9.19공동선언〉(2005)을 도출해낸다. 그 내용을 구체적으로 분석하여 살펴보면 다음과 같다. 1) 한/조선반도의 검증 가능한 비핵화를 평화적으로 해결한다. 북조선은 핵 계획 포기, 빠른 시일 내 핵확산금지조약(NPT)과 국제원자력기구(IAEA)에 복귀한다. 2) 미국의 핵무기를 통한 북조선 불(不)공격 약속, 3) 한국은 자국 내 핵무기의 비(非)존재 확인과 1992년도 〈한반도의 비핵화에 관한 남/북 공동선언〉에 따라, 핵무기 불(不)배치와 공약 재확인 및 이행준수 확인 4) 북에 경수로 제공 동의, 5) 북조선과 미국은 상호주권의 존중, 평화적 공존, 관계 정상화 약속, 북조선과 일본의 관계 정상화 조치 약속, 6) 6자 간 경제협력 증진, 7) 중국·한국·일본·러시아·미국의 북조선에 에너지 지원, 한국은 북조선에 전력(200만kw) 공급 제안 확인, 8) 한/조선반도 항구적 평화체제를 위한 협상 약속, 9) 6자는 동북아 안보협력에 합의한다는 등이다. 베이징 〈9.19공동선언〉은 분명히 김대중의 국내 평화통일론과 동북아시아 평화통일론이 모두 집약되어 있다고 본다.

이처럼 세계 주요 국가들을 평화협상 테이블에 끌어들여 평화를 논하고 실천 행동을 약속하게 할 수 있게끔 만들 수 있는 인물은 분명 김대중밖에 없었다고 말할 수 있다. 김대중은 안중근과 마찬가지로 동아시아의 '공동경제체'(동아시아공동체)를 만들 것도 주장하였다.[38] 공동경제체는 공동화폐 사용을 가능케 한다. 이는 현재의 유럽공동체가 공동화폐를 쓰면서 유럽공동경제체(유럽연합[EU])를 형성하고 있는 경제질서와 같은 생각을 일찍이 가지고 있었다는 이야기이다. 그래서 김대중은 안중근과 마찬가지로 일본·중국·한국을 비롯한 동아시아 지역에서도 경제공동체(동아시아공동체[East Asian

Community: EAC])로 시작하여 유럽연합(EU)과 같은 아시아 전체의 지역공동체를 만들어 아시아의 경제발전을 도모해야 한다고 주장하기도 했다(1998.12.17.).[39] 그러나 이 지역은 다양한 민족, 다양한 언어, 다양한 지식수준, 다양한 종교형태 등 서로 융합할 수 없는 지역 조건들을 가지고 있다. 이 때문에 김대중은 각 지역의 지식적 차이의 존중, 전통적 교육문화의 존중, 다양한 종교문화의 존중을 평화적으로 공존시킨다면 지구의 어떤 지역보다 더 훌륭한 강점이 될 수 있다고 역설하였다. 김대중은 동남아시아와 동북아시아를 구분하는 것은 무의미한 일이라고 생각했다.[40] 이런 생각을 바탕으로 위와 같이 동남/동북아시아를 구분하지 않는 '동아시아공동체'(여기서 동[東]의 의미는 동남, 동북을 모두 포괄하는 개념이다) 건설을 제안하였던 것으로 보인다. 그는 동아시아공동체가 확고하게 자리를 잡으면 세계가 하나의 평화공동체를 이룰 수 있다고 보았다.

이제 끝으로 김대중의 평화통일론의 특징을 정리해 보자. 첫째, 김대중의 평화통일론 기본 바탕은 앞에서 살펴온 바와 같이 그의 평화사상, 민주주의/민본주의,[41] 인권존중이다. 그에게 이 세 가지 신념은 곧 그의 정치사상이다. 그래서 남북 두 체제 사이에 가로놓인 휴전선의 한 귀퉁이를 열고 육로로 남북의 왕래길을 열게 했다. 이러한 결과로 북조선에 살고 있는 같은 동포를 멀찍이 서나마 볼 기회가 되었다. 그리고 분단 휴전선을 열게 했으니 이로써 민족통일, 영토통일의 서단을 만들었다고 볼 수 있다. 미국에 의해 강제된 '원한(怨恨)의 38선', '통한(痛恨)의 분단선'을 '희망의 분단선'이 되게 만들었다. 곧 평화 분위기의 서단을 열었다는 역사적 의의를 담아본다. 둘째, 개성공단의 조성과 함께, 남북협력사업의 추진은 평화통일의 실천 사상으로 자리매김을 했다고 해도 손색이 없다 하겠다. 이러한 일련의 실천들은 한/조선반도가 무력통일이나, 흡수통일이나 대박통일이 아니고, 평화통일의 본보기를 만들어 준 역사적 사실(史實)이라고 말할 수 있다. 곧 독일식 외교통일, 베트남식 무력통일과는 다른 평화통일의 또 다른 사례가 될 수 있게 했다. 셋째, 평화통일론의 세계적 확대이다.[42] 김대중은 대통령 임기 중에 '동티모르의 독립', '버마의 민주화'를 적극적으로 후원하는 등 그의 평화통일사상으로 세계평화에도 기여하고자 했다. 그가 버마의 민주화를 지원한 것은 민주주의는 "인간의 존엄성을 구현하는 절대적인 가치인 동시에 경제발전과 사회정의를 실현하는 유일한 길"이라고 확신하였기 때문이다. 그리하여 핵문제, 테러문제, 기아문제, 정보화/세계화가 초래한 문제, 환경문제 등에도 많은 관심을 기울였다. 김대중은 특히 인류는 지금 "21세기 정보화/세계화 혁명" 중에 있다고 지적하고 이 혁명의 결과로 나타나는 '빛과 그림자'(빈부격차의 심화, 지식/정보격차의 심화)를 정확히 인식할 필요가 있다고 경고하였다.

이상과 같이 살펴보았을 때 김대중의 평화통일론 골자는 남북의 "평화적 공존, 평화적 교류, 평화적 통일"이라는 '평화통일 3원칙'이었다고 말할 수 있다.[43] 이제 갈퉁이 정의한 '정의로운 평화'에다 김대중의 평화정책을 대입하여 결론을 내려 본다. 김대중은 대한민국을 "자유, 평등, 복지, 평화의 민주주의" 나라로 만들려고 노력했다. 그는 대한민국 수립 이후, 반(反)민본세력, 반(反)통일세력, 반(反)인권세력, 반(反)평화세력[44]인 독재권력들이 만들어낸 적폐적 제도들을 일거에 혁파해 나갔다. 그리하여 김대중은 민본주의 입장에서 나라 사람의 자유 유린을 방지하기 위한 〈인권법〉을 제정하고, 이 법에 의해, 인권보호를 위한 기구로 〈국가인권위원회〉를 설치하였으며(2001.11.26.) 또한 평화의 징검다리로 북조선과 〈6.15선언〉를 성립시키고(2000) 이와 함께 복지정책을 조기에 실현하기 위하여 'IMF 구제금융사태'를 조속히 해결(2001)하는 적극적인 경제평화정책에도 힘을 썼다. 게다가 국가를 넘어서 나라 구성원 개개인의 평화를 위하여 청소년의 권리를 보장하는 〈청소년헌장, 권리〉를 제정하고(1998.10.25.), 장애인 차별을 금지하기 위해 인권을 보장하는 〈장애인인권헌장〉도 제정하였다(1998.12.9.). 그리고 인간의 인격존중 차원에서 〈남녀차별금지 및 구제에 관한 법〉을 제정하고(1999.7.1. 제정, 2005.6.23. 폐지), 〈여성부〉를 신설하여(2001.1.29. 여성가족부로 개편) 여남평등사회를 구현하고자 했다.

또 이념논쟁으로 억울하게 희생을 당한 제주 희생자들을 위한 〈제주4.3특별법〉을 제정하고(2000. 1.12.) 〈지구평화공원〉도 조성하였다. 그뿐만 아니라 〈5.18민주묘역〉을 국립묘지로 승격시켜(2002. 7.27.) '5.18광주시민혁명'을 민주화운동으로 승화시켰다. 이외에도 〈전국민주노동조합총연맹〉(약칭, 민주노총, 1999.7.1.)과 〈전국교직원노동조합〉의 합법화(1999.1.6.) 그리고 집회와 시위 때 최루탄 사용도 금지시켰다. 이는 인간에 대한 존중심의 발로이다. 이외 민주화운동 관련자의 명예회복을 위하여 〈민주화운동관련자명예회복 및 보상심의위원회〉 설치(2000.8.9.), 민주화운동과 관련해 의문의 죽임을 당한 사건에 대한 진상을 규명할 목적으로 제정된 〈의문사진상규명에 관한 특별법〉 제정(2000.1.15.) 등은 그의 포괄적인 평화사상이 담긴 국정 수행이었다고 말할 수 있다. 이외에도 김대중은 사회복지정책(국민연금 시행, 고용산재 보험 확대, 의약분업 등)을 통하여 이

나라 사람들에게 마음의 평화를 주었다고 본다. 이러한 김대중이 놓고 간 역사적인 평화통일의 초석을 사악한 유전인자를 물려받은 이명박과 박근혜가 뿌리째 뽑으려 했다. 이는 남북통일의 당위성 그리고 합리적인 평화통일론에서 볼 때 역사의 진리를 반역하고, 미래평화를 파괴하는 행위가 된다. 그러나 다행히 조봉암, 김대중, 노무현의 평화통일론을 계승한 문재인이 대통령으로 등장하면서 민족 배반적인 이명박과 박근혜가 쓰러트린 우리 민족의 평화통일 초석을 다시 바로 세우는 일을 하고 있어 천만다행으로 생각한다. 그러나 우리는 늘 함정 파기로 소문난 미국과 잔꾀를 잘 쓰는 일본에 의하여 북조선과의 평화체제 구축에 먹구름이 끼지나 않을까(지금 먹구름이 일고 있다) 염려가 되는 것 또한 사실이다. 이 시대 다시 김대중(영세명, 도마)이 예수처럼 부활해 준다면 한반도 평화체제 구축은 분명코 해결이 되리라는 아쉬운 생각을 해본다.

IV. 함석헌의 아나키즘적 세계평화주의

이제까지 살펴본 대로 김대중의 평화사상은 국가주의에 바탕을 둔 평화통일사상이었다. 그가 평화통일사상을 세계평화와 연결시켰다고 본다면, 사실 함석헌은 반(反)국가주의(아나키즘적) 입장에서 평화주의 사상을 펼쳤다고 할 수 있다. 함석헌은 탈(脫)국가주의, 탈(脫)민족주의[45]를 주장하면서 세계주의에 입각한 평화사상을 그리고 세계주의 평화사상에 바탕하여 민족의 통일을 주장하였다. 어찌했든 김대중과 함석헌은 탈(脫)민족주의에 입각한 민족의 통일, 세계의 평화를 주장한 점에서는 공통점을 갖게 된다.[46] 앞에서 살펴본 바와 같이 김대중의 평화사상이 민본주의 사상에 바탕을 둔 평화통일론이라면 함석헌의 평화사상은 세계주의 사상에 바탕을 둔 평화통일론이었다. 이 두 사람의 평화사상은 우리 땅 동아반도의 '평화통일론'이었다는 공통점을 갖는다.

전두환 살인독재 때, 김대중은 조작된 내란음모죄로 재판을 받게된다. 김대중은 함석헌을 만나게 된 것에 대하여 이렇게 증언하고있다. "심재철이가 먼저 함석헌을 소개하고 저를 소개했는데 우리는 정치의 이용물이 아니라고 하며 저를 소개해서 서운한 마음이었는데 두세 마디 했습니다"[47]라고 한 것처럼, 별로 달갑지 않은 심재철(전 자유한국당 소속)이라는 사람의 소개로 함석헌과 김대중이 만나는 것으로 되어있다. 그러나 김대중이 일국의 대통령을 지낸 만큼 그는 철저한 민본주의적 국가주의 입장을 견지하고 있었다. 반면에 함석헌은 세계주의에 바탕을 둔 철저한 탈(脫)국가주의 사상을 가지고 있었다. 이제 함석헌의 탈국가주의에 대하여 살펴보기로 한다. 함석헌의 사상 기저(基底)에 흐르는 핵심은 국가주의를 배척해야 할 전근대적 사상 조류로 본 점이다. 그 때문에 국가주의를 현대 인간사회에서 극복해야 할 이데올로기로 여겼다. 그리고 그는 국가라는 말 대신에 '나라'라는 용어를 즐겨 썼다. 먼저 함석헌의 글 중에서 탈국가주의 발언에 관하여 이야기한 부분들을 살펴보기로 하자.

국가가 씨올을 위해 있는 것이지, 어째 씨올이 국가를 위해 있다 하겠나? 씨올이 스스로 '이제 우리가 나라의 주인이다' 하는 이때 시대착오의 국가를 위해 죽는 것이 영광이라 할까? (중략) 옛날에는 임금이 주인이요, 백성은 종이

어서 전쟁을 빌미로 나가서 싸워 죽으라면 죽었지만, 지금 씨울은 눈이 하늘의 별처럼 또렷또렷 깨어서 무엇이 참이며 무엇이 거짓이며, 어느 것이 사는 길이고 어느 것이 죽는 길임을 안다. 씨울을 옛날같이 소경인 줄 알고 빼앗아 가도 모르고 죽는 데 넣어도 가만있는 줄 아나, (중략) 이제 우리 씨울이 할 일을 말해보자. 우리는 지배주의의 국가관을 버려야 한다.[48]

지배자들은 자기네 양심을 감추고 변명하기 위해 '국가'를 내세우지만, 국가주의는 결국 폭력주의자. 다른 나라는 내 나라의 대적으로, 수단으로 알기 때문이다.[49]

함석헌의 이러한 말들을 종합하면 인간의 행복은 국가주의에서 찾아지지 않는다는 것, 폭력(暴力)을 휘두르는 국가와 국가주의는 인간사회의 정의와 자유를 억압하는 독소라는 그의 철학사상을 발견할 수 있다. 함석헌의 말대로 국가주의는 과거 역사의 산물이다. 인간사회 구조/질서는 진화한다. 우리 인간은 새로운 체제, 새로운 사회구조/질서를 계속 생성하고 발전시켜 나가고 있다. 따라서 새로운 시대가 빨리빨리 생성되고 있는 이 시점에서 근대 이후를 이끌어 왔던 권력적/폭력적 개념으로 대변되는 국가주의는 사라져야 한다는 것이 함석헌의 확고한 사고다. 그러면, 국가의 발생 근원[50]을 글쓴이 입장에서 살펴보면서, 함석헌이 국가지상주의를 왜 "제도적인 악으로 전락"한 존재로 보았는지, 그 이유를 찾아본다.

국가라는 존재는 무엇인가. "공동체 구성원 전체가 동의하는 울타리인가"라는 질문을 던져보았을 때 그것은 "아니다"라는 답이 나온다. 나라 구성원들의 합의나 동의 없이 권력을 쥐고 싶어하는 몇

몇 사람(엘리트)들이 국가라는 울타리를 만들고 강제로 울타리 안의 사람들을 백성/국민이라고 부르고, 내 땅 안에 살고 있는 너희들은 내 명령을 받고, 나에게 세금을 내라고 윽박질하는 게 국가라는 존재다. 그리고는 권력자들의 입맛에 맞게 법치주의(法治主義)라는 명분을 붙여 각종 법을 만들어 권력을 유지한다. 법의 취지는 좋다. 민인(民人)의 자유와 재산을 지키고 민주주의를 수호한다고 말한다. 또 인민/민인들의 인권을 수호하고 민주주의를 파괴하는 독재 출현을 막는다는 알량한 이름 아래 삼권분립을 외치고 입법부와 사법부도 설치한다. 그럴싸하게 법을 만들고 놓고, 지배권력을 위협하는 자가 있거나 권력유지에 장애(비판세력/저항세력)가 된다고 생각되는 사람이 나타나면, 무자비하게 자유주의와 민주주의 구호는 내팽개치고, 권력의 본성을 드러낸다. 권력자들은 공권력이라는 이름 아래 폭력(이를 국가폭력=불법체포/고문이라고 한다. 부록 참조)을 휘두른다. 그리고는 권력의 노예적 존재로 물들인 사법부를 통하여 사법적 폭력과 사법살인을 저지르고 있는 게 전 지구와 이 땅의 역사라는 생각이다.

민주주의/민본주의가 발전된 요즈음에도 독재적 정치권력과 수탈적 자본권력 그리고 미신적 종교권력이 서로 연결고리를 이루면서 국가주의를 재창출하고 있다. 이들은 국가라는 견고한 울타리를 굳건히 치고 그 안에 민인들을 가두고 그들의 영혼, 자유, 재산을 구속하고 착취하고 있다. 곧 인권과 평화를 짓밟고 있다는 뜻이다. 이 때문인지는 모른다. 함석헌은 국가라는 울타리, 자본이라는 울타리[51] 그리고 권력과 타협하여 민인을 정신/물질적으로 이중 속박하는 종교라는 울타리[52]까지 모두 거두어서 역사박물관으로 보내자고 했다.

민인에게 있어서 국가주의는 자신들을 억압하는 무익한 울타리일 뿐이다. 그래서 함석헌은 "씨올은 자신들을 가두고 속박하는 울타리 속에 갇혀 살지 말아야 한다"고 늘 가르쳐 왔다(생각하는 백성이라야 나라가 산다). 그리고 "씨올은 자신들의 삶의 방법을 스스로 결정할 권리가 있다"라고 보았다. 함석헌이 바라던 세상은 그가 늘 주장하던 씨올이 주체가 되는 '같이살기'(공동체주의)의 나라다. 바로 지역 공동체 나라요, 자치공동체 나라를 뜻한다. 이것이 함석헌이 말하는 탈(脫)국가주의 운동이며 평화사상이다.

함석헌은 평화주의 사상을 펼 때, 우리나라 문제에서 출발하여 세계문제로 이끌어간다. 곧 "평화는 인류의 자유의지를 통한 윤리행동"이라고 강조한다. 그는 평화는 공존이라고 보았다. 그래서 북과 남이 서로 공존하려는 의지만 갖는다면 평화공존은 가능하다고 보았다. "공존(共存)만이 생존(生存)", "평화만이 유일한 공존"이라고 강조하였다. 그리고 평화공존은 "자연현상이 아니고 인류의 자유의지를 통해 오는 윤리행동"이라고 평화 자체에 대한 원리적인 설명을 하고 있다. 여기서 우리는 함석헌이 말하는 평화사상의 핵심을 발견하게 된다. 인간이 평화운동을 해야 하는 까닭은 인간의 평화는 "자유의지를 통해 오는 윤리행동"이기 때문이다. 함석헌은 또 평화의 본질에 대하여 〈중용〉의 '화'(和=平和)로 풀이하고 있다. 그리고 화는 알파요 오메가다(Alpha and Omega)라고 주석을 달았다. '화'가 알파요 오메가라면 '화'는 곧 '천지창조주'(天地創造主; 요한묵시록 1장 8절)와 같은 존재라는 뜻이다. 그래서 함석헌은 평화를 창조주의 본래 모습이라고 인식하였다.

그러면, 평화 자체인 창조주로부터 태어남을 받은 인간임에도 평화공존을 못 하는 이유는 무엇일까? 함석헌은 주저 없이 대답한다. 그것은 '국가주의의 폐단' 때문이라고. 즉 국가는 도덕적 존재가 아니기 때문이다. 그러면 함석헌이 말하는 도덕적 존재란 무엇인가. "남에 대한 믿음이 인격이고, 양보는 미덕이다. 믿고 양보하는 것은 양심이다. 양심은 인격의 본질로 도덕적 존재만이 갖는다. 그런데 개인은 도덕적 존재이지만, 국가는 도덕적 존재가 아니"기 때문이라는 생각이다.[53] 곧 함석헌은 양심을 가진 도덕적 존재만이 '평화적 공존'이 가능하다고 보았다. 그런데 국가는 양심이 없는 존재다. 곧 국가는 도덕적 존재가 아니기 때문에, 국가끼리는 평화적 공존이 불가능하다는 인식이었다. 함석헌의 탈국가주의와 연결되는 말이다.

함석헌은 또 자국의 이익을 챙기는 강대국들은 서로의 필요에 의하여 '세력균형주의'로 나아간다고 보았다. '세력균형주의'[54]는 겉으로 보기에 힘의 균형에 의하여 전쟁이 없는 상태를 만드는 것처럼 보일 수 있다. 곧 평화가 자기네 정치이념인 것처럼 말이다. 그러나 함석헌은 세력균형을 통한 평화유지는 늘 전쟁의 위험성을 내포하고 있다고 말한다. 세력균형은 힘이 있는 강대국끼리만 가능하다고 보았기 때문이다. 곧 무기에 의존한 무력국가를 유지해야만 하기 때문이다. 따라서 어느 한쪽의 힘이 약하게 되면 다른 무력국가는 필연적으로 힘이 약해진 국가를 공격하기 마련이다. 이 때문에 무력을 바탕으로 한 '세력균형주의'는 평화의 충족보다는 필연적 전쟁을 가져오게 된다는 생각이었다. 함석헌의 인식으로 볼 때, 오늘날 북조선이 핵무기 군사체제를 유지하려고 안달하는 안타까운 현실이 어디에 있는지를 알게 된다. 곧 우리 땅 동아반도의 비핵화의 초점이 어디 있는지를 확실하게 알 수 있다. 그래서 함석헌은 인류가 평화사회를 만들려면 세력균형주의를 배경으로 하는 무력국가(북조선과 미국의 태도)를 버려야 한다는 생각이었다. 앞에서 말한 바와 같이 함석헌은 국가 존재의 필요성은 인정하면서도 한편으로는 국가 존재에 대한 부정적 인식도 함께 가지고 있었다. 그가 부정하는 국가는 바로 파쇼들처럼 '국가지상주의'를 강조하는 국가주의이다. 즉, 국가지상주의자들은 국가 자체가 목적이자, 그게 바로 정의(正義)라고 인식한다. 함석헌은 국가 속에는 인간이 없다고 생각한다. 그래서 개인은 국가를 위해 존재하는 무의식적인 존재에 불과하다고 보았다.

이와 같이 함석헌은 국가의 존재보다는 인간의 존재에 더 많은 가치를 부여했다. 과거는 국가를 개인의 존재 위에 두었지만, 현재는 국가보다 개인이 더 중요한 시대라고 주장했다. 따라서 국가이익보다는 개인의 가치 추구에 더 충실해야 한다는 인식이었다. 이러한 인식은 함석헌의 아나키즘 사고에서 나온 것으로 본다. 이러한 국가와 인간 개인에 대한 인식 아래, 함석헌은 인간의 본질에 대하여 언급하고 있다. "인간의 본질은 평화적이고 자유로운 존재이다." 따라서 "인간의 처음 사회는 평화로운 공동체였다. 힘의 강제가 필요 없었다. 전쟁이 필요 없는 시대였다." 그런데 이러한 인간의 본질이 국가라는 기구에 의하여 강제되고 억눌려 왔다고 보았다. 이어 함석헌은 지역적 개념인 국가와 민족이라는 개념 대신 세계와 '세계시민'이라는 개념과 함께 세계주의를 생각할 때라고 보았다. 그리고 세계주의가 도래했다고 판단했다. 이러한 세계사회의 흐름으로 국가개념은 희박해지고 개인의 가치가 더 소중한 시대로 가고 있다는 생각을 지니고 있었다. 그래서 함석헌은 개인의 가치가 국가의 이익보다 더 소중한 시대에는 전쟁이 아닌 평화가 필요하다는 인식과 함께 세계평화주의를 제창하고 세계 차원의 평화운동을 해야 한다고 주장하였다. 이러한 세계평화사상은 안중근, 조봉암, 함석헌, 김대중의 공통된 생각이었던 것 같다.

한편 함석헌은 평화운동을 해야 하는 이유를 사회진화에서도 찾았다. "인류가 항상 제자리를 지킨다는 것은 진화를 모르고 변동을 인식하지 못하는 어리석음이라 할 것입니다. 삼강오륜을 찾고, 임금을 찾고, 약육강식을 찾고, 우생학적인 생존경쟁을 찾는 것은 오류입니다"라는 말을 통하여 함석헌이 '관념의 진화'를 강조하고 있음을 알 수 있다. 함석헌은 이런 '관념의 진화'라는 가설을 세워놓고 인간 사고의 시대적 변화(진화)를 주장하였다. "옛 선(善: 수직적 충효론)과 오늘의 선(善: 수평적 공존론)은 다르다. 곧 도덕관념도 진화(발전)하기 때문이다. 마찬가지로 소수가 전체를 지배하는 '힘의 철학'은 의미를 상실하고 새롭게 진화하였다. 곧 사랑의 철학으로 변이(變移)이다." 이렇게 무력(武力)의 철학 시대는 전쟁이 주를 이루었지만, 사랑의 철학 시대는 평화가 주를 이룬다고 생각하였다. 이렇게 '관념의 진화'라는 대전제를 설정하고 난 뒤, 함석헌은 우리 민족을 되돌아본다. 한국인의 사고도 전쟁에 의한 북진통일/흡수통일/대박통일의 시대는 지나갔고, 민중에 의한 평화통일의 시대가 오고 있음을 알아야 한다고. 이것이 함석헌이 갖는 평화통일론이다. 이렇듯 함석헌은 탈(脫)국가주의라는 차원에서 평화사상을 이야기하였다. 앞의 김대중의 평화사상과는 상반되는 기조사상이다. 그러나 두 사람은 탈(脫)민족주의를 전제로 하는 세계주의적 평화통일론을 주장했다는 공통점을 발견한다.

이러한 기조 위에 함석헌은 평화운동은 '가능, 불가능'을 따질 성질의 것이 아니라고 말한다. "평화운동은 하지 않으면 안 된다"라는 생각이다. "여러 운동 중에 평화운동이 따로 있고 여러 길 중에 평화의 길이 따로 있는 게 아니다. 삶의 꿈틀거림이 곧 평화운동이요 평화의 길이다"라고 강조한다. 곧 평화운동은 당위(當爲)요 의무(義務)라는 게 그의 주장이다. 또 역설적으로 평화운동은 긴장과 전쟁의 위협 속에서 가능하다는 생각을 보이기도 한다. 평화의 나라에서는 평화운동이 필요 없다는 것이 그의 생각이다. 그래서 전쟁의 위협이 늘 도사리고 있는, 특히 분단의 우리 땅에서 평화운동이 필요하고 또 일어나야 한다는 역설적인 생각이다.

함석헌은 이와 같이 국가주의를 부정하는 입장에서 '나라'와 '국가'를 구분 지어 설명한다. 나라는 사회적 의미의 전통적 나라를 말하고, 국가는 정치적 의미의 근대적 국가라는 해석이다. 곧, 함석헌이 말하는 '나라'는 인간성(인정과 의리)과 샤머니즘적 종교신앙에 근거를 둔 관습법(불문법)으로 유지되는 전통사회를 말한다. 그리고 전통사회='나라'를 이끄는 지도자는 폭력을 모르는 성군(聖君) 타입의 족장이거나 덕망(德望)을 갖춘 자라고 한다. 이 말은 김대중이나 노무현이나 문재인 같은 현자(賢者)가 대통령이 되면 그때는 '나라'가 되고, 이승만, 박정희, 전두환, 이명박, 박근혜 등이 대통령이 되면 그때는 나라가 아니고 국가라는 뜻이다. 곧 우리 땅이 근현대가 되면서 군주가 없어졌음에도 지능적 교만을 지닌 존재들이 나타나 지배욕을 발동시키고 군주적 권력을 탐하여 나라를 도둑질하여 국가로 만들었다는 인식이다. 지금까지 우리는 나라를 도둑질하여 국가로 만든 자를 역사적으로 영웅(英雄)이라 불러왔다. 이들 정치적 영웅은 복잡해진 국가사회에서 자신의 권력을 방어하기 위한 수호 수

단으로 성문법(成文法)을 만들고 이 성문법을 가지고 법치주의라는
명분을 덧씌워 인민을 강제하고 압박하고 있다. 함석헌은 성문법(법
치주의)에 근거하여 인민을 강제—이를 권력자들은 질서를 위한 통
제라고 말하고 있다—하는 것을 폭력, 또는 폭력주의라고 정의하였
다. 이 폭력주의가 존재하는 사회를 함석헌은 고대국가로부터 시작
된 국가라는 개념(근대국가)을 붙이고 있다. 곧 전통사회의 '나라'가
고대사회(춘추전국시대)에 들어와서 '국가'라는 양태로 변하였다는 역
사인식이다. 그리고 함석헌은 바로 씨ᄋᆞᆯ/민인을 무시하는 정치를 정
부지상주의, 국가지상주의라고 불렀다.[57] 이런 면에서 비록 김대중
과 함석헌이 현상을 바라보는 눈은 달랐지만, 인간 중심의 사고를
한 점은 똑같다고 본다. 비록 김대중은 국가주의(국가지상주의가 아
닌) 입장이었지만, 앞에서 살펴본 바와 같이 인간(인권) 중심의 정책
과 법들을 그의 임기 안에 상당히 많이 생산하고 실천해 왔다. 바꾸
어 말하면, 김대중은 국가의 존재를 나라의 가치로 만들려고 노력을
많이 했다는 뜻이다. 그래서 『김대중어록』을 읽다 보면 김대중은 국
가라는 용어와 함께 나라라는 용어도 많이 쓰고 있다는 사실을 발견
하게 된다.

한편, 함석헌은 평화운동의 방해세력으로 넷을 꼽았다. 강대국의
권력자, 독점자본가, 약소국의 권력자, 씨ᄋᆞᆯ들의 민족감정이다.[58] 그
의 주장을 들어본다. 1) 강대국의 권력자는 폭력적 조직인 군대를 지
니고 과학과 정보기술을 독점하고 있는 정치세력이다. 이들 권력자
는 '힘의 강제'를 통하여 평화운동을 방해하고 있다. 2) 강대국의 권
력자 뒤에는 이들을 조정하는 독점자본가가 있다. 독점자본가는 상
품시장의 확대를 위하여 시장의 영역을 두고 경쟁을 한다. 여기서

시장의 국경선이 생긴다. 그래서 시장국경선을 놓고 정치권력을 배후에서 조종하여 전쟁을 부추긴다. 3) 약소국의 권력자들은 권력 연장과 독점을 위하여 제 민족과 인민을 속이면서 강대국의 권력자에 빌붙어서 강대국의 요구를 들어준다. 곧 '전쟁의 청부꾼'으로 전락한다. 4) 씨올들이 가지고 있는 민족감정은 권력자들이 전쟁의 수단으로 악용된다. 때문에 씨올들의 좋은 민족감정이 오히려 평화운동에 방해된다. 이러한 함석헌의 평화운동을 방해하는 요건들을 현실의 남북관계에다 대입해 보면 명석한 분석이었다는 생각이 든다. "뼛속 깊이 친미주의자"인 이명박이 남한 정부의 수장이 되면서 남북관계는 끊임없는 긴장관계를 계속해 왔다. '연평도 피격사건'에서 보는 바와 같이 전쟁 직전까지 왔다 갔다 한 적이 있다. 이는 강대국 미국의 이익을 대변했기 때문이다. 이후 남한 정부에서 '한미FTA'의 날치기 비준 통과(2011.12.22.)와 발효는 남한의 경제적 이익보다는 미국의 이익이 더 크게 작용했다고 본다.

또 제주 강정마을에 해군기지를 건설한 것은 한국의 해군기지가 아니라, 동북아에서 미국의 패권을 옹호하는 조치였음이 드러났다. 때문에, 함석헌은 우리나라의 평화운동의 장애요인으로 1) 남북의 긴장 상태를 조장하는 권력과 자본, 2) 한반도 주변 강대국의 야심가들, 3) 약육강식을 주장하는 무리들, 4) 우리 민중의 도덕 수준을 들고 있다.[59] 특히 권력과 자본은 남북의 대립과 갈등을 교묘하게 이용하여 공존과 평화를 파괴하는 주범(권력과 이익에만 집착하는)으로 보았다. 그래서 함석헌은 권력과 자본의 결합체를 "정치업자 또는 전쟁업자"라고 불렀다. 함석헌은 늘 우리 땅의 "평화상태는 남북이 통일한 상태이다"라고 말해 왔다. 그러기 위해서는 남북이 함께 평화적 통일운동을 일으켜야 하는데 그 주체는 '평화의 민중'/평화의 씨올이 되어야 한다는 주장이다. 그런데 아직도 우리 민인들의 영혼을 좀 먹어들어가는 목사들과 군부독재의 귀신들에게 홀려 자기 영혼을 값싸게 파는 일부 정신 나간 민중들이 있어 심히 걱정이다.

함석헌도 조봉암, 김대중과 같이 평화통일론을 주장하였다. 함석헌도 김대중과 마찬가지로 우리 땅 분단 현실에 대하여, 통일에 앞서 평화분위기를 먼저 조성해야 한다는 취지에서 평화통일론/선평화후통일론을 가지고 통일문제에 접근해야 한다는 논리를 가지고 있었다. 그래서 남북이 먼저 불가침조약(不可侵條約)[60]을 맺어서 평화분위기를 만들어야 한다는 의견을 보이고 있다. 이런 주장에서 남북이 상대방에게 총을 겨누는 군사훈련을 중단해야 한다고 했다. 그중에서도 미국과 합동군사훈련의 중단을 강조하였다. 이어 남북이 함께 군비축소로 들어가야 하고 마지막으로 남북이 함께 평화를 국시(國是)로 삼아야 한다는 주장을 하였다. 이러한 1) 불가침조약의 체결, 2) 군사훈련 중단과 군비축소 3) 평화를 국시로 삼는 문제는 두 체제가 서로 자기 우월성을 강조하면서는 안 되는 일이기에 남북이 모두 '중립국노선'을 취하여야 한다고 했다. 함석헌이 말하는 중립(中立)은 사상적 중립과 함께 정책적 중립을 말한다. 함석헌은 말한다. "중립노선은 곧 혁명노선이다. 혁명이란 모든 것을 근본적으로 갈아치우는 일이다. 그렇게 하지 않고는 우리나라는 살 수 없다"[61]면서 함석헌이 '평화중립주의'를 주장하는 이유는 한반도처럼 "나라와 민족이 크지 못하고 지정학적으로 위치가 나쁘고, 천연자원이 많지 않은 나라에서는 '평화중립주의'가 좋다"[62]라는 생각 때문이었다. 또 우리의 주체적인 통일운동이 주변 강대국의 방해를 받지 않도록 하려는 생각 때문이었다. 이와 함께 함석헌은 이념 민족주의도 극복해야 한다고 보았다. 그것은 "김일성은 북조선에서 주체사상의 이름으로 북조선 인민공화국의 민족주의를 주창했고, 남한에선 이승만과 박정희가 반공/부국강병이란 이름으로 대한민국의 민족주의를 선언했다"라고 봄으로써 서로 다른 민족주의가 평화통일을 방해하고 있다고 보았다. 이런 이유로, 함석헌은 흑백논리와 좌우 이념의 장벽을 넘어서 모두 함께 더불어 살아가야 한다고 외쳤다. 그래서 그는 키재기를 앞세운 민족주의/국가주의 시대는 막을 내렸고, 인류는 이제 세계주의를 앞세운 사관이 필요한 시대라고 강변을 토했다.

V. 마감글

김대중과 함석헌을 깊이 들어가 보면 대조적인 인물이다. 오늘 광주의 〈아시아문화커뮤니티〉에서 이 두 사람의 상이(相異)한 평화사상을 결합해 세계 최초로 강연과 대담을 추진한 것은 아마도 상반된 이념으로 분단된 남과 북의 현실을 이 두 사람의 평화사상을 통하여 풀어나갔으면 하는 바람으로 추진한 것이 아닌가 하는 생각이 든다. 김대중은 남과 북이 결코 풀어질 수 없는 분단된 조국에 평화라는 돌다리를 먼저 놓고, 그 위에 분단을 하나로 통일하기 위한 디딤돌(햇볕정책)을 놓았다. 이를 어떤 사람들은 김대중의 '정의로운 평화'(Just Peace)라고 말하기도 한다. 그런 반면에 함석헌은 안중근처럼 초(超)국가주의를 바탕으로 세계평화주의로 가자고 주장하였다. 평화는 갈퉁이 정의한 소극적 평화나 적극적인 평화로 정의하는 것보다는 인간이 개인의 천부적/원자적인 자유를 방해받지 않는 상태가 곧 평화라고 정의하는 것이 옳다고 본다. 여기에 바탕을 두면, 평화는 격물치지(格物致知)적 입장이 아닌 지행합일(知行合一)적으로 파악된다. 곧 전쟁이 없는 상태, 독재가 없는 상태, 법치의 이름 아래 국가폭력이 없는 상태, 더 나아가, 등귀천(等貴賤)의 상태, 균빈부(均貧富)의 상태, 전통적 관습에 의한 낡은 우상이 없는 상태, 갑질이 없는 마음의 즐거움 상태가 양지(良知)에 의한 평화개념이다. 이러한 평화의 개념을 정의하고 난 후, 김대중과 함석헌의 평화주의를 살펴보았다. 사실 김대중은 평화라는 용어에 대한 정의를 뚜렷하게 정리한 부분이 없다. 그것은 정치가로서 전쟁이 없는 상태를 평화라고 생각했기 때문으로 보인다. 그러나 함석헌은 평화에 대하여 정치적이 아닌, 인간적 측면에서 개념을 정리하였다. "평화는 인류의 자유의지를 통한 윤리행동"이라고 하였다. 또 그는 평화는 공존이라고 보았다. 그래서 북과 남이 서로 공존하려는 의지만 갖는다면 평화공존은 가능하다고 보았다. "공존(共存)만이 생존(生存)", "평화만이 유일한 공존"이라고 강조하였다. 그리고 평화공존은 "자연현상이 아니고 인류의 자유의지를 통해 오는 윤리행동"이라며 평화를 인간의 윤리행동이라고 정의하였다.

김대중이나 함석헌에게는 평화가 선택사항이 아닌 확신이자 신조요 행동철학이었다. 그래서 함석헌은 쌈박질로 찌들어 있는 제도교회/속세교회를 벗어나 '하느님의 교회'를 찾아 퀘이커교도가 되었고, 김대중은 북조선을 방문하고 〈6.15선언〉을 통한 평화사상을 세계에 천명하였다. 또 이 두 역사적 인물들의 공통점은 우리 땅은 평화통일하는 과정에서부터 평화중립국을 지향해야 한다는 생각을 하고 있었다. 그리고 세계평화주의를 강조하였다. 김대중은 정치가로서 남북의 평화통일이 이루어지면, 동북아의 평화로 이어지고 동북아의 평화는 곧 세계평화로 이어진다는 주장을 폈다. 이에 반하여 함석헌은 주로 국가보다는 인간의 존재가치에 중점을 두고 인간의 삶에 대한 가치부여는 곧 평화로운 사회가 만들어질 때만이 가능하다고 보았다. 따라서 두 사람의 사상 기저는 다르지만 남북의 통일이 세계평화의 견인차가 될 것이라는 공통된 생각을 하고 있었다. 그리고 김대중과 함석헌이라는 인간이 가졌던 공통점은 명석한 두뇌, 엄청난 독서량 그리고 탁월한 언변력이었다. 명석한 두뇌, 엄청난 독서량, 언변력은 인간 누구나가 가질 수 있는 공통점이 아니다. 타고난 양지(良知)를 가져야 한다. 두 사람은 서로 사상적 기저는 달랐지만, 지금 우리 땅에 살고 있는 같은 민족이 서로의 이념에 의하여 변질되어가는 현실을 우려하였다. 그리하여 하루빨리 같은 민족이라는 인식 아래 적대적 이념을 탈피하고 중립적 평화공동체를 이루어 세계평화를 견인하는 나라가 되어야 한다는 생각을 하고 있었다.

말나감
평화는 인적 혁명에서 온다

　이제까지 역사 속 인물들(안중근, 조봉암, 김대중, 함석헌)에 대하여
"동아시아지역 평화공동체를 꿈꾼다"라는 주제로 살펴보았다. 이들의
평화공동체론을 살펴보기에 앞서 평화의 개념을 여러 각도에서 살펴보
고 민본아나키즘에 의한 평화의 정의도 내려 보았다. 이어 우리 땅의 평
화유전자가 어디에서 솟아 나오고 있는지도 살펴보았다. 이를 토대로
위의 네 사람의 '평화공동체론'도 살펴보았다. 그 결과, 평화는 일반적으
로 전쟁이 없는 상태를 말하지만, 평화를 이렇게 국가와 연관하여 정의
를 내리는 것은 근시안적인 개념이다. 평화는 인간의 본질문제다. 따라
서 인간의 삶살이 상태가 어떠한가를 가지고 평화의 개념을 생각해야
한다고 본다. 그래서 인간 삶의 상태가 평화로우려면 전쟁은 물론 없어
야 하지만 천부외적으로 인간의 자유에 가해지는 간섭과 억압/제한이
없는 상태일 때를 참 평화라고 말할 수 있다. 곧 법치라는 이름으로 이
루어지는 국가주의/정부지상주의 그리고 국가권력을 유지하기 위하여

만들어지는 각종 제도/기구, 이 제도와 기구/조직을 유지하기 위해 제정되는 법률, 곧 법치주의는 인간에게 자유를 제한함으로써 인간을 평화의 상태에서 반(反)평화의 상태로 끌어내리고 있다. 이렇게 반(反)평화는 인간에게 가하는 육체적 폭력 이외에 정신적으로 가해지는 폭력까지 포함한다. 평화의 개념을 평화(平和)라는 한자어의 자원풀이를 통하여 살펴보았다. 한자어의 평화에서 평(平)은 골고루라는 뜻이고 화(和)는 인간 누구나가 갖는 행복과의 조화를 뜻한다. 平자와 和자가 모음글자를 이루게 되면, 누구나 똑같이 행복을 나누어 갖는다는 뜻이 된다. 행복은 평화를 뜻한다. 인간에게 행복을 주는 평화의 상태는 어떤 모습이어야 하는지를 민본아나키즘으로 풀어보았다. 민본아나키즘은 중국의 맹자에게서 나온 민본주의와 유럽의 프랑스 시민혁명 이후에 등장하는 아나키즘을 모은[合成] 용어다. 이 글에서는 평화사회를 다섯 가지로 구분하여 정의해 보았다. 1) 법치주의에 적용받지 않는 사회상태, 2) 반(反)권력, 반권위적 사회상태, 3) 상호부조적 균산의 경제구조를 갖는 사회상태, 4) 자율적 교육이 이루어지는 아주 작은 공동체사회, 5) 평화세계/세계동포주의를 추구하는 양심의 사회, 인간의 평화상태를 유지하여 주는 사회로 보았다. 곧 국가주의가 존재하지 않는 사회에서는 폭력이 있을 수 없다. 폭력이 없는 사회는 인간의 자유가 제한/억압/통제를 받지 않는다. 절대자유가 유지되는 사회는 폭력이 없는 사회를 일컫는다. 절대자유는 인간에게 행복을 가져다준다. 인간의 자유와 행복이 존재하는 사회가 곧 평화사회다. 이렇게 평화의 개념을 살펴보고, 우리 땅의 평화유전자가 어디서 나왔는지에 대하여 살펴보았다. 우리 땅의 평화유전자는 강화도에서 나온다는 것을 알 수 있었다. 이러한 평화유전자를 가진 역사 속 인물들, 곧 안중근, 조봉암, 김대중, 함석헌에 대하여 그들의 평화공동체론/사상을 살펴보았다. 이 중 함석헌은 탈국가주의, 탈민족주의를 강조하였다.

지금 세계는 탈민족주의로 가고 있다. 그런데도 우리는 아직 민족주의를 완성하지 못하고 있다. 우리 민족은 아직 탈민족주의로 가지 못하는 상황에 놓여 있다. 분단영토, 분단민족을 해결해야 한다. 그것은 통일민족주의로만 가능하다. 통일민족주의를 완성한 후에 우리는 세계사조의 하나인 탈민족주의로 나아갈 수 있다. 통일민족주의로 진화하기 위해서는 통일의 장애물인 헌법 제3조와 국가보안법을 하루빨리 수정내지는 폐기해야만 한다. 헌법 제3조의 수정과 국보법의 폐기는 이 나라의 적폐세력/권력들을 일소하는 인적 혁명에서 가능해진다. 적폐세력들이 가지고 있는 기득권과 권위주의(국가, 단체, 종교, 가족 속에 존재하는)는 개인의 양심과 자유를 억압하는 동시에 다수의 개개인을 소외시키는 비인격적인 장애물이다. 기득권에 안주하는 적폐세력은 정치적 적폐권력 말고도 우리 주변에 상당히 많이 포진해 있다. 먼저 사회적 적폐세력이다. 직장 내 상사의 권위, 학교 내 서열권위, 연봉제, 호봉제에 따른 급여의 차등 등이 이러한 적폐 부류에 해당한다. 특히 각 분야에서 도사리고 있는 봉건적/전통적/고착적 '낡은 우상'/'터널 우상'의 신봉자도 적폐세력이다. 터널 우상에는 기득권세력에 의해 세뇌되고 오염된 권력/국가주의적 생각들을 들 수 있다. 그리고 자본주의 국가교육을 통해 뇌세포 속에 가득 찬 우월주의/경쟁주의/일등주의/명품주의/금권주의에 젖어있는 사람도 적폐세력이다. 또 의회민주주의 정치논리에 의해 세뇌된 다수결원리/대의제원리를 신봉하는 사람들도 역시 적폐세력이다. 우리는 누구도 개인적/사회적 소외를 당해서는 안 된다. 그래서 사회의 모든 결정은 만장일치에 의한 자율적 결정만이 진정한 자유주의 사회를 만들 수 있다. 또 가정에서 오랜 세월 습관화된 유가적 전통윤리도 적폐풍습에 해당한다. 유가적 전통윤리에는 부권주의(夫權/父權主義: 어르신 대접) 사고, 남천여지(男天女地/男尊女卑: 남성우월적)사고, 아들선호사상(男兒選好思想), 장자상속제(長子相續制), 현모양처의식(賢母良妻意識), 자식소유의식(子息所有意識) 등이 포함된다. 이러한 적폐세력은 고질적인 적폐 풍속에 깊이 젖어있다. 적폐 풍속에 젖어있는 적폐세력은 이 나라에서 엘리트 귀족으로 군림을 하고 있다. 특히 민족배반적 경험을 가지고 있는 후손들은 적폐권력을 세습하면서 엘리트세력을 형성하고 있다.

위와 같은 적폐권력/적폐세력/적폐풍습에 젖어있는 사람들을 쳐내는 일이 인적 혁명이다. 인적 혁명이 이루어져야 평화와 통일문제를 가장 합리적으로 생각할 수가 있다. 북조선이 우리 땅이라는 생각에서 통일이 되면 당장 한국 땅이 될 것이라는 생각을 가져서는 안 된다. 북조선 땅을 중국이 노리고 있다는 사실도 놓쳐서는 안 된다. 그리고 통일이 된다고 해도 동아반도 주변의 강대국(중국, 미국, 일본, 러시아)과의 관계를 묵과해서는 안 된다. 그들이 이권을 노리고 압력을 가해 들어올 때는 현실보다 더 무서운 민족배반적인 일들이 일어날 가능성도 있다. 자본주의적 발상을 하는 정치꾼들과 자본가들은 적폐권력을 가지고 그들의 기득권을 내려놓으려 하지 않는다. 이들은 경계와 함께 청산해야 할 대상이다. 아직도 북조선에 땅문서를 가지고 있다는 무리도 경계해야 한다. 저들은 통일 후, 자기 땅을 찾기 위하여 무슨 짓거리를 할지 모를 사람들이다. 문재인 권력이

들어와서 평화의 밥을 지었다. 그런데 이 다 된 밥에 재 뿌리고 있는 나라가 있다. 일본과 미국이다. 그런 미국에 기대는 친미적 적자(敵者)도 적폐세력이다. 그리고 통일정부는 자유주의/자본주의사회여야 한다는 사람들도 경계해야 한다. 그렇게 되면 중국/러시아와 충돌할 위험성이 있다. 통일정부의 정부형태에 대하여 생각해 두지 않으면 안 된다. 중립국 형태는 어떨지 고려해 볼 필요가 있다. 여기서 글쓴이는 중립적 평화공동체를 제안해 본다.

부록

6.15남북공동선언과 국가보안법 철폐의 필요성*

I. 들임말

　우리 땅에는 같은 민족이 살면서 나라가 둘로 나누어져 있어서 대한민국(이하 남한)에서는 남한과 북한으로, 조선민주주의인민공화국(이하 북조선)에서는 북조선과 남조선으로 쓰고 부르고 있다. 그리고 우리의 강토에 대해서도 남한에서는 한반도로, 북조선에서는 조선반도로 쓰고 있다. 이러한 분단고착적 언어들이 2000년 '6.15남북공동선언'(이하 6.15선언)으로 많이 변하게 되었다. 특정 국명을 뺀 "남과 북"이라는 표현을 사용한 점이 그러하다. 이것은 한 민족, 한 국가이기를 바라는 민족 공통의 잠재된 의식이 만들어낸 현상이라고 말할 수 있다. 이후 남북은 민족통일이 얼마나 소중한 우리의 염원이며 의지인지를 보여주었다. 그리고 미국의 존재와 남한의 국가보안법이 통일에 얼마나 큰 훼방을 놓는 존재인지를 알게 해주었다. 이렇게 김대중의 국민정부 하에서 민족통일의 방해세력인 미국의 감시를 피하여 은밀하게 추진된 남북정상회담과 6.15선언은 그동안

---

* 이 글은 인하대학교 인문과학연구소의 연구지 「인문연구」 33·34합집 (2004)에 실렸던 글을 최근의 사정에 맞게 수정/보완하였다.

의 남북 간 대립구도를 극복하고 민족생존을 위한 반성과 화해의 새로운 길을 열어주었다. 그렇지만, 6.15선언이 있었음에도 반공적/반평화적 기득권세력이 정치권력을 잡게 되면, 자신들의 정치/사회적 반대세력에 대하여 더 많은 압박을 가하게 된다. 이러한 비극적 현실은 '국가보안법'(이하 국보법)과 '집회 및 시위에 관한 법률'(이하 집시법) 등 정치 악법에 의하여 정치적 민주주의와 정의로운 양심을 가진 자들이 탄압을 받고 있기 때문이다. 또 노동조합법 및 노동쟁의 조정법 등 노동악법에 의하여 경제적 민주주의도 탄압되고 있다. 다시 말하면 기득권세력이 물러나고 평화통일세력이 권력을 장악하여도 평화통일을 주장하는 나라 사람에 대한 탄압은 그치지 않고 있다는 말이 된다. 그 이유는 국보법 등 악법이 온존하고 있기 때문이다.

평화적으로 우리 땅과 겨레를 통일하기 위하여 노력하는 〈남북화해와 불가침 및 교류협력에 관한 합의서〉(1991.12.13., 이하 합의서)와 〈6.15남북공동선언〉(六一五南北公同宣言文, 2000)은 남북국가 존재의 상호인정, 상대방 체제의 상호인정, 두 체제의 공존공영(共存共榮) 확인이라는 법적 의미가 있다. 그렇지만 남한은 이에 상충(相衝)되는 국보법과 반통일세력인 미군이 존재함으로써 우리 사회는 사회적/정치적 민주화가 답보상태에 놓여 있다. 그리고 평화적 민족통일이 장애를 받고 있다. 이렇게 국보법은 민주주의의 정착과 평화적 민족통일을 크게 위협하고 파괴하고 있는 반동(反動)/적(敵)인 악법이다. 그래서 우리는 6.15선언의 의미와 국보법의 성격을 검토해 보지 않으면 안 된다. 이러한 의미에서 6.15선언의 성립과정과 역사적 의미를 먼저 살펴보고 이를 토대로 한 국보법 철폐의 필연성을 국보법의 성립과정 그리고 국보법이 갖는 모순의 규명을 통해서 살펴보고자 한다.

II. 6.15선언의 역사적 의의

1. 6.15선언의 성립과정

　1960년 이승만과 자유당 집권의 반평화정책과 인권탄압을 수반하는 독재정치 그리고 부정부패의 악취가 진동하자, 이에 분노한 학생·시민이 노도와 같은 기의(起義)를 일으켰다(1960). 역사에서 말하는 4.19혁명이다. 4.19혁명으로 이승만의 반공독재 권력이 무너졌다. 이와 함께 무력적 북진통일론도 사라졌다. 그리고 그동안 움츠렸던 혁신세력들이 이승만에 의해 사법피살을 당한 조봉암의 정치적 평화통일론에 불을 지펴나갔다. 그러나 혁신세력은 1960년 7.29 총선에서 참패를 당한다. 이들은 여기서 커다란 교훈을 얻었다. 남북이 통일되지 않으면 정치민주화와 자립경제를 이룰 수 없다는 판단이었다. 그리하여 조봉암식의 평화통일론을 제기하였다. 혁신세력들은 민족통일을 위한 국민운동의 실천방안으로 즉각적인 남북대표자회담 개최를 제의하였다. 그러나 4.19혁명의 결과로 권력을 장악한 민주당 권력들은 요지부동이었다. 곧 장면(張勉, 1899~1966) 등 보수권력은 남북교류의 시기상조론만 주장하면서 통일문제에 미적거렸다. 이러고 있는 사이에 또 하나의 기회적 보수세력이 권력장악을 위해 꿈틀거리고 있었다. 개인 독재의 잠재성을 가지고 있는 민족배반적 친일장교들이었다. 의(義)에 사는 것을 애당초 거부하며 이(利)

만을 추구하는 일제 군인이었던 박정희가 막 살아나려고 몸부림을 치고 있던 우리 땅의 민주주의를 군홧발로 짓밟고 군사반란을 통하여 권력을 찬탈하는 사건이 벌어졌다. 이를 역사에서는 5.16군부반란(쿠데타, 1961)이라고 한다. 이로써 혁신계 정치세력과 학생들에 의해 적극적으로 추진되던 민주주의운동과 민족통일운동(평화통일운동)은 5.16군사쿠데타로 일체 불법화되고 탄압받기 시작한다.

한편, 4.19혁명 이후, 남한의 혁신세력들에 의하여 평화통일론이 제기되자 이에 호응하여 북조선의 김일성 분단권력도 그동안 꾸준히 주장해 오던 '혁명적통일론'을 접고 (남한)'지역적 혁명론'으로 전환하였다. '지역적혁명론'은 '남북연방제통일방안'으로 나타났다(1960.8.15.). 이 통일방안은 우리 땅의 분단권력인 두 정부체제의 공존을 인정하면서 통일문제를 풀어나가자는 의미로써 방안이었다. 이에 대하여 당시 박정희 권력은 이를 무시한 채, 오히려 "북한의 남침위협"이라는 상투적 구호로 국민을 협박하면서 비열하게 "빨갱이 몰이"를 강화하면서 민족통일보다는 권력 강화와 유지에만 급급하였다. 이 결과로 나온 비극적 사건이 바로 인민혁명당사건(1964.8.)과 통일혁명당사건(1968)의 조작 및 사법살인이었다. 이러던 차, 미국이 우리 땅 분단고착화정책을 쓰게 된다. 박정희 권력은 개인 독재를 만들어갈 절호의 찬스를 만났다. 하여 미국이 '한반도 고착화 정책'에 적극적으로 호응하면서 분단권력의 영속화를 위해 북조선과 접촉하기 시작했다. 이런 음모가 남북적십자회담이다. 적십자회담은 예비회담을 거쳐 1, 2차 본회의가 서울(1972.8.29)과 평양(1972.9.12)에서 각각 개최하였다. 남북적십자회담으로 연막을 친 박정희는 비밀리에 북조선과 접촉하여(김영주와 이후락) 민족분단의 영속화를 약속하는

'7.4남북공동성명'을 발표한다(1972). 이 성명은 서울과 평양에서 동시에 발표되었다. 성명의 내용은 민족기만적인 내용으로 일관되어 있다. 자주/평화/민족대단결의 평화통일 3원칙을 제기하였다. 그러나 이는 민족/영토분단의 고착화를 위한 함정이었다. 곧 우리 땅의 분단상태 고착화와 두 개의 분단 권력을 전착(纏着)시키려는 음모가 숨어 있었다. 이러한 음모를 숨긴 채 남북의 두 분단 권력은 미국의 대한 전략인 '두 개의 한국'에 편승하여 그들의 개인적 독재체제를 강화시켜 나갔다. 이러한 분단고착화 음모는 남한(박정희)과 북조선(김일성)의 일인통치체제를 각각 인정하는 유신헌법(1972.10.17.)과 사회주의헌법(1972.10.27.)을 동시에 공포하면서 드러나게 된다. 그리고 남북조절위원회가 서울에서 열릴 때(1973.6.12.) 박정희와 김일성은 각각 〈평화통일외교정책선언〉과 〈조국통일 5대강령〉을 발표한다. 이것이 이른바 1973년의 '6.23선언'이다.[1] 박정희가 유신헌법을 통하여 유신체제를 구축하고 분단권력의 영속화를 꿈꾸자, 남한의 시민학생들은 이를 알아차리고 분노했다. 그리고 유신체제에 저항하기 시작하였다 이를 역사에서는 민주화운동이라고 한다. 결국, 황제화를 꿈꾸며 민족분단의 고착화도 불사하였던 박정희는 그들 권력의 내부모순에 의한 '10.26의거'로 막을 내리게 된다(1979). 10.26의거 후 북조선은 모스크바올림픽에 남북단일팀의 참가(1979.12.20.) 그리고 남북총리회담 등을 제의하여 왔다(1980.1.14.). 그리하여 남북총리회담을 위한 실무자 접촉이 있었으나 신군부의 더러운 권력 찬탈의 야심에 의해 중단되고 만다. 이에 북조선은 통일민족국가로서의 비동맹 중립국가인 '고려민주연방공화국' 창설안을 발표한다(1980.10.10.).[2] 이에 대하여 남한에서도 '남북한당국최고책임자상호

방문'(1981.1.12.)과 '민족화합민주통일방안'(1981.1.22.)³을 제의한다. 물론 남과 북의 두 제안은 두 분단권력에 의하여 상호 거부되었다. 그러나 1980년대 남과 북의 통일방안은 과도기적 조치로서 '남북조선연방제'를 주장(1970년대)하였던 북조선이 통일의 완결형태를 갖는 '연방제'로 바뀌게 된다. 그리고 남한도 다음과 같이 구체적 절차와 방법을 제시하고 나섰다.

박정희의 독재적 개인 권력이 타도된 후 전두환과 노태우 등 신군부가 금수와 같은 방법으로 정권을 장악하려 하자 1980년 봄, 공장과 대학 등에서 군부독재 종식과 민주정치 실현을 외치는 민주화 기운이 노도처럼 일기 시작하였다. 이에 신군부는 비열하게 5.17계엄 확대(1980)조치를 내려 '서울의 봄'으로 상징되는 민주화운동을 한꺼번에 침몰시켰다. 이를 목도한 시민/학생들의 분노가 폭발하면서 불꽃 같은 기의(起義)가 일어났다. 이를 우리 역사에서는 광주민주화운동/광주민중혁명/광주민중항쟁이라고 한다(1980.5.18.). 광주민중기의는 현상적으로는 반독재민주화운동의 연장이었지만 본질적으로는 반제국주의/반독점자본의 성격을 갖는 민족민중운동이었다. 그러나 광주민중기의는 미국의 비호를 받는 신군부의 금수와 같은 폭력적 무력 탄압으로 엄청난 시민/학생이 주검으로 돌아오고 헤아릴 수 없는 사람들이 감옥에 갇히는 비극적 상황이 일어나면서 혁명운동은 실패하고 만다. 이후 민주화운동 및 민족통일운동은 한동안 침체 된다. 하지만 그럼에도 불구하고 악독한 고문경찰에 의한 '박종철 고문치사사건'(1987.1.14)과 연세대 '이한열 최루탄치사사건'(1987.6.9.)이 기폭제가 되어 전국 18개 도시의 학생/일반시민들이 "4.3호헌조치 철폐, 군사독재 타도, 민주헌법 쟁취, 미국의 내전간섭 반대"를 주장하면서 '6.10 국민대회'를 개최하였다. 이것이 계기가 되어 '88올림픽의 남북공동개최'와 '8.15남북학생회담'을 제의하는 등 평화적 민족통일운동이 민족민주세력 전체로 확산되어 갔다. 이렇게 학생들에 의한 통일열기가 고조되자 노태우 정권은 7.7선언문을 공포하기에 이른다(1988).[4] 그리고 곧바로 '한민족공동체통일방안'을 발표했다.[5] 이 '한민족공동체통일방안'이 제시하고 있는 통일과정은 북조선이 제시한 연방제나 남한이 제시한 국가연합이 아닌 남북연합을 지향하였다. 즉 '1국가 2체제'가 아닌 '2국가 2체제'를 의미한다.

1990년대에 들어와 남북고위급 회담이 서울과 평양을 왕래하면서 진행되는 동안 남북 통일축구가 평양과 서울에서 번갈아 열리고(1990.10.11., 10.21.) 제41회 세계탁구선수권대회(1991.3.25.)와 제6회 세계청소년선수권대회(1991.5.6.)에는 남북단일팀이 참가하였다. 이후 남북이 동시에 유엔에 가입(1991.9.17.)하고 남북고위급 회담에서는 〈남북 사이의 화해와 불가침 및 교류·협력에 관한 합의서〉가 채택되었다(1991.12.12.).[6] 합의서의 체결은 신군부 권력들에 의해 이루어진 것으로 7.4공동성명을 구체화하는 내용에 불과하였다. 좀더 나아가 우리 땅/겨레의 통일을 주체적/평화적으로 하자는 내용을 담고 있다. 이렇게 90년대는 남한의 시민과 학생들의 진보적 활동에 의하여 남북은 대격돌의 시대를 극복하고 '평화공존'을 지향해 나갔다. 그러나 합의서 이행을 위한 남북당국의 접촉과정에서 두 권력은 각각 합의서 이행을 방해하는 문제들을 지적하였다. 북조선은 남한의 대북 핵 공격연습인 팀스피리트 훈련을 문제 삼았다. 그리고 남한은 북조선의 핵 개발을 문제 삼았다. 이렇게 해서 합의서는 실천단계에서 좌절되고 통일문제의 바통을 김영삼의 문민정부로 넘기게 되었다. 그러나 김영삼 권력은 김일성의 사망(1994.7.8.)이라는 악재도 있었지만, 미국의 남북 영구분단 음모에 따른 대북고립 압살정책의 충실한 추종자로 세월만 허송한 채 우리 땅 통일노력은 해보지도 못했다. 이어 김대중의 국민정부가 들어섰다. 김대중은 집권 초기부터 민족자주통일에 관심을 보이고 대북햇볕정책을 꾸준히 추진해 나갔다. 김대중은 1970년 대통령선거 때부터 민족상생의 대북정책과 통일정책의 방안을 가지고 있었다. 또 북조선도 김일성 사후 등장한 김정일 또한 그 나름, 북조선발전의 대계와 민족통일에 대한 구상을 가지고 있었다. 이런 두 사람이 같은 시기에 남과 북에서 각각 등장하였다. 이후 두 사람은 민족통일을 현실적으로 생각하면서 만나게 된다.[7] 이로써 종속적 조-미/한대결구도[8] 속의 북조선과 철저하게 미국의 대리인일 수밖에 없었던 남한 정부에 근본적인 변화가 일기 시작하였다. 동해를 통한 금강산 지역의 관광지화 등 성과와 함께 민족분단 55년 만에 한국의 최고지도자가 북조선 땅을 밟고 그곳 최고지도자와 악수를 하였다(2000.6.13.). 그리고 이틀 뒤, 남북정상회담을 열고 화해와 협력의 시대를 알리는 〈6.15 남북공동선언〉(6.15선언)[9]을 선포했다. 이 선언에는 대한민국 김대중 대통령과 조선민주주의인민공화국 김정일 국방위원장이 직접 서명을 하였다. 평화통일을 이루게 되는 희망의 서막이었다. 쾌거의 순간이다. 이후 6.15선언의 실천조치를 논의하기 위하여 3차례 남북한 장관급회담이 연속적으로 열렸다. 이 결과 8.15이산가족 교환 방문이 이루어지게 되었다. 이산가족 상봉은 이후 남북을 오가며 계속 이루어지다가 수구적 기득권세력이 다시 권력을 잡으면서 중단되고 만다. 또 민족경제의 균형적 발전이라는 차원에서 다방면에 걸쳐 남북경협 프로 젝트가 시작되어 제도화 문제가 논의된 끝에 경의선 복원사업과 개 성공단이 착공되고 임진강 공동수방사업이 진행되었다. 그리고 시 민단체, 학자, 종교인들이 각각의 목적을 위하여 육지로, 비행기로 상호 남한과 북조선을 넘나들며 인적교류를 활발히 진행해 나갔다. 이와 같이, 6.15선언은 과거 대결의 역사를 청산하고 화해와 협력의 역사로 접어들게 한 중요한 분기점으로 작용하였다. 이렇게 남북관 계에서 중대한 의미를 갖는 6.15선언의 역사적 의의를 살펴보자.

2. 6.15선언의 역사적 의의

6.15선언 제1항을 보면 "남과 북은 나라의 통일문제를 그 주인인 우리 민족끼리 서로 힘을 합쳐 자주적으로 해결해 나가기로 하였다" 로 되어있다. 이것으로 우리 사회는 일제와 미국에 의해 빼앗긴 "한 민족의 자주권 되찾기 운동"이 시작되었다고 볼 수 있다. 이렇게 6.15선언은 통일문제의 주체적/자주적 해결을 선언함으로써 민족자 주선언/대단결선언을 세계만방에 선포한 셈이다. 이 같은 사실은 "남북정상회담은 지난 한 세기 동안 한반도의 운명을 결정하는 미, 일, 중, 러의 간섭으로부터 자신의 운명에 대한 통제권을 되찾을 기 회를 만들었다"[10]고 외신이 평가한 데서도 잘 나타난다. 또 6.15선언 은 미국의 전략적 계산[11]을 극복하고 "자주적으로 통일문제를 해결" 하는 주체성을 띤 선언이었다. 그리하여 6.15선언 이후 남북의 적대 적 대립관계는 급격히 해체되고 한-미-일의 오랜 '대북압살전략'도 균열 되었다. 그리고 6.15선언 제2항에서도 역시 남한이 주장하는 3

단계의 연방제를 통한 통일방안과 북조선이 주장하는 낮은 단계의 연방제[12]를 통한 통일방안 사이에 공통점이 있음을 인정하였다. 이로써 우리 땅, 민족의 통일문제는 미국의 한반도 분단관리전략, 영구분단정책의 종속물이 아니고 우리 민족의 자주적이고 주체적인 문제임을 천명하였다. 6.15선언 제4항에 "남과 북은 경제협력을 통하여 민족경제를 균형적으로 발전시키고…"라는 항목이 있다. 이것은 민족경제의 균형 있는 발전의 활로를 찾는 동시에 우리 땅을 새로운 동북아의 경제 축으로 만들자는 데 있다. 그 결과 남과 북은 경의선, 동해선 철도와 도로를 연결하는 작업을 해왔다. 그러나 기득권세력들이 권력을 장악하는 바람에 중단되고 있다. 이 경의선, 동해선 철도 및 도로 연결은 남과 북의 분단선을 허물고 하나로 연결해 줌으로써 한반도의 경제 동맥을 연결해 줄 뿐 아니라 중국 러시아의 대륙과 연결해 주는 미래의 프로젝트이기도 하다. 다시 말해 동해선은 나진/선봉을 거쳐 시베리아횡단철도로 연결되고, 경의선은 신의주를 거쳐 중국의 대륙횡단철도와 연결된다. 이로써 한반도는 동북아의 경제거점으로 거듭나게 될 것이며 남북 모두의 경제발전에 이바지하게 될 것으로 전망하였다.[13]

이러한 6.15선언의 내용을 바탕으로 6.15선언의 역사적 의의에 대하여 살펴보자. 첫째로, 6.15선언은 1) 민족통일을 바라는 우리 민족과 통일을 바라지 않는 미국의 적대적 모순, 2) 남과 북의 비(非)적대적 모순의 이중적 모순이 첨예하게 대립한 회담이었다. 결과는 적대적 모순을 이기고 비적대적 모순이 서로 회담하는 과정을 통해 이해하고 협력함으로써 6.15선언이라는 통일 이정표를 만들어낸 소중한 회담이었다.[14] 이 결과 조-미(朝米)의 대결 구도에서 미국×(남한+부조선) 구도로 바뀌면서 중국/일본/러시아가 남한+북조선을 편드는 구도로 재편되었다. 결국 6.15선언은 미국의 전략에 의하여 오래도록 남아 있던 동북아시아의 냉전질서를 해체하고 이 지역에 평화와 친선 그리고 경제적 번영을 약속하는 선언이 되었다. 이후 미국이 '제네바 합의'를 파기하고 '북조선의 핵'을 문제 삼아 북조선을 붕괴시키려는 전략도 6.15선언으로 나타나기 시작한 동아시아의 새로운 외교질서에 불안을 느낀 미국의 비열한 전술이었다.

둘째로, 역사적으로 대립의 골이 깊었던 남한과 북조선이 적대감을 갖지 않게 되었다. 북조선의 조명록 국방위원회 제1위원장이 6.15선언이 있던 바로 그 날 오찬에서 "이번의 국방위원회 김정일 위원장과 김 대통령이 뜻깊은 상봉을 하시고 민족 앞에 북남선언을 천명해 통일의 이정표를 세운 것은 겨레의 기쁨과 희망을 던져주었습니다. 북남 사이는 형식적인 장벽이 있고, 군대가 대치하고, 총포도 겨누고 있는 엄혹한 정세입니다. 그러나 모든 것을 천리혜안으로 민족이익을 첫째로 해, 민족이익과 자주권을 생명으로 지켜 두 분의 도량으로 민족 앞에 역사적 결단을 내려주었습니다. … 북남선언을 성의 있게, 신의 있게 실천합시다"라고 한 것처럼 남북관계가 적대 (敵對)관계에서 신의(信義) 관계로 전환하였다. 이렇듯 6.15선언은 남북 두 정상 간의 화해와 협력/통일에 대한 합의로 상호전쟁은 절대 하지 않겠다는 선언이었다. 곧 평화협정과 마찬가지였다. 이에 의해 북조선의 침략위협, 전쟁도발, 적화통일 음모라는 기만적인 반공논리와 친미노예적 사대 성향을 가진 기득권세력들의 주장도 의미 없게 되었다. 또한, 미국도 미군의 남한주둔을 극구 주장해 온 자신들의 한국주둔 명목도 사라지게 되었다. 이렇게 남과 북은 자주적 통일을 실현할 수 있는 유리하고 든든한 환경을 마련하게 된 셈이다.

셋째로, 6.15선언으로 남한의 정부 당국은 명실상부하게 각각 통일의 주체(평화통일의 두 축)를 이루게 되었다. 그리고 민간통일운동이 합법화될 수 있는 유리한 조건도 마련되었다. 두 정부 당국이 통일문제의 주체가 되었다는 것은 통일을 바라지 않는 최소한의 분단/분열주의 세력을 제외하고는 민족의 역량이 최대로 결집 될 수 있다는 것을 말해준다. 그리고 민간통일운동이 더욱 대중화되기 위한 발판이 되었음을 말해준다.[15] 물론, 아직 90년대 이적단체로 낙인 찍힌 〈한총련〉, 〈범민련〉의 합법화가 이루어지지 않았지만, 그동안 적시되었던 '연방제'가 인정됨으로써 국보법에 의한 통일운동세력에 대한 탄압의 근거가 무력화되었다고 보아야 한다.

넷째로, 6.15선언은 전통적인 한미외교 관계에도 균열을 가져왔다. 비록 노무현 정권 때부터 한미관계가 다시 노예적 정상관계로 회복되고 있었지만, 적어도 6.15선언 이후에 김대중 정권은 주체적으로 '대북포용정책'과 한반도 '평화정착정책'을 추진하였다. 이러한 상황변화는 1945년 이후 우리 민족을 분열시켜놓고 북에 대해서는 고립압살정책, 남에 대해서는 지배예속정책을 지속해 오던 미국에게 매우 위험한 정책으로 인식되었다. 그 단적인 예로 김대중 정부가 2001년 푸틴의 방한 때 미국의 대외군사전략인 미사일방어체계(Missile Defense)인 'MD정책'에 어긋나는 '탄도탄요격미사일'(Anti Ballistic Missile) 제한협정인 'ABM협정' 유지에 찬성한 점과 남한 단독으로 대북전력지원계획, 남북평화선언계획을 추진하다가 미국에게 저지당한 점은 이것을 뒷받침해 주고 있다. 그렇지만 미국과의 군사/외교적 마찰은 한국이 더 이상 미국의 대리인일 수 없다는 주

권국가로서 주체성을 보여주었다고 할 수 있다.[16]

다섯째로, 6.15선언으로 한국의 민중들은 반미정서가 비약적으로 확산/발전되었다. 한국 민중의 반미정서는 전략적으로는 조-미 대립구도, 전술적으로는 대북압살정책을 구사하면서 우리 땅의 통일을 훼방해 왔던 미국에 대한 한/조선 민족의 민족자주화 선언이었다. 즉, 남한 인민의 반미정서는 우리 민족 전체의 공멸을 가져올 수 있는 미국의 대북 전쟁계획에 대하여 "전쟁반대, 조미불가침조약 체결"을 강력히 요구함으로써 민족의 생존권과 자주권을 수호하기 위한 밑거름이 되었다. 이 말의 뜻은 6.15선언으로 남과 북이 화해/협력의 길, 통일의 새길을 개척함으로써 오늘날 주한미군에 대한 인식을 바꾸어놓았다는 뜻이다. 미국에 대하여 우리는 늘 한국을 지켜주는 고마운 존재라는 왜곡된 인식을 해왔다. 그런데 6.15선언으로 미국은 자국의 이익이라면 무슨 짓을 할지도 모르는 깡패 같은 존재, 우리 남북 민족의 생존권을 위협하는 주한미군이라는 인식을 하게끔 만들어 주었다. 곧 미국은 6.15선언 이행, 나아가 남북의 평화적 통일 노력에 훼방꾼이라는 인식을 하게 되었다는 뜻이다. 우리 땅에서 평화를 정착시키기 위한 최대의 선결과제는 미국/미군을 극복하는 일이라는 사고를 심어 주었다.[17] 6.15선언은 반미자주(反米自主) 없이는 평화도 없고, 평화가 없으면 통일도 없다는 인식, 곧 우리 땅에서 통일운동, 평화운동은 반미운동에서 출발해야 한다[18]는 인식을 우리 땅에 사는 모든 사람에게 불어넣어 주었다. 6.15선언은 이렇게 미국에 대한 거부감을 확산시켜 주었다. 그리하여 반미정서가 2001년에 21.7%에서 2003년 4월에는 41.9%로 증가하였다[19]는 데서도 알 수 있다. 반미의식의 반사적 영향으로 북조선에 대한 친근감도 급속히 확대되었다. 그리하여 청소년 90%가 북조선 주민을 '가까운 친구', '한동네 이웃'으로 받아들일 수 있다는 반응이 나타났다.[20] 그리고 2002년 6월 13일 주한미군의 장갑차가 여중생 효순이, 미선이를 참혹하게 압살한 사건이 일어나자 이에 대항하여 수십만 한국 민중이 2년에 걸쳐 집회와 촛불시위를 함으로써 "적어도 미국에 당당한 나라", "이제는 자주의 나라"를 미국에 인식시켜 주었다. 또 2002년 부시가 북조선을 "악의 축"으로 규정하고 이어서 2003년 미국의 이라크에 대한 야수적인 침략이 있었을 때 한국의 민인/민중들은 반전평화운동을 일으켰다. 이렇듯 반미자주화 투쟁은 6.15선언의 힘이라고 볼 수 있다.

끝으로, 6.15선언은 우리 땅 '분단역사'를 종결짓는 분기점 역할을 하였다. 우선 분단 55년 만에 남북의 두 정상이 만났다는 데에 역사적 의미를 부여할 수 있다. 그리고 선언의 문서에 조선민주주의인민공화국 국방위원장과 대한민국 대통령이 공식 서명한 것은 이제 우리 땅에 두 개의 나라 이름과 두 개의 체제 그리고 그 나라들을 대표하는 최고책임자가 있다는 것을 명시한 셈이다. 이것은 남과 북의 두 정치적 실체들이 상대방에 대한 주권을 서로 인정했다는 뜻이다. 즉 '나라와 나라 사이의 일반적 관계가 아닌, 잠정적으로 형성된 민족 내부의 특수한 관계'로 규정한 셈이 된다.[21] 이렇게 해서 민족대단결을 막는 법적/제도적 장벽인 반통일적 악법이자 추악한 국보법이 6.15선언으로 사실상 사문화된 것과 마찬가지가 되었다. 그러나 기득권세력이 이후 득세하면서 국보법은 생생하게 살아남아 반(反)평/반통일을 자랑삼아 버티고 있다. 그렇지만 6.15선언 이후, 국보법의 기세가 한층 꺾이면서 민간통일운동이 자유롭게 보장되는 토대가 될 수 있었던 것은 사실이다. 결국, 6.15선언으로 반공반북(反共反北)의 분단이데올로기가 붕괴되고, 연공연북(連共連北)의 민족대단결의식이 발전하게 됨으로써 전(全)민족의 통일역량이 강화되는 계기가 마련되었다. 그리고 7천만 민족 모두를 민족대단결과 조국통일의 광장으로 모이게 함으로써 조국통일을 이룩하기 위한 결정적 힘을 확보해 왔었다.[22]

이상으로, 6.15선언의 역사적 의의를 살펴보았다. 그러면 6.15선언 이후 우리 사회에 나타난 변화는 무엇인지 살펴보기로 하자. 먼저 긍정적 측면에서 살펴보자. 1970~1990년대가 정부 공안당국의 탄압과 투옥 속에서 통일운동이 추진해 왔다고 한다면, 6.15선언 이후는 합법적 공간 속에서 남북 간 교류/연대 활동이 추진되었다고 볼 수 있다. 이러한 남북연대활동은 그간의 통일운동을 지속해 왔던 민간단체뿐만 아니라 종교시민단체까지 참여하여 6.15선언 이행을 위한 공동기구를 설치하고 남북 간 공동행사도 추진했다. 이러한 남북 간 공동행사[23]는 민족적 단결운동의 지평을 크게 넓혀주었다. 또 6.15선언 이후 비전향 장기수 전원의 북송조치, 6차례에 걸친 이산가족 상봉과 지속적인 추진, 2000년 북조선 소년예술단의 서울 방문공연, 시드니올림픽에서 북조선과 남한선수단의 공동입장, 2002년 부산아시안게임에서 600여 명의 북조선 측 응원단의 참석 등 문화/체육 분야의 교류가 활발히 진행되어왔다. 이와 같이 민족동질성과 가족애를 통한 인도적 조처, 문화/체육 분야의 교류는 한국민인들 마음속에 뿌리 깊게 남아 있던 반북 대결 이데올로기의 토대를 급속히 무너트려 주었다. 이러한 긍적적 발전이 있는 한편에는 부정적인 아픔도 있었던 게 사실이다. 6.15선언이 미국과 우리 땅의 수구 이념세력들의 방해책동과 6.15선언에 대한 비방과 국보법에 의해 좌초되고 있다는 점이다. 미국과 미국에 대한 자발적 노예근성을 가진 수구적 기득권세력은 남북지도층의 평화적 통일노력과 6.15선언의 합의 내용에 따른 남북화해협력과 통일의 의지를 분명히 훼방을 놓고 있다. 반(反)통일 극우세력인 미래통합당(전신 한나라당, 지금의 국민의힘당)은 경의선과 동해선의 연결사업이 합의되었을 때 "남침로를 무방비하게 열어준다"라는 식의 폭언을 하였다. 또 남북의 철도와 도로의 연결사업이 본격화되자 유엔사령부(미국)는 비무장지대 통행에 대한 유엔사 승인이 필요하다고 억지를 부리는 작태를 보이기도 했다. 또 수구 이념세력들은 '현대상선 대북송금 특검법'을 발의하였다. 그리고 노무현 권력은 이에 동조하여 채택함으로써 6.15선언에 흠집을 내고 남북화해와 협력에 제동을 걸었다. 이러한 미국 등 반통일 세력의 음모는[24] 민족의 공멸을 가져올 전쟁 위기상황으로까지 몰아갔었다(이명박의 천안함북침론 등). 그리고 미국은 한국 내 반미의식이 고조되어가자 한미공조와 민족공조, 둘 중 하나를 선택하라고 우리를 협박해 왔다.[25] 이러한 가운데 남북화해와 협력기반을 안으로부터 무너트리는 내부의 적이 있는데 그것이 바로 국가보안법이다. 다음으로 국보법의 진화과정과 그 반(反)역사성에 대하여 살펴보기로 하겠다.

III. 국가보안법 성립과 패악적 진화

1. 국가보안법의 성립 배경

반민주/반통일의 걸림돌인 악법 국보법은 대한민국 법체계에서 초헌법적 지위를 지닌다. 이러한 국보법은 일제강점기 제2기인 문화정치기에 반일(反日)운동과 사회주의 운동을 탄압하기 위하여 사회주의자(아나키스트 및 공산주의자) 그리고 민족주의 운동자를 단속한다는 구실로 결사의 자유를 완전히 박탈하였던 일제의 〈치안유지법〉(1925.5.12.)[26]에 기초를 두고 있다. 이러한 치안유지법이 해방 이후 태생적으로 친일/친미적일 수밖에 없었던 남한 정권에 승계되었다. '분단해방'이라는 역사적인 불행을 가져다준 미국에 의하여 우리 땅 북과 남에 각각 미/쏘 군대가 주둔하게 된다. 그리고 남에 설치된 미군정청(在朝鮮米陸軍司令部軍政廳, United States Military Government in Korea, USAMGIK, 1945.9.8.)은 그들의 통치 편의를 위하여 식민지 관료체제를 부활시킨다. 그리고 일제시대 치안유지법의 집행자였던 친일관료, 식민경찰, 일제 군인 등 반민족적 인사들을 행정 고문이나 군정청 관리로 등장시켰다. 이리하여 미군정청의 관리를 구성하는 친일/친미관료들은 극단적 반공주의자들이 된다. 이들은 "진보주의자=소련의 앞잡이"라는 등식을 모든 군정 요원들에게 심어주었다. 이러한 비극적 현실 속에서 국내의 김구 등 반(反)분단 인사들이 좌우합작운동을 전개되고 있는 동안, 미군정청은 사회주의세력인 〈민주주의민족전선〉에서 운영하는 인쇄소(조선정판사)에서 지폐를 발행한 일을 들어 이를 위조지폐로 몰고, 사회주의신문인 「해방

일보」(解放日報, 1945.9.19. 창간)를 강제 정간시킨다(1946.5.19.). 이것이 역사 교과서에서 말하는 이른바 '정판사위조지폐사건'이다. 이를 계기로 미군정청은 공산당 간부에 대한 검거령을 내린다. 그러자 민주주의민족전선은 이에 맞서 300여만 명이 참여한 대구/경북지역의 '10월민중항쟁'(1946.10.1.)을 주도한다. 민중항쟁에서 "단정 반대, 미쏘의 즉시 철수"를 주장하게 된다. 이때부터 크고 작은 민중항쟁이 곳곳에서 추진되다가 급기야 전국적으로 파업과 기의(起義) 등이 일어난다(1948.2.7.). 이를 '2.7구국투쟁'이라 한다. 그리고 제주에서는 단독선거 반대와 대대적인 파업을 이끌며 '4.3제주항쟁'을 일으킨다(1948.4.3.). 이러한 가운데에 분단세력 이승만과 김일성에 의하여 남쪽에는 분단국가 '대한민국'(1948.8.15.), 북쪽에는 분단국가 '조선민주주의인민공화국'(1948.9.9.)이 수립된다. 이에 반대하여, '4.3제주항쟁'의 탄압에 투입되었던 여수주둔 제14연대가 출동명령을 거부하고 그곳 주민들과 함께 "동족학살 거부, 38선 철폐 등 '조국통일'의 명분을 걸고 기의(起義)하였다. 이를 역사에서는 여순항쟁사건(麗順抗爭事件: 여순군인기의, 1948.10.19.)이라고 부른다. 여순군인기의는 민족주의 진영과 사회주의 진영의 쌍방에 희생자만 냈다. 이 결과 사회주의 세력은 대중투쟁에서 유격투쟁으로 전술을 바꾸면서 이승만 권력에 계속 대항해 나갔다. 이를 계기로 이승만 권력은 국회에 '미군계속주둔요청결의안'을 제출하여 통과시킨다. 이어서 여순군인기의의 바로 직전(1948.9.20.)에 〈내란행위특별조치법안〉을 국회에 제출한다. 이 법은 기존의 형법상 내란죄와 중복된다는 이유로 법률 명칭을 〈국가보안법〉으로 바꾸게 된다(1948.12.1.). 이 두 법안은 이승만 권력의 유지수단을 위해 만들어진 법이다. 이와 같이 이승만 권력은 정통성 부재로 헤게모니(hegemony) 지배의 근거를 상실하자 폭력 일변도의 국보법을 제정하였다고 판단된다. 이렇게 해서 이승만 권력은 사회주의 세력에 대한 탄압의 법적 근거를 마련하고, 군대 병력과 경찰력을 기반으로 하는 반통일, 반민중적 이데올로기를 정착시켜나갔다. 곧 대한민국을 경찰국가로 만든 장본인인 셈이다.

2. 국가보안법의 패악적 진화

이승만 개인 독재 권력은 국보법으로 국내에 존재하였던 132개 정당과 사회단체를 해산시키고 애매한 인민들을 '빨갱이'로 둔갑시켜 검거, 투옥하였다. 그리하여 좌익계열로 분류되어 처벌받은 군인만도 8~9천 명에 달하게 된다. 이렇게 해서 정치적 이유로 탄압받는 양심수가 대량으로 발생하게 되었다. 이렇게 되면, 이들을 수용할 예산증액과 감옥시설의 확충을 해야 했음에도 이승만 독재권력은 반인권적 방법으로 대량 발생하는 양심수 문제를 해결해 들어갔다. 곧 사형제도 확대, 단심제 시행, 보도소 설치 등이다. 이러한 조치들이 국보법의 제1차 개정으로 나타났다(1949.12.).[27] 이러한 국보법 1차 개정으로 국내외에서 인권유린의 비난이 거세게 일자, 이를 의식하여 다시 2차 개정안을 국회에 낸다(1950.2.). 2차 개정안에는 사형선고를 받은 자의 대법원 상고권 규정, 국가보안법과 다른 죄가 경합 되었을 경우의 심판 절차 규정, 형 선고 시 집행방법의 규정 등을 핵심 골자로 하였다. 자유당 말기에 이르러 정치적/경제적 위기를 맞은 이승만 독재권력은 국민저항을 탄압하기 위해 또다시 보안법 개정에 들어갔다. 개정안의 내용을 보면, 본래 6개 조였던 국보법을 전문 3장 40조, 부칙 2조로 대폭 확장하였다. 그리고 국가기밀 개념을 정치/군사적인 것에서 경제/사회/문화의 영역으로까지 확대했고 국가보안법상의 이적(利敵)행위 개념 또한 확대하였다. 여기에 더하여 "정부나 국가를 변란에 빠뜨릴 목적으로 구성된 결사 또는 집단의 지령을 받고 그 이익을 위하여 선전/선동하는 행위에 대한 처벌" 규정을 신설하였다. 사법경찰관의 조서, 증거능력 인정 및 이에 대한 정보수집 행위만으로도 처벌할 수 있게 하였다. 또 구속기간 연장 가능과 군 정보기관의 간첩 수사에 대한 법적 근거도 마련하였다. 이외 '인심혹란죄'(人心惑亂罪)를 신설하여 이를 위반하였을 때 처벌케 함으로써 언론통제의 길도 열었다. 이밖에 헌법상 기관(대통령, 국회의장, 대법원장)에 대한 명예훼손, 증거능력(고문에 의한 강제자백)도 증거로 삼을 수 있도록 규정하였다. 또 구속적부심과 보석 허가 결정에 대한 검찰의 즉시항고권도 두었다. 이러한 국보법 개정안이 발의되자, 야당 의원들이 이에 반대하여 농성에 들어갔다. 그러나 이승만 독재권력은 경위(警衛)를 동원하여 야당 의원들을 강제로 국회 밖으로 몰아내고 자유당 단독으로 통과시켰다(1958.12.24. 통과, 26일 공포). 이것이 바로 국보법 3차 개정이다. 이를 '2.4보안법파동'이라고도 한다.[28] 이로써 이승만 독재권력은 국보법을 악용하여 인민의 인권을 무참히 짓밟았다. 이렇게 국보법을 기저에 깔고 이승만의 반공독재 권력은 반평화의 무력적 북진통일을 주장하며 반공이데올로기로 권력을 유지해 나갔다. 자신의 무력적 북진통일을 반대하는 정치적 정적인 조봉암도 보안법이라는 국가폭력으로 사법살인을 하였다(1959.7.31.). 앞에서 이야기했듯이 반공 개인 독재자 이승만의 권위주의체제, 반(反)평화 북진통일정책, 권모술수 정치, 영구집권을 위한 사사오입 헌법개정, 3.15부정선거(1960) 등으로 당시 나라 사람들이 분노하여 의거를 일으켰다. 이를 역사에서 '4.19민주혁명'이라고 한다. 4.19혁명으로 들어선 민주당 정권은 국보법 개정에 들어갔다. 2.4파동 당시 통과된 인권침해의 독소조항(정보수집죄, 인심혹란죄)들은 대부분 제거되었다(4차 국보법 개정, 1961.1.10.). 이로써 야당 의원 감금 등 파문(2.4파동, 보안법 파동)을 일으키며 통과되었던 3차 국보법 개정은 역사적 응징을 받았다. 그렇다고 해서 국보법이 가지는 반통일적, 반민중적, 반공산적 성격이 사라진 것은 아니다.[29]

어찌했든, 4.19혁명체제로 참 민주주의를 실험할 수 있는 절호의 기회가 왔다. 그러나 또다시 이 땅에 불행이 찾아왔다. 일제 천황에게 충성맹세를 하고 일제국 만주관동군 장교가 되었다가 분단형 해방이 되자 재빨리 일제 군복을 벗고 남한 사회로 들어온 기회주의자 박정희가 군사쿠데타를 일으켜 권력을 찬탈한 비극이다(1961). 군사쿠데타 권력은 철폐해야 마땅할 국보법에 대하여 더 나쁜 방향으로 보강에 나섰다. 이들 쿠데타세력은 쿠데타 권력의 최고기관인 국가재건최고회의에서 〈반공법〉을 제정(1961.7.3., 법률 643호)하고 반공정책을 강화했다.[30] 그리고 국보법도 개악(改惡)을 단행했다. 국보법 제10조에 2항을 신설하여 법정 최고형을 사형으로 하였다(5차 개정, 1963.6.10.). 반공법에 나타나 있는 "반공체제의 강화, 반공역량의 배양" 목적은 군사쿠데타 정권의 극단적인 '반공만능주의'의 성격을 보여주고 있다. 이렇게 반공법의 제정으로 이제 북조선과의 관계는 철저하게 대결상태로 치닫게 되었다. 이 때문에 사회 전반에 걸친 탄압/구속/속박과 통제가 이루어지게 되었으며, 정부에 대한 사소

한 불만과 통일에 대한 의사 표현마저도 이적행위로 매도되고 처벌되었다.[31]

유신체제를 통하여 영구 총통제를 획책하던 박정희는 권력 내부의 모순과 미국의 사주(?)에 의하여 우리 민족의 원흉 이토 히로부미(伊藤博文)가 안중근(安重根)에게 격살 되던 같은 날 '10.26포살'을 당하게 된다(1909). 이리하여 유신체제가 막을 내리고 새로운 4.19 민주체제를 회복하려는 순간에 또다시 신군부라는 해괴망측한 괴물이 나타나 권력을 찬탈할 음모를 꾸민다. 나라 사람들은 분노하였다. 그러자 전두환 독부(禿夫: 獨夫)는 함정을 파서 5.18광주민중기의를 야기한 다음 야수적인 무차별 폭력으로 '광주민중시민기의'를 압살하면서 엄청난 주검을 만들어내고 수없이 많은 사람을 감옥에 보냈다. 그리고 권력을 찬탈한 다음, 반공법이 갖고 있는 엄청난 인권침해에 대한 비난이 국내외에서 일자, 교묘하게 반공법과 국보법을 통합하여 반공법을 없앤다. 그리고 국보법을 더욱 악랄하게 보완한다. 그것이 6차 국보법 개정이다(1980.12.30.). 그 내용을 보면 이제까지 국보법에 없었던 고무/찬양죄(7조), 회합/통신죄(8조), 편의제공죄(9조)를 추가하였다. 이것은 반통일적/반공적 사상통제에 해당한다. 인간의 꿈속 이야기까지 통제하겠다는 천인공노할 악질적 법치주의의 본보기다. 이리하여 국보법 7조의 광범위한 적용은 민주화운동, 통일운동, 노동운동, 교사노동운동, 빈민운동 등의 종사자와 이념서적을 저술한 출판인, 작가, 심지어 예술인(화가, 음악가)까지 처벌하기에 이르렀다. 이러한 엄벌주의는 집권세력의 정통성 결여와 반민주성을 입증해 준다. 즉 5공화국에서의 국보법 개정은 정통성에 도전하는 모든 구성원에 대하여 물리적으로 통제하고 처벌

하겠다는 독부 전두환의 불량한 의지의 표현이었다.

　독부 전두환 개인 독재는 당시 권력 독점 방지를 위한 헌법개정
논의가 일자 권력 독점을 위한 음모를 꾸민다. 곧 "평화적인 정부 이
양과 서울올림픽의 성공적 개최를 위해 소모적인 개헌논의를 지양
한다"라는 명분을 걸고 1) 개헌논의를 빙자해 실정법을 어기는 행위
를 엄단한다. 2) 실정법 위반 사범은 구속수사를 원칙으로 하며 법정
최고형을 구형한다. 3) 이에 따라 모든 시위/농성 등의 집단행동을
불허한다. 이러한 조치를 '4.13호헌조치'(1987)라고 한다. 이에 개헌
을 요구하는 시민세력은 호헌반대 서명운동 및 삭발/단식 등 다양한
반대운동을 전개하게 된다. 이에 민주화를 요구하는 학생/시민의 6
월항쟁 그리고 박종철, 이한열 등의 주검과 함께 〈민주헌법쟁취국
민운동본부〉가 결성(1987.5.27.)되었다. 그리고 헌법 개정운동이 격
렬하게 일어나자 전두환은 마지못해 호헌조치를 철회하고 '6.29민주
화선언'(1988)을 하지 않을 수 없게 된다. 그러나 6.29선언 이후 민주
화를 요구하는 지식인·학자·학생·노동자·농민들에 대하여 국보법
을 동원하여 처벌하는 사례가 늘어나자, 국보법의 개폐문제가 본격
적으로 거론되었다. 국보법 철폐주장은 민주화추진세력의 중요 요
구사항이 되었다. 이렇게 민족민주진영에서는 "국보법 철폐", "안기
부 해체"를 줄기차게 제기하였으나 당시 평화민주당(1987.12.11. 창
당 김대중 중심의 평민당)은 대체입법으로 '민주질서수호법안', 김영삼
이 이끄는 민주당은 형법보완안 그리고 집권당인 민정당(민주정의당)
과 5.16쿠데타 세력으로 구성된 공화당은 현행법 유지를 주장하여
국보법에 대한 개폐 문제가 회자되고 있었다. 그런데 갑자기 민정
(노태우), 민주(김영삼), 공화(김종필) 삼당(三黨)이 비열하게 정치쿠데

타를 일으켜 3당 야합을 통한 민주자유당(民自黨)을 탄생시켰다. 그리고는 여대야소의 여세로 국보법을 날치기 통과시켰다(7차 개정, 1991.5.11.). 7차 개정된 국보법의 내용을 보면, 1) 반국가단체의 범위를 지휘통솔체계를 갖춘 단체로 축소하고, 2) 찬양/고무, 금품수수, 잠입/탈출, 회합/통신죄의 경우 "국가의 존립 안전이나 자유민주의 기본질서를 위태롭게 한다는 점을 알면서" 행한 목적에만 처벌하도록 하고 찬양/고무, 잠입/탈출, 금품수수 회합/통신죄 등에 대한 불고지죄는 축소하였다. 이상과 같이 국보법의 제정은 형식상 입법 절차를 거치고 있었지만 그 표결절차가 위에서 살펴본 바대로 표결권자에 대한 협박과 구속, 날치기 등 방법에 의하여, 비정상적인 방법으로 제정되었다. 이렇게 '절차적 민주주의'를 유린하고 만들어진 대한민국의 국보법은 통일의 한 주체요, 축인 북조선을 '반국가단체' 또는 '적'으로 규정함으로써 민족통일의 지향을 원천적으로 봉쇄하고 있다. 그리고 각종 모호하고 불명확한 개념들을 사용하여 헌법에서 정한 남한 구성원 모두의 '표현의 자유', '사상의 자유'를 심각하게 박탈하고 있다. 이렇게 국보법의 역사는 반통일적이고 반민주적이다. 그리고 국보법의 규범 자체는 헌법 위반이다.[32] 그러면 국보법 규범이 갖는 모순에 대하여 잠시 살펴보도록 하자.

3. 국가보안법의 모순

이와 같이, 국보법은 남북 반목의 시대에 집권자들이 그들의 권력 장악이나 장기집권이라는 부당성에서 '절차적 민주주의'를 무시한 채, 편법으로 악의적인 의도에서 제정된 법이다. 따라서 인간의 삶의 질을 재고해가는 시대, 통일의 세대에 역사적/민족적 측면에서도 국보법의 존재가치는 전혀 없다. 그러면 이번에는 국보법이 갖는 모순을 검토해 보기로 하겠다. 국보법이 갖는 모순은 다음과 같다.

첫째, 일제 식민통치수단의 계승: 국보법은 일제하 '치안유지법'을 그대로 계승하고, 대한민국 치안유지를 위한 형법보다 먼저 제정되었다. 치안유지법은 앞에서도 거론한 것처럼 일제가 우리 겨레의 민족해방운동을 탄압하기 위하여 만든 탄압법이었다. 그런데 분단해방 조국에서 적이 우리 민족을 탄압하기 위하여 만든 치안유지법을 그대로 승계하여 제 동포를 탄압하는 수단으로 이용하였다. 세계적으로 창피한 일이다. 가령 '치안유지법' 제1조에 보면 처벌 대상을 "국체(國體) 또는 정체(政體)의 변혁, 또는 사유재산제도의 부인을 목적으로 하는 결사의 조직 및 가입"한 자로 하고 있다. 여기서 말하는 '국체'는 일본의 천황 지배체제를 말하며 '정체'는 일본제국주의 하의 식민지 조선의 총독지배체제를 말한다. 그리고 1조에서 말하는 국체와 정체의 변혁을 요구하고 사유재산제도를 부정하는 자는 곧 아나키스트와 공산주의를 포함하는 사회주의자를 말한다. 대부분 사회주의자는 민족해방세력이다. 그러니까 민족적 모순, 계급적 모순을 극복하고자 투쟁하는 세력을 모두 처벌하겠다는 취지였다. 그러면 국보법의 제2조를 보자. "이 법에서 '반국가단체'라 함은 '정부를 참칭'하거나 '국가를 변란'할 목적으로 하는 국내외의 결사나 집단으로 지휘통솔체계를 갖춘 단체를 구성 또는 가입"한 자를 처벌 대상으로 삼고 있다. 여기서 '정부의 참칭'과 '국가변란' 목적의 국내외 결사나 단체는 누구를 말함인가? 대외적으로는 대한민국 헌법상(제3조) 한반도의 영토를 불법 점령하고 지휘통솔체계를 갖추고 있는 '조선민주주인민공화국'을 지칭한다. 그리고 내적으로는 북조선과 관계없이 권력자를 비판하는 남한 내의 세력을 말한다. 그렇다면 일제의 치안유지법이나 남한의 국보법은 모두 그들을 반대하는 아나키스트, 공산주의자 등 사회주의자와 정부의 비판세력을 처벌대상으로 삼고 있다는 말이 된다. 그렇다면 반국가단체가 전혀 될 수 없는 정부비판세력, 평화주의자, 남북통일 주장자들은 처벌 대상이 될 수 없다. 그런데도 현재의 대한민국은 현행범이 아닌데도 사회주의, 공산주의 이념을 지녔다는 것만으로 이를 처벌하고 있다. 이것은 '죄형법정주의 원칙'에 크게 어긋난다.

한편 일제시대와 대한민국 시대는 역사적 상황과 사회적 여건이 엄청나게 다르다. 일제는 피압박민족의 해방운동과 사상탄압 등 정치적 억압이 그 목적이었다. 그런데 대한민국은 이 국보법으로 정부를 비판하는 제 동포에 대한 사상탄압과 정치적 억압을 일삼고 있다. 이율배반적이다. 대한민국의 헌법과 법률은 일제로부터 뼈아프게 당한 민족적 아픔, 즉 사상탄압과 정치적 억압을 되풀이하지 않도록 나라 사람들을 보호해 줄 목적으로 법이 제정되는 나라가 되어야 한다. 그게 정의로운 나라다. 곧 대한민국의 법체계는 나라 구성원들 모두에 대한, 양심의 자유, 표현의 자유, 집회결사의 자유, 정신의 자유 등 시민적 자유를 인정하는 차원에서 제정되어야 한다는 뜻이다. 다시 말하면, 대한민국의 헌법과 모든 법률은 일제병탄기 36년 동안 일제로부터 정치적/사회적/문화적/사상적으로 억눌려 왔던 제 동포들에게 일체의 자유를 만끽할 수 있도록 제정되어야 한다는 말이다. 그럼에도 불구하고 노예상태에서 해방되어 나온 신생국가 대한민국이 '시민적 자유'를 지독하게 제한하면서 출발을 하였다는 것은 분명 반(反)역사성을 말해준다.

둘째, 국보법에서 말하는 반국가단체 개념의 불명확성이다. 국보법의 제1조에서는 국보법 제정의 목적이 반국가 활동의 규제에 있음을 밝히고 있다. 그리고 제2조에서는 반국가단체에 관하여 규정하고 있다. 앞에서도 살펴본 바와 같이 국보법상 반국가단체는 북조선을 말하고 있다. 1948년 국보법이 만들어지기 이전부터 한반도에는 엄연히 두 개의 분단 정부가 수립되어 있었다. 남의 대한민국과 북의 조선민주주의인민공화국이다. 두 정부는 서로 정통성을 주장하며 한반도의 유일한 합법정부임을 주장하고 있다. 그리고 쌍방이 각각 이념을 달리하는 국가들로부터 인정을 받고 있다. 그런데 나중에도 다시 이야기하겠지만, 대한민국의 헌법(제3조)에서는 북조선지역도 "대한민국의 주권이 미치는 곳(영토)"으로 되어있다. 그리고 "(북조선 땅을 포함하는) 한/조선반도 전체의 유일한 합법정부는 대한민국이며 이에 반하는 어떠한 주권적 실체도 부인된다"로 규정하고 있다. 따라서 북조선인이 살고 있는 지역은 "반국가단체에 의하여 불법적으로 강점된 미수지역"이다.[33] 국보법상의 반국가단체가 북조선을 지칭하고 있다는 것은 대법원 판결문으로도 나와 있다. "우리 정부가 북한 당국자의 명칭을 사용하고, 남북동포 간에 자유로운 왕래와 상호교류를 제의하였으며 남북 국회회담과 같은 회담을 병행하고 나아가 남북한이 유엔에 동시 가입하였다거나, 〈남북 사이의 화해와 불가침 및 교류·협력에 관한 합의서〉에 서명하였다는 등의 사유가 있다 하여 북한이 국가보안법상의 반국가단체가 아니라고 할 수 없다"[34]라고 판시하고 있다. 이외 북조선과 함께 주요한 반국가단체로 인정되고 있는 것으로는 북조선과 연관 있는 '재일조선인총연맹'(조총련)이 있다. 따라서 남한의 구성원이나 재일동포가 조총련과 관련된 친인척을 만나면 그것은 지령을 받거나 접촉이 되어 국보법 상 제6조 잠입/탈출죄에 저촉되어 최고 사형을 받을 수 있다. 또 국 보법상 북조선과 관련되지 않았는데도 반국가단체로 지정되어 처벌 받은 사건으로 '전국민주주의학생연맹사건'(전민학련, 1981)과 '아람 회사건'(1981), '남한사회주의노동자동맹'(사노맹, 1991) 등이 있다. 그리고 지금 반국가단체로 지목되어 수배를 받고 있는 사회운동단 체로는 '조국통일범민족연합'(범민련, 1990년 출범)이 있고 학생단체 로는 한총련(1993년 출범)이 있다. 이렇게 국보법상 반국가단체는 정 부나 사법당국에서 얼마든지 그들의 정권유지상 또는 집권세력의 정책상 필요에 의해 자의적으로 양산될 수 있는 소지를 안고 있다. 이렇듯 반국가단체에 대한 명확한 정의(定義)가 없는 것이 국가보안 법이다.

국보법의 제2조 '반국가단체'는 제7조 '고무/찬양죄'와 함께 국보 법의 핵심 골격을 이룬다. 특히 반국가단체의 중심개념을 이루는 "정부참칭", "국가변란"은 명확한 정의를 확정 짓기 어려운 모호한 개념이다. 그리하여 공안당국에 의하여 얼마든지 자의적인 해석이 가능케 되어있다. 이 때문에 우리나라의 민주화를 바라는 정치적 반 대세력들이 용공세력으로 조작되어 탄압되었으며 그 과정에서 인권 이 수없이 유린되어 왔다. 그래서 전두환 독재권력 때 있었던 '아람 회사건'의 경우를 보면, "계 형식의 모임을 만들기로 합의하고 아람 회를 결성한 바… 목적, 임무에 관한 명시적 논의가 없어도… 국가변 란 목적의 불법 비밀결사를 계 형식의 위장조직으로 구성…",[35] 이렇 게 수사관의 자의적 해석에 의하여 계(契) 모임을 반국가단체로 둔

갑시키고 있다. 글쓴이는 이렇게 국가폭력에 의하여 조작된 반국가단체의 개념을 '허상적 반국가단체'라고 부른다. 남한은 미국 꽁무니에 매달려 북조선의 유엔가입을 적극 반대해 오다가 미국의 "두 개한국"이라는 전술상 변화가 오자, 결국은 조선민주주의인민공화국과 함께 유엔에 가입하였다(1991.9.18.). 그런데 유엔헌장(4조 1항)에 보면 유엔가맹국의 자격조건은 "평화애호국"으로 되어있다. 즉 "평화애호국"이라 함은 평화를 사랑하고 아끼는 '단일의 국가' 자체를 의미한다. 이렇게 남한이 북조선의 유엔 가입을 인정했다는 것은 우리 땅을 남과 북을 가르고 있는 휴전선 이북에 대한 통치권이 북조선에 있다는 것과 '북조선은 주권을 가진 '사실상의 국가'임을 인정한 셈이 된다.[36] 어쨌든 북조선은 우리 땅의 절반 정도의 땅덩어리 위에서 다수의 주민과 정부조직을 기초로 70년 이상의 통치행위를 해오고 있다. 그리고 지구상 100여 개의 국가로부터 '하나의 국가'로 승인을 받고 있는 실체적 국가이다.[37] 그렇다면 남한의 국보법에서 북조선의 실체를 인정하지 않고 여전히 반국가단체로 규정하고 있는 것은 아무런 원칙도 없이 자의적 국가권력을 남용하겠다는 공언이나 다름이 없다. 또 6.15선언의 서명에서 남북의 정상이 나란히 나라 이름과 함께 국가 최고지도자의 이름을 쓰고 서명하였다면 이제 국보법상 북조선은 남한에 반(反)하는 "정부참칭"이나 "국가변란" 목적의 반국가단체라고는 볼 수 없다. 만약에 아직도 공안당국에서 낡아빠진 국보법의 문구에 대한 자의적 해석에 매달려 북조선을 '반국가단체'로 규정하고 있다면 김대중 전 대통령과 그 관련 인사들은 잠입, 탈출, 금품수수, 찬양고무/회합통신 등 국보법 모든 조항에 저촉된다. 그리고 이를 알고도 수사하지 아니한 공안당국은 모두 국보법상 불고지죄에 해당한다. 따라서 국보법상의 '반국가단체'의 개념은 대한민국 집권세력이 임의로 규정하는 공상적(空想的) 개념이다. 반국가단체의 개념은 집권세력과 엘리트집단의 기득권 유지를 위한 수단으로밖에는 설명이 되지 않는다. 따라서 '허상적 반국가단체'의 개념은 역사적 사실마저 부정하는 반역사성을 가지고 있다.

셋째, 국보법의 이중성이다. 국보법은 이미 우리가 아는 바와 같이 북조선에 대하여 '정부를 참칭'하고 '국가변란'을 목적으로 하는 반국가단체로 규정함으로써 한반도의 분단상태를 법제화하였다. 또 북조선은 인정될 수 없는 단체로서 협상과 대화의 대상이 아니라 진압하고 발본색원해야 할 조직적 범죄단체로 규정하였다. 따라서 국보법은 대한민국만이 우리 땅의 유일한 합법정부임을 내세워 북조선에 대하여 통일을 위한 협력과 대화의 상대로 인정하지 않고 있다. 그렇지만 위에서 본 바와 같이 1972년 '7.4남북공동성명'이 남북에서 동시에 발표되어 남북 사이에 정치/경제/사회문화적 교류를 실시해왔다. 그리고 그 전부터 남한의 고위급 관리(이후락, 박철언 등)들이 북조선을 들락거렸다. 그리고 노태우는 국보법상 반국가단체인 북조선을 "조선민주주의인민공화국"이라 호칭하였고, 반국가단체의 수괴인 김일성에 대하여 "김일성 주석"이라고 호칭하였다. 이는 국보법상 북조선과 '회합'을 제의한 셈이다. 이렇게 행정부의 최고책임자나 고위 관료들이 반국가단체를 왕래하며 잠입/탈출하였고 북조선을 찬양하였다. 그런데도 국보법은 한마디 말도 안 했다. 그런데 문익환 목사가 김일성 주석을 만나고 돌아왔을 때(1989. 3.25.~4.3.), 국보법은 방방 뛰었다. 잠입/탈출죄를 적용하였다. 이것은 국보법의 적용이 얼마나 자의적인가를 드러내는 부분이라 하겠다.

국보법은 북조선을 반(反)국가단체로 규정함으로써 평화통일을 위한 남북교류를 원칙적으로 가로막고 있다. 그런데 인적/물적으로 남북교류가 증대되고 있던 오늘의 시점에서도 국보법의 개폐(改廢)는 전혀 고려하지 않고 있다. 다만, 특별법 형식의 입법만 고려하였다. 이 결과 〈남북교류협력에 관한 법률〉(법률 제4239호, 1990.8.10. 이하 협력법)이 나왔다. 그러나 국보법과 협력법은 상호 모순된다. 협력법의 9조에서 규정하고 있는 남북의 '왕래'는 국보법의 제6조 잠입탈출과 충돌하고, 협력법의 12조 물자의 '교류' 및 '반입반출'은 국보법의 제5조 자진 지원·금품수수 및 동법 제9조의 편의제공과 충돌한다. 그리고 협력법 제17조 이하의 협력사업은 국보법 제7조 찬양/고무 및 동법 제8조의 회합/통신과 충돌 한다.[38] 또 협력법은 제27조와 제29조 등에서 이 법의 절차에 의하지 아니하는 남북의 왕래, 교류 등의 행위에 대한 독자적인 벌칙 규정을 두고 있다. 이는 사전승인 없는 남북 사이의 접촉행위는 단순한 질서범(행정범)으로 평가함으로써 형사정책상의 큰 전환을 가져왔다.[39] 이것은 곧 외교통상부나 산업자원부 그리고 재정경제부 등 장관의 승인만 있으면 국가보안법의 적용도 배제할 수 있다는 엄청난 결과를 가져다준 셈이다. 따라서 장관의 행적적 처분에 의하여 국보법 적용이 배제되는 실질적 결과에 이르게 되었다.[40] 이렇게 됨으로써 국보법은 또다시 국가권력의 자의적 행위에 의하여 누구는 국보법에 저촉되고 누구는 저촉 안 되는 얼치기 설치기법이 되고 말았다. 곧 공평성, 균형성, 정의성 모두를 상실한 법률이 되고 말았다. 한 마디로 유권무죄(有權無罪), 무권유죄(無權有罪)라는 엘리트 중심의 권력유지법이라는 사실을 여실히 드러냈다. 국가권력 또는 그의 승인을 받은 자가 북과 접촉하면 합법이 되고, 그 외의 행위—반정부적 행위—는 불법이 된다. 이것은 순전히 국가권력의 폭력을 합법화한 법률에 지나지 않는다. 이 법이 규정하는 정부의 허가와 관계없이 반정부/반미인사는 여전히 국보법에 의해 처벌되고 친정부인사는 허가와 관계없이 문제가 안 된다는 의미다. 이는 남한의 구성원은 누구나 '법에 따라 평등'하다는 헌법의 규정을 국가권력이 자의적으로 파괴하고 '국가권위' 또는 '국가안보이데올로기'에 의해 유무죄가 결정되는 이중 잣대를 설정했다고 보아야 한다. 또 위에서 살펴본 바와 같이 남북당국은 〈남북화해와 불가침 및 교류협력에 관한 합의서〉를 채택하였다 (1991.12.12. 이하 합의서). 합의서의 1조에 "남과 북은 상대방의 체제를 인정하고 존중한다"라고 되어있고, 2조에서 "남과 북은 상대방의 내정문제에 간섭하지 아니한다"고 하였다. 그리고 4조에서는 "남과 북은 상대방을 파괴, 전복하려는 일체 행위를 하지 아니한다"고 선언하였다. 이로써 합의서의 법적 의의는 남북 존재의 상호인정, 상대방의 체제인정, 두 체제의 공존공영을 확인하였다는 데 있다. 다시 말하면 합의서는 남북 상호체제의 인정과 존중의 법적 근거가 됨으로써 국보법이 전제하고 있는 기본논리를 완전히 부정하고 있다. 이렇게 남한 내부에는 철저한 냉전과 반북(反北)을 전제로 하는 국보법이 존재하면서 동시에 탈냉전과 통일을 지향하는 합의서와 6.15 선언이 존재함으로써 남한 사회는 완전히 모순되는 법가치/체계가 병존하게 되었다.[41]

이상, 국가보안법의 모순에 대하여 살펴보았다. 결국, 국보법은 일제의 통치수단인 치안유지법을 계승하여 집권자의 권력유지에 이용하기 위하여 행위가 없어도 사상(꿈도 포함하여)을 처벌하는 근대

시민형법의 근본원리인 '죄형법정주의'를 위배함으로써 헌법에서 보장하는 시민의 자유를 침해하는 모순을 저질렀다. 둘째, 합의서 및 6.15남북공동선언/10.4남북공동선언/4.27판문점선언/9.19평양공동선언 등으로 국보법이 정한 반국가단체의 개념이 사실상 무의미하게 되었다. 따라서 공안당국이 정치적 민주세력과 자주적 통일운동세력을 '적'으로 규정하고 국보법에서 정한 공상적 반국가단체에 동조한 자들도 몰아서 죽일 수 없는 상황에 와 있다. 셋째, 국보법은 권력을 가진 자, 또는 그의 심부름을 하는 관료(공무원)가 북조선에 가거나 그들과 접촉하여도 일체 처벌 하지 않고, 남한의 다른 구성원이 북조선에 가서 접촉하면 처벌한다. 또 국보법은 대한민국의 민인들이 꿈속에서 김정은과 악수해도 처벌하는 이중성을 갖는 모순을 가지고 있다. 그러면 이제부터 우리 땅의 평화통일을 위해 남한 내 평화통일을 가로막는 장애물로 헌법 3조와 국보법이 있다. 이에 관하여 이야기를 나누어 보자.

IV. 반(反)평화통일법, 국가보안법의 폐지

이렇듯 우리는 국보법은 평화의 시대, 통일시대, 평화적 민족통일을 하는데 매우 큰 장애물임을 분명히 알고 있다. 국보법은 우리 민족과 나라 사람들의 삶의 질을 재고해가고 진화(평화와 통일로 가는)된 사회에서 용도폐기 될 유물이다. 그러면 국보법은 왜 꼭 철폐되어야 하는지 그 필연성에 대하여 살펴보기로 하자. 국보법 철폐운동은 박정희 개인독재 시기에도 있었지만, 본격적인 철폐운동은 쏘련의 붕괴로부터 시작된 탈(脫)냉전의 세계정세, 북-미/북-일의 협상과 교류라는 탈냉전의 동북아 정세, 곧 2002년 남북정상회담과 6.15선언으로 상징되는 화해와 협력이라는 남북정세에서 비롯된다. 이제까지는 인권적 차원/헌법적 차원/통일적 차원에서 국보법 철폐운동이 있었다. 그러나 헌법적 차원의 국보법 철폐운동은 의미가 없다. 왜냐하면, 남쪽이 근본적인 인권보장을 하지 않고 형법상의 양심적인 사상범, 정치범을 양산할 수 있는 법조문들이 존재하는 한 국보법 대체입법이나 국보법 자체의 폐지는 의미가 없기 때문이다. 따라서 여기서는 주로 통일적 차원과 인권적 차원에서 국보법 철폐의 필연성을 생각해 보고자 한다. 그러면 먼저 인권적 차원에서 살펴보기로 한다.

국보법 철폐의 필연성이 대두되는 이유 중 하나는 바로 국보법이 인권탄압법이기 때문이다. 국보법의 남용 시비가 집중적으로 거론되는 것은 바로 국보법 7조의 내용이다. 국보법 7조는 남쪽 사회 전 구성원의 표현행위에 가해지는 공안적 제약이며 심리적 압박이다. 표현행위에 대한 제약은 그 표현에 이르게 된 목적을 문제 삼기 때문에 '꿈속의 자유'에 대한 억압이 된다. 또 그 표현행위를 위해 구성하는 단체를 처벌하기 때문에 결사나 자유에 대한 억압도 된다. 즉 표현의 자유, 양심의 자유, 학문/예술의 자유, 집회/결사/시위의 자유를 전방위적으로 제약하는 '만능법'이다. 이와 같이 '국보법 7조'는 '독재권력'의 수호법이고 나머지 조항들은 대공영역 즉 '반공국가'를 방위하는 형법(刑法)적 성격을 갖는다. 그러니까 국보법 7조는 반공 이데올로기를 넘어선 독재권력의 비판세력을 처벌하기 위한 조항임을 분명히 하고 있다. 이러한 사실은 이 조항 위반혐의로 구속되거나 처벌받은 자들이 최근에 〈광주민주화운동관련자보상등에관한법률〉(1994)과 〈민주화운동관련자명예회복및보상등에관한법률〉(2000.1.12.)에 의하여 '5.18민주유공자' 및 '민주화운동관련자'로 명예회복된 것만 가지고도 알 수 있다.

그리고 국보법 7조는 "사람은 누구나 자유롭게 의견을 가지고 이를 발표할 권리"와 이 권리에는 "간섭 없이 의견을 가질 권리와 어떤 방도를 통해서나 국경의 제한을 받음이 없이 정보와 사상을 탐구, 입수/전달하는 자유"가 있음을 천명한 세계인권선언(제19조)에 크게 어긋난다. 또 인간은 누구나 "간섭을 받지 않고 의견을 가질 권리"와 "표현의 자유에 대한 권리"를 갖는다고 선언한 〈시민적/정치적 권리에 관한 국제규약〉 제19조에도 어긋난다. 그래서 1990년 남한이 국제인권규약에 가입한 이후 유엔인권위원회로부터 "국보법이 국제인권기준에 맞지 않는다" 하여 개정하거나 폐지하라는 압력을 지속해서 받아왔다. 남북의 화해와 평화공존 그리고 통일은 남북의 당국자들이 '통일의지'만 있다면 국보법과 관계없이 얼마든지 그 정치적으로 해결할 개연성을 가지고 있다. 그러나 인권존중의 부분은 국보법이 존재하는 한 불가능하다. 따라서 국보법은 남북의 평화공존과 미래의 통일을 위하여 꼭 폐지되어야 할 악법이지만 인권 존엄과 가치 차원에서도 필연적으로 폐지되어야 할 악법이다. 다시 말하면 상위법인 남(南)의 헌법에서 남쪽 구성원 모두의 인간 존엄과 그 가치를 으뜸으로 하는 데도 하위법인 국보법은 인권탄압을 으뜸으로 하고 있다. 하위법이 상위법을 배반하고 있다. '헌법배반적'이다. 국보법 철폐의 필연성도 여기에 있다.

다음은 통일적 차원에서 국보법 철폐의 필요성을 알아보자. 국내적으로 보았을 때 여순항쟁(여순군인기의, 1948.10.19.)을 전후로 하여 국보법이 제정될 때의 상황과 지금은 시대 상황이 완전히 다르다. 그 당시는 남쪽 단독정부를 수립한 소위 친미반공적 분단세력들이 극단적인 반공이데올로기를 채택하고 이에 의한 국보법을 제정했었다. 그 후 남(南)은 불행하게도 군부독재권력들이 등장하여 권력과 자본을 독점한 상태에서 국가안보 이데올로기를 채택하고 국보법을 강화하였다. 이때 국보법을 제정하고 유지시킨 두 친일/친미적 반공 독재권력(이승만, 박정희)은 1950에서 1980년대까지 남쪽 사회에 미 제국주의를 반대하고, 자유주의를 부정하는 좌익 무장지하세력이 조직적으로 대규모 존재한다고 허위선전했었다(한때, 빨강색 겉옷을 입은 자유한국당이 북과 통일을 논의하는 당시 정권을, 좌파정권/독재라고 매도하였다). 그리고 이 허위선전을 근거로 친일잔재와 친미부패세력을 청산하기보다는 애매한 남(南)의 민인들을 다그쳐 반정부적인 인사나 대중을 '빨갱이'로 몰아서 처형하였다. 이 때문에 이 사회의 수많은 인재가 관제 공산주의자가 되어 죽어 나가거나 옥살이를 해야만 했다. 이렇게 국보법이 위력을 크게 떨칠 수 있었던 까닭은 수구반공관료/만주의 친일군부를 기반으로 하는 산업화세력과 그 후신 정당(한나라당→자유한국당→미래통합당→국민의힘당으로 이어지는) 그리고 반공단체들(뉴라이트, 자유총연맹, 어버이부대/탈북자관련 제단체), 반공언론지(이른바 조·중·동으로 불리는)와 이들이 운영하는 종편방송 등 반(反)통일세력들이 수구정권을 뒷받침해 왔기 때문이다. 그러나 반공독재와 군부권력이 무너지고 민주화세력이 등장한 이후, 남북은 국제사회에서 각각 '하나의 국가'로 인정되고 있으며 남쪽 정부도 북을 정치적 실체로 인정하였다. 나아가 지금은 남북이 서로를 통일파트너로 인정하여 교류와 협력을 강화하고 있다(미국의 통제 때문에 늘 주춤거리고 있지만). 또 남과 북은 모두 '북진통일', '적화통일', '흡수통일', '대박통일' 등의 통일전략을 버리고 '평화공존'의 통일전략을 현실적 대안으로 제시하고 있다. 그리고 세계상황은 아직도 제국주의 성향을 버리지 못하고 있는 미국을 제외하고는 이념적 냉전논리를 폐기한 상태다. 그래서 탈(脫)냉전, 탈권위주의 세계를 지향하고 있다. 그뿐만 아니라 다원적 평등사회/다원주의 문화가 미래 인류사회의 지향점으로 제시되고 있다. 또 우리 땅에서는 '평화공존', '사상의 자유', '인류번영', '대동사회 건설' 등이 민족공동의 소망으로 부각되고 있는 상황이다. 이러한 시대 상황의 변화는 구시대의 유물이자 악법 중의 악법인 국보법의 철폐를 조속히 이행해 주기를 요구하고 있다.

1972년, 반공논리로 독재권력을 유지해 갔던 박정희 독재권력조차 〈7.4공동성명〉에서 남북 사이에 대등한 지위가 부여됨으로써 국보법에서 규정한 북(北)에 대한 '반국가단체성'은 '개념의 본질'을 상실하고 있다. 그리고 91합의서를 통해 더욱 현실화되었다. 91합의서(남북 사이의 화해와 불가침 및 교류·협력에 관한 합의서, 1991.12.; 서울) 제1조에 보면, "(남북이) 서로 상대방의 체제를 인정하고 존중한다"라고 되어있다. 곧 서로의 체제를 인정하고 존중하며 평화적 관계 형성을 규정하고 있음을 확인할 수 있다. 또 제11조에서는 "남과 북의 불가침경계선과 국경을 "군사분계선과 지금까지 쌍방이 관할하여 온 구역"으로 규정하고 있다. 게다가 합의서 서명란에 남한과 북조선의 정식 국호와 서명자의 공식 직함이 명시되었다. 이것은 남과 북이 상대방 체제에 대하여 실질적 '국가정체를 인정, 확인했음을 의미한다. 이렇게 본다면, 북은 남과 대등한 존재로 인정되고 존중되어야 할 상대적 국가 곧 '체제'이다. 그런데도 국보법은 여전히 북을 '정부참칭', '국가변란'의 목적을 지닌 반국가단체로 규정하고 북의 인민을 반국가단체의 구성원 내지는 추종세력으로 간주하고 있다. 따라서 대한민국의 구성원은 북의 민인과 접촉을 할 수 없게 되어있다. 이제는 시대가 변했다. 또 시대가 변한 만큼 남북관계도 긍정적으로 진화를 거듭해 온 것이 사실이다. 또한, 남북 사이의 교류와 협력을 통해 남북통일을 평화적으로 하도록 제시해 주고 있다. 그럼에도 불구하고 아직도 북을 통일파트너가 아닌 적(敵)으로 간주한다는 것은 반통일적/반민족적인 사고에 지나지 않음이다. 따라서 남북화해와 통일 그리고 평화공존을 위해서는 국보법 철폐부터 먼저 시행해야 할 것으로 본다.

V. 나감말

이제까지 6.15선언/판문점선언과 관련하여 국보법의 변천과 국보법 자체가 갖는 모순을 살펴보고 국보법이 철폐되어야 하는 필연성에 대하여 살펴보았다. 80년대 말 '6월항쟁'을 통해 군사독재가 종식되고 적어도 절차상의 민주화가 이루어지고 표현의 자유에 대한 정치적 자유가 확대되었지만 '국보법폐지론'은 아직도 전체 국민적 정서로 수용되지 못하고 있는 실정이다. 그것은 일제에 빌붙고, 조국분단에 기생하며 독재정권의 수혜자인 '수구반통일세력'의 '북조선 무력침공'의 위협이 아직도 상존한다는 책동과 막말이 있기 때문이다. 그리고 군사독재정권 등 분단세력들의 장기간 흑색선전으로 우리 사회에 뿌리 깊게 남아 있는 반공이데올로기로 국보법의 남용에 대한 거부반응을 희석하고 있기 때문이다. 또 군부독재와 친일/친미 권력들에게 뇌세포를 세뇌당한 기득권세력에 동조하는 일부 지역의 무지한 민인들이 국보법 폐지를 주장하는 재야법조계와 인권단체의 주장을 계속 빨갱이=좌빨종북세력으로 몰아붙이고 있기 때문이다. 그러나 지금은 시대 상황이 긍정적으로 변했다. 적화통일론도, 북진통일론도, 흡수통일론도 무의미한 주장이 된 시대에 와 있다. 더구나 빨갱이/친북좌빨이라는 용어도 무색해지는 세월이 되었다. 오직 남과 북의 평화공존과 평화통일만이 우리 사회/민족을 생존, 번영케 하는 방법이라는 사조가 오늘날 우리 땅 위에 살아가고 있는 사람들 대부분의 생각으로 변해 가고 있다. 따라서 이러한 국면이 바뀐 시대 상황에서는 국보법이 철폐된다고 해서 남한 사회의 생존에 조금도 영향을 미치지 않는다. 또 국보법이 당장 철폐되면 남쪽 사회가 적화되거나 당장 북에 동조하는 이들이 생기지 않을까 염려하여 대체법을 만들자는 것도 한낱 기우일 뿐이다. 그동안 우리가 국보법 철폐를 주장해 왔던 주된 이유는 국보법이 인권을 탄압하고 독재정권에 봉사해온 법이었기 때문이다. 이제 국보법 철폐논의의 중심은 정치적 권력 차원이 아니라, 그동안 민중/민인들 사이에서 줄기차게 벌여왔던 '인권과 민주주의'. '천부적 자유주의'의 신장에 있다. 국보법은 국가주의 색채를 강하게 지니는 동시에 북을 반국가단체로 규정함으로써 대체 입법할 가치조차 없는 반통일적 악법이다. 따라서 평화통일의 시대, 화해와 협력의 시대에 이러한 악법은 반드시 철폐되는 것이 마땅하다.

그러면 국보법 철폐와 관련하여 앞으로 우리가 줄기차게 전개해 나가야 할 과제를 생각해 보자. 그것은 6.15선언과 판문점선언 그리고 평양선언의 정신을 계승하여 남북관계를 가로막고 있는 미국을 설득하는 일이다. 즉 북-미관계가 악화되게 해서는 안 된다. 문재인 권력이 들어오고 나서 2차례 북미정상회담(1차 2018.6.12. 싱가포르 센토사섬, 2차 2019.2.17~18. 베트남 하노이)에서 우리는 뼈저리게 느낀다. 늘 결정적인 순간에 미국이 재를 뿌리고 있다는 사실이다. 문재인 정부가 북조선과 미국을 잘 연결하고 있지만, 미국이 번번이 막판에 판을 깨고 있다.[42] 그동안 미국은 남북관계의 긴장을 유지 시키면서, 이러한 악화된 관계를 통한 동아시아에서 패권주의를 계속 확보하는 전략을 구사해 왔다. 이제 미국도 북조선과 대화를 통하여 정전협정(停戰協定)을 종전협정(終戰協定)으로 바꾸고, 나아가 평화조약을 체결하여 북과 미국이 수교한다면 굳이 국보법은 존재할 필요가 없다. 그리고 또 다른 실천적 방안으로 정서적 반공주의자(재향군인회, 자유총연맹, 보수기독교, 탈북관련단체, 어버이부대)와 논리적 반공주의자(신자유주의에 젖은 보수 청년층, 뉴라이트, 일베세력)를 설득하는 작업도 필요하다고 본다.

평화통일을 위한 선언문
- 2OO7 남북공동선언문

1. 남과 북은 군사적 적대관계를 종식시키고 한반도에서 긴장완화와 평화를 보장하기 위해 긴밀히 협력하기로 하였다.

2. 남과 북은 서로 적대시하지 않고 군사적 긴장을 완화하며 분쟁문제들을 대화와 협상을 통하여 해결하기로 하였다.

3. 남과 북은 한반도에서 어떤 전쟁도 반대하며 불가침의무를 확고히 준수하기로 하였다.

4. 남과 북은 서해에서의 우발적 충돌방지를 위해 공동어로수역을 지정하고 이 수역을 평화수역으로 만들기 위한 방안과 각종 협력사업에 대한 군사적 보장조치 문제 등 군사적 신뢰구축조치를 협의하기 위하여 남측 국방부 장관과 북측 인민무력부 부장간 회담을 금년 11월중에 평양에서 개최하기로 하였다.

5. 남과 북은 민족경제의 균형적 발전과 공동의 번영을 위해 경제협력사업을 공리공영과 유무상통의 원칙에서 적극 활성화하고 지속적으로 확대 발전시켜 나가기로 하였다.

6. 남과 북은 경제협력을 위한 투자를 장려하고 기반시설 확충과 자원개발을 적극 추진하며 민족내부협력사업의 특수성에 맞게 각종 우대조건과 특혜를 우선적으로 부여하기로 하였다.

7. 남과 북은 해주지역과 주변해역을 포괄하는 서해평화협력특별지대를 설치하고 공동어로구역과 평화수역 설정, 경제특구건설과 해주항 활용, 민간선박의 해주직항로 통과, 한강하구 공동이용 등을 적극 추진해 나가기로 하였다.

8. 남과 북은 개성공업지구 1단계 건설을 빠른 시일 안에 완공하고 2단계 개발에 착수하며 문산-봉동간 철도화물수송을 시작하고, 통행·통신·통관 문제를 비롯한 제반 제도적 보장조치들을 조속히 완비해 나가기로 하였다. 남과 북은 개성-신의주 철도와 개성-평양 고속도로를 공동으로 이용하기 위해 개보수 문제를 협의·추진해 가기로 하였다.

9. 남과 북은 안변과 남포에 조선협력단지를 건설하며 농업, 보건의료, 환경보호 등 여러 분야에서의 협력사업을 진행해 나가기로 하였다.

10. 남과 북은 남북 경제협력사업의 원활한 추진을 위해 현재의 '남북경제협력추진위원회'를 부총리급 '남북경제협력공동위원회'로 격상하기로 하였다.

근산, 평등, 평화의 사회
- 참 자유를 위하여

인류는 약 1만 년 전 신석기가 도래하면서 농업·목축업의 발달과 도구의 활용이 있게 된다. 이에 따라 재부(財富)의 증대도 수반하게 된다. 재부의 증대는 필연적으로 다른 양상의 생산방식들을 요구하게 된다. 즉, 재부증대에 따른 생산관계-재생산관계의 변혁이다. 이러한 경제적 변화를 바탕으로 인간사회는 씨족사회를 형성하게 된다. 그러나 씨족사회는 아직은 칼(武力)의 힘을 수반하지 않는 가족공동체사회였다.[1] 엥겔스(Friedrich Engels, 1820~1895)에 의하면 "초창기 인류의 가족공동체는 현재와는 다른 군혼(群婚)이었다. 그러다가 점점 가족 간의 성교(性交)가 금지되면서 여자의 약탈과 매매가 시작되고 씨족사회의 소멸과 함께 남성이 여성을 지배하는 시대가 도래하였다"라고 한다.[2] 곧, 남성이 여성을 지배하는 부권사회-가부장제사회를 만들어냈다는 뜻이다. 부권사회-가부장제사회는 청동기시대 사유재산제도가 발생하면서 더욱 확고해진다.

청동기가 도래하면 재부의 증대가 더욱 심화한다. 금속기 도구와 무기의 사용 때문이다. 특히 청동무기는 칼의 힘을 불러왔다. 칼의 힘은 전쟁을 만들었다. 그리고 청동농기구와 무기의 발달은 사유재산제도를 촉진했다.[3] 사유재산제도의 발생은 재산의 분배과정에서 강자와 약자 그리고 남자와 여자 사이에 주종관계가 유발되는 사회 모순을 만들어낸다. 이에 따라 재산소유권과 가산상속권을 남자가 갖는 남성 중심의 위계사회가 전개된다. 이리하여 여자는 남자의 '합법적 노비(奴婢)'로 그리고 장차 노동력 확보에 필요한 '노동력(아이)의 생산도구'로 전락하게 된다.[4] 이에서 일부일처제(一夫一妻制)와 '남성에 의한 여성의 압제'가 확고해진다.[5] 남성 중심의 위계질서가 가정에서 만들어지고 이러한 위계질서가 확대된 조직이 바로 국가사회로 확장이 되었다. 가정이 남자 중심의 울타리이듯이, 국가사회 역시 경제적/군사적 힘을 가진 남성 중심 엘리트 지배층의 울타리가 되었다. 군장사회와 연맹국가가 그것이다. 따라서 국가사회가 만들어지는 초창기부터 국가는 민인(民人)을 위한 울타리는 결코 아니었다.[6]

칼의 힘을 가진 자들은 언제, 어디서나 기회가 되면 국가라는 울타리를 만들어 지배층으로 군림해 왔다. 국가를 만든 지배층은 그들의 힘을 유지하기 위한 인적(징병/용역)/물적(조세) 자원의 징발을 강제하는 통치기구가 필요했다. 이 통치기구에 의하여 힘의 논리(권력)가 재생산된다. 이렇게 힘의 논리가 생기면서 인간사회는 지배와 피지배라는 계급구조를 발생시킨다. 하여 힘을 가진 지배층(왕족과 귀족, 이들을 엘리트라고 한다)들은 그들의 힘이 미치는 영역을 국가(國家: 중국인들은 이를 처음에 구주[九州]라 하였고 점차 천하[天下]개념으로 바뀐다)라 하였다.[7] 그리고 생산자계급(농민, 천민, 노예 등)을 피지배층으로 하여 지배와 피지배 관계를 강제한다. 곧, 이들 힘을 가진 엘리트 지배층들은 그들 권력의 재생산을 위해 피지배층에게서 인적/물적 자원의 징집과 징발을 강제하게 된다. 그러니까 국가라는 울타리가 존재하는 한 그 속에 갇혀 있는 민인은 백날 지배층의 착취 대상이었다는 말이 된다. 따라서 국가라는 울타리 속에 갇혀 있는 민인은 주체적 자유의지를 갖는 인간으로서 존재하는 게 아니다. 한낱 지배층이 만든 국가라는 울타리를 지탱해 주는 객체적 도구요, 수단일 뿐이었다. 그러면, 국가라는 합법적 조직을 통해 민인들이 어떻게 착취를 당했는지 간단하게나마 살펴보기로 하자. 국가가 인민을 착취하는 모습을 통해 함석헌의 국가주의 부정에 대한 이해가 구해지리라 본다.

고대 역사에서는 그래도 국가구조가 단순하여 인민/민인들을 짓누르는 착취구조가 단순하였다. 민인의 입장에서 볼 때, 정치권력에 속박당하는 것은 억울한 일이었다. 그런데 고대 중반기에서 중세로 들어오면, 국가라는 울타리를 타고 민인을 착취하는 지배구조가 하나 더 생긴다. 종교다. 아시아는 불교이고, 유럽은 그리스도교다. 종교는 국가라는 울타리를 이용하여 권력과 친밀하게 밀착(불교는 호국불교, 왕실불교, 그리스도교는 "기존 권위와 권력에 대한 사회적 복종")한다. 그리고 이 두 지배권력은 민인에 대한 착취를 분업화한다. 곧, 정치가는 현실적 착취를, 종교는 내세적 착취를 담당한다. 그래서 이제껏 종교는 지옥/극락/천당이라는 관념세계를 만들어 내세의 운명을 매개로 물질적 착취(1/10세)를 합법화해왔다. 그러니까 종교권력이 발생한 이후, 국가라는 울타리 속에 갇혀 있는 민인들 입장에서는 정치권력과 종교권력으로부터 이중(二重)으로 압제와 착취를 당해온 셈이다. 근대에 들어오면 산업혁명(1760년 이후)과 함께 자본주의/사회주의 생산양식이 발생한다. 그리고 자본주의/사회주의는 국가주의와 결합하게 된다. 그래서 국가의 양태는 자본주의국가/사회주의국가로 둔갑한다. 민인들의 입장에서 볼 때 그들을 지배하고 압제

/착취하는 존재가 더 늘어난 셈이다. 자본권력과 통제권력이다.

이제 우리 땅으로 들어와 보자. 오늘날 우리 땅/민인은 정치권력, 종교권력(해당 민인에게만), 자본권력 이 세 지배층에게 이/삼중으로 속박과 구속을 받고 있다고 해도 지나친 말이 아니다. 그래서 국가라는 구조는 이른바 정치권력, 자본권력, 종교권력들이 민인에게서 빼앗은 것(재물과 정신)들을 가지고 그들의 울타리를 더욱 견고하게 재건해 내고 있다. 이렇게 오늘날 국가라는 울타리 속에 갇혀 있는 민인들은 권력과 종교 그리고 자본의 힘에 짓눌려 숨쉬기조차 어려울 지경에 놓여 있다. 곧 국가권력(정치, 자본, 종교)은 법치주의라는 괴물을 만들어 민인에게 폭력을 휘두르는 기구 그 자체가 된다. 인간은 누구나 자기 생명과 건강을 지키고 사유재산을 보호할 자유가 있다. 더 나아가 행복할 권리가 있다. 이것을 천부인권(天賦人權)이라 한다. 유럽의 많은 학자와 사람들은 이러한 천부인권을 지켜나갈 바람직한 사회구조에 대하여 끊임없이 논의해 왔다. 그리고 어느 정도 결론을 도출하고 있다. 바로, 국가주의에 대한 반성이다. 함석헌은 이렇게 지적한다. "현실의 정부는 언제나 정직한 대표자가 아니고 사사(私事) 야심을 가진 자들이다. 그러므로 민중은 늘 제 권리를 빼앗기고 있다", "지배자들은 자기네의 야심을 감추고 변명하기 위해 '국가'를 내세우지만, 국가주의는 결국 폭력주의다."

우리는 지나온 세월 국가폭력을 자주 경험하였다. 오늘날은 옛날과 똑같이 국가(권력을 휘두를 때 국가주의가 된다)가 존재함으로써 인간이 인간답게 사는 데 많은 방해를 받고 있다. 그래서 "이제는 국가주의를 극복할 때가 왔다", "국가지상주의는 독소다"라고 말한 함석헌의 주장이 설득력을 갖는다. 그러면 국가주의의 대안은 무엇인가.

국가주의를 극복하는 대안으로 함석헌은 "자발적인 양심의 명령에 의해 성립"되는 공동체주의(함께 살기)를 주장하였다.[8] 자유, 평등, 평균, 자치/자율의 '공동체주의'이다. 헤아려 보건대, 국가주의(폭력적 억압정치, 독재적 권위정치)를 극복하고 인간 자율에 의한 평등사회를 만들어야 할 때라고 함석헌은 생각했는지도 모른다. 한편 함석헌의 국가주의 대안으로 내놓은 '같이살기'(아주 작은 소공동체주의)는 이미 역사 속에서도 존재해 왔다. 이는 바로 중국의 농민기의(農民起義) 과정에서 주장되었던 사상들이다. 농민기의는 역사 교과서에서 가르치고 있는 '농민의 난'을 말한다. 옛날 동아시아에서는 왕(王)을 중심으로 하는 지배권력 위주로 역사서들이 써졌다. 그래서 기전체(紀傳體)가 사서(史書)의 중심이 되는 서술형식이 되었다. 이 때문에 지배층 중심으로 농민들의 폭력적 지배권력에 대한 저항을 '민란' 또는 '농민의 난'(亂: 사회질서를 어지럽히고, 윗전에 대드는 逆賊/반란의 의미) 등으로 기록하였다. 이러한 지배권력 중심의 역사인식이 오늘날도 정치권력의 수구적 안일한 정신과 학계의 나약한 연구 태도 등 때문에 무(無)비판적으로 이어져 오고 있다. 그러나 이제 역사기록은 달라져야 한다. 역사를 지배층의 입장에서 볼 게 아니다. 민인의 입장에서 보면, 민인의 저항은 지배층의 못된 짓거리에 대한 자유(= 正義)와 평등의 항거였다. 따라서 난(亂)의 의미가 아닌, '사회정의를 위한 자유와 평등 그리고 균산을 부르짖는 항거'라는 의미에서 기의(起義)라고 씀이 옳다고 생각한다.

중국역사상 대표적인 농민기의로는 송대(宋代) 왕소파/이순기의 (王小波 · 李順起義, 993~994), 방납기의(方臘起義, 1120), 종상/양요기의(鍾相 · 楊幺起義, 1130~35) 등이 있다. 중국 역사서에서는 왕소파 ·

이순기의를 "균산반란"(均産反亂)이라 기록하고 있다. 이는 왕소파/이순이 "모든 계급의 균빈부(均貧富)"라는 구호를 내걸고 봉기하였기 때문이다. 중국의 여러 기의 가운데 '균산'의 주장은 처음이다. 그리고 이들이 '부'(富)와 함께 '빈'(貧)을 인식했다는 점은 매우 중요하다. 즉 '가난'(艱難)을 가져오게 한 원인으로서 '부자'(권력자)의 존재를 인식하였다. 방랍기의는 송대 왕안석 신법의 실패로 과중한 세금징수, 빈번한 강제노동에 직면하면서 산동 양산박(山東 梁山泊)을 중심으로 한 송강(松江)과 강남의 방납이 일으킨 민중기의를 말한다. 이들은 부호와 악덕관리를 모두 반대하였다. 곧 부호와 악덕관리는 합법적인 국가폭력을 의미한다. 남송 건국(1127)의 사회적 혼란기에는 호남 동정호(湖南 洞庭湖)를 중심으로 일어난 종상·양요가 이끈 농민기의도 있다(1130~1135). 이들은 '등귀천'(等貴賤)이라는 구호를 내걸고 관료·부호·유학자·승려들을 천(賤)의 적(賊)인 귀(貴)라고 규정하였다. 즉, '균산운동'(均産運動)과 '평등운동'(平等運動)을 함께 전개한 기의였다. 이렇듯, 예나 지금이나 민인들의 희망은 '등귀천'(평등)과 '균산'(평균)이다. 평등, 평균이 이루어지는 사회가 곧 평화사회가 된다.

국가폭력 - 고문의 형태

평화 정신을 파괴하는 국가폭력의 일종인 고문의 형태를 적어본다. 일제강점기와 이승만, 박정희, 전두환 등 대한민국의 독재권력때 있었던 고문의 형태를 비교하면서 설명하려고 한다. 가족들에게조차 차마 입 밖에 내지 못하고 지우고 싶은 고통의 순간들, 즉 너무 끔찍하고 참혹했던 고통의 기억들을 다시금 언급하게 된 데에는 글쓴이 나름의 이유가 있다. 그것은 우선 우리 역사 속에서 벌어졌던요컨대 국가 차원의 악마적 무리에 의해 자행되었던 폭력행위의 진실을 일반 민중들과 우리의 후손들에게 고발하는 심정으로 알리고자 함이다. 그리고 다른 한편으로는 우리나라에서도 "고문의 역사"라는, 곧 반인권적인 고문(拷問)에 관한 역사 연구가 이루어졌으면하는 바람이 있기 때문이다. 따라서 여기서 반인류적/반인권적 고문의 양태를 적어본다. 일제병탄기 민족해방운동/독립운동을 해온 우리 대한국인에 대한 가혹한 고문 양태는 윤경로 『105인사건과 신민회연구』에 의존했고,[1] 박정희, 전두환 권력들이 1970~80년대 독재타도와 민주화운동을 하는 사람들에게 가했던 고문의 양태는 황보윤식 "아람회 사람들이 감옥에 간 까닭은"[2]에서 가져왔다. 고문은 국가폭력의 초기 단계에서 발생한다. 반정부적 양심세력과 정부비판세력에 대하여 비인간적 일제 권력과 독재권력은 그들의 권력유지 차원에서 이들을 고문을 통하여 사회질서를 파괴하는 범법자로 조작한다. 고문은 국가폭력의 전형적인 사건 조작의 도구다. 고문으로 사건이 조작되면 이어 사법부가 사법적 폭력을 가한다. 심지어는 사법살인도 불사한다. 곧 사법부가 정치권력에 노예적으로 종사하는 모습을 보인다. 그렇게 해서 엘리트 중심의 자본적 민주사회, 곧 자유민주주의라는 탈(假面)이 가소롭게 나타난다.

I. 일제가 우리 동포에게 가한 고문의 양태

눈 가린 채 공중에 매달고 쇠몽둥이로 매질하기/ 대나무 못을 손톱 및 발톱 밑에 박아넣기/ 수십 일간 완전밀폐된 독방에 가두면서 일체 음식물을 주지 않기/ 몹시 추운 날씨에 옷을 벗긴 후 수도전에 묶고 찬물을 끼얹어 사람을 얼음기둥으로 만들기/ 발가벗기고 손을 등 뒤로 묶은 다음 묶은 손의 끈을 문설주 위로 끌어당겨 온몸을 공중에 매달아 흔들어 문틀에 부딪치기(일명, 학춤).

기름을 바른 온몸에 인두와 담뱃불로 단근질하기/ 입 벌리고 혀를 빼게 한 후, 기도(氣道)에 담배연기 불어넣기/ 두 다리를 땅에서 들게 한 채, 1전짜리 동전 크기의 머리채를 만들어 천장에 매달아 머리털 뽑기/ 거꾸로 매달아 놓고, 코에 뜨거운 물을 붓고 거꾸로 매달아 뱅뱅 돌리기/ 입을 벌린 채, 입안에 석탄가루를 쑤셔 넣기/ 콧수염의 양 끝을 서로 묶은 다음 잡아당기기/ 쇠몽둥이를 손가락 사이에 끼고 손가락을 비틀기/ 손가락을 쇠줄로 묶고 잡아당기기/ 밤에 산으로 끌고 가 나무에 매달고 예리한 칼을 목에 들이대고 죽인다고 협박하기/ 가슴높이의 궤짝에 들어가 장시간 서 있기/ 손을 묶은 다음, 선박 밑으로 들어가 머리카락을 땅에 동여매고, 왼쪽 다리를 무릎 높이로 하여 선박에 묶어 장시간 방치하여 피를 토하게 하기. 또 있다. 아주 간악한 고문으로 성기(性器)에 송곳 같은 것으로 쑤셔 넣어 고통 주기/ 전기로 고문하기/채찍으로 등판을 갈기기 등.

II. 대한민국 경찰(이승만, 박정희, 전두환)이 권력비판자들에게 가한 고문의 양태

며칠씩 잠 안 재우기/ 몽둥이로 두들겨 패기/ 밥 안 주기/ 욕조에 머리를 처넣어 물고문하기/ 죽여 묻어버리겠다고 협박하기/ 가족을 죽인다, 가족에게 불이익을 주겠다는 등 협박하기/ 손가락 주리틀기/ 다른 사람 고문하는 것 보여주기/ 다른 사람이 고문을 당하면서 고통스럽게 지르는 비명 듣게 하기/ 머리를 땅에 박고 손을 등 뒤로 한 채 오래 버티기(일명, 원산폭격)/ 두들겨 패면서 허위자백 강요하기/ 머리카락 쥐어뜯기(머리카락 뽑기)/ 택견과 주먹 등으로 개 패듯 수없이 두들겨 패기/ 조사실 복도에 있는 욕조 대에 머리를 처박게 하기 (물고문)/ 정신적, 심리적 고통 주기(부모형제에게 불이익을 주겠다. 형제들을 직장에서 쫓겨나게 하겠다 등)/ 무릎골절 빼기(손을 뒤로하여 수갑을 채운 뒤 무릎을 끓인 채 굽힌 무릎 사이에 각목을 끼워 무릎 위에서 밟아대는 고문, 이로 인해 무릎골절이 탈골된다)/ 발가벗기기(반인륜적 행위로 수치심 유발하기)/ 통닭구이(발가벗겨진 상태에서 두 손에 수갑이 채워지고 무릎 사이에는 굵은 각목이 끼워진 채 두 책상 사이로 거꾸로 매달고 수건을 얼

여러 고문 중 '통닭구이'

굴 위에 놓고 물 붓기 - 수막현상으로 숨을 쉴 수가 없게 함)/ 심리적으로
좌절감 느끼게 하기(이번에 빨갱이로 낙인이 찍히면 가족들이 우리 사회에
서 살아가기 힘들다는 등)/온몸에 감전시키기 등(전기고문). 또 있다. 성
기에 고통을 가하기이다. 뇌세포에 거짓 진술을 각인시킨 뒤 반복하여
외우기/ 발톱을 짓이겨 누르기/ 턱 빼기(볼을 엄지 검지로 압박 가하기).

　* 대한민국에서 자행된 고문 형태는 글쓴이가 직접 경험했던 바를
기술한 것이다.

1장. 평화란 무엇인가 ─ 평화의 개념

1. 함석헌,『함석헌저작집 12: 평화운동을 일으키자』(한길사, 2009), 17.

2. 함석헌,『함석헌저작집』12, 45.

3. 김대식,『함석헌의 평화론』(모시는사람들, 2018), 79; 함석헌, 같은 책, 45.

4. 김대식,『함석헌의 평화론』, 135.

5. 이재봉, "20세기의 동양평화론과 21세기의 동아시아 공동체론",「평화학연구」
   12권 1호 (2011, 한국평화연구학회), 6.

6. 민본아나키즘: 민본주의와 아나키즘의 모음용어(합성어)다. 민본주의는 엘리
   트가 아닌, 민인/인민/씨올이 사회를 이끌어 가는 주체가 되는 사상을 말한
   다. 영어로 보면 democracy를 말한다. 이를 민주주의로 번역한 것은 잘못이
   다. 아나키즘(anarchism)은 인간이 살고있는 모든 공동체와 분야에서 무(無)
   권력/반(反)권위/반(反)법치를 지향하는 사상을 말한다. 아나키즘은 고정된
   개념이 없이 다양한 분야로 파급되면서 다양한 아나키즘이 등장하고 있다. 따
   라서 민본아나키즘은 모든 사회/공동체는 "민인에 의해, 민인을 위하여, 민인
   이 운영"하되, 무권력/반권위/반법치를 지향하는 사상을 말한다.

7. 公曰, 女不可近也. 對曰: 節之. 先王之樂, 所以節百事也. 故有五節, 五聲之節.
   遲速本末以相及, 中聲以降, 五降之後, 不容彈矣. 於是有煩手淫聲, 慆堙心耳,
   乃忘平和, 君子弗聽也.〈春秋左傳, 昭公元年〉,《四庫全書薈要》經部 10권, 左
   傳注疏 卷41 (吉林人民出版社, 1997), 351.

8. 尹炳云, "아우구스티누스에 있어서 도덕적 의지와 평화", 중앙대학교 박사학
   위논문, 1997.

9. 김대식,『함석헌의 평화론』, 136.

10. 오늘날까지 제국주의로 남아 있는 나라는 미국과 일본, 중국과 러시아, 영국,
    프랑스이다.

11. 요한 갈퉁/강종일 역, 『평화적 수단에 의한 평화』(들녘, 2000).

12. 《四庫全書薈要》권5, 〈書經集傳〉권2, 夏書 五子之歌篇, 234 하단.

13. 《孟子集註大全》, 〈盡心章句下〉(成均館大學校 大同文化研究院, 1970), 741.

14. 邃古之初 民而已 豈有牧哉 民于于然聚居 有一夫與隣閧 莫之決 有叟焉 善爲
公言 就而正之 四隣咸服 推而共尊之 名曰里正 … 黨正 … 州長 … 國君 …
方伯 四方之伯 推一人以爲宗 名之曰皇王 皇王之本起於里正 牧爲民有也. 《與
猶堂全書》제1집, 詩文集, 권10, 原牧.

15. 배용하, "전복을 목적으로 하지 않는 반란: 아나뱁티스트와 아나키즘", 『절대
자유를 갈망하는 사람들』(대장간, 2020), 206.

2장. 동아시아의 평화유전자 — 강화 마니산

1. 백제라는 나라 이름은 처음부터 있었던 게 아니다. 여러 주장들이 있다. 마한
에는 57개의 작은 나라(小國)가 있었는데 그중 하나가 한강 유역의 백제였다
고 하는 설로, 온조가 처음 발을 디딘 지역이 바로 백제 땅이었다는 주장이다.
그래서 온조를 통하여 마한의 백제 소국이 커진 게 백제라는 주장이다(한성백
제박물관). 또 다른 주장은 온조가 처음 세운 나라 이름은 십제(十濟)였다고
한다. 그것은 온조와 함께 한강 유역으로 내려온 고구려 사람들(부여 혈통)
중 10명의 동지가 만든 나라라는 뜻에서 십제(十濟)라고 하였다고 한다. 그러
다가 온조의 형 비류가 나라를 더 이상 지탱할 수 없는 지경에 이르자 동생에
게 바치면서 온조는 신료와 백성이 많이 늘어났다는 뜻에서 十濟를 百濟로 고
쳤다는 주장도 있다. 《三國遺事》, 〈南扶餘/百濟/北扶餘己見上〉條 (崔南善
편, 《三國遺事》[民衆書館, 1946], 97), 또 《高麗史》권56, 〈地理志〉1, 楊廣道
條에도 그렇게 나와 있다.

2. 《三國遺事》, 〈南扶餘/百濟/北扶餘己見上〉에 보면 扶餘郡에 대한 撰註를 달되
"彌鄒忽 仁川, 慰禮今益山"이라 한 것을 보아 미추홀이 인천임을 나타내주고
있다(《三國遺事》, 97).

3. 《三國史記》, 〈地理志〉, 高句麗條 (《三國史記》, 京仁文化社, 영인본, 363).

4. 《高麗史》권56, 〈地理志〉1, 號江都條에 보면 摩利山에 塹星壇이 있는데 설치

연대는 모르고 世傳으로만 기록되어 있다(正陽社, 영인본 中, 1955, 259 하
단). 또《世宗實錄》권146, 〈地理志〉권148, 江華都護府條에 보면 摩利山은
鎭山으로 '頭岳'(머리산)이라 하였다. 頭岳이라는 말의 뜻을 보면 백두산 천지
와 한라산 백록담 사이에 있는 머리산과 영산(靈山)으로 풀이된다. 조선인들
도 摩利山을 성산(聖山)으로 보았다(國史編纂委員會 영인본, 1986, 622). 그
러나 조선은 불교를 배척한 시대이므로, 마니산이 불교와 관련된 용어임을 일
부러 피했던 것으로 본다.

5. 참성단의 축조시기를 기원전 2283년으로 기록한 책(野史)도 있다(帝命雲師配
達臣, 設三郎城于穴口, 築祭天壇於摩璃山, 金塹城壇時夜.《桓檀古記》, 〈檀君
世紀〉戊午五十一年條).

6. 鄭炅日, "마리산 참성단 연구", 「青藍史學」 1 (한국교원대학교, 1997), 95-119.

7. 《高麗史》, 〈世家〉元宗 5년 6월조 (正陽社, 영인본, 1955, 520 상단).

8. 서영대, "강화도의 塹城壇에 대하여", 「한국사론」 41·42합집 (1999).

9. 천신사상을 가진 이주민 집단(황웅부락)이 청동기문화를 가지고 왔고, 청동기
와 관련이 있는 무덤문화는 고인돌이기에 고인돌이 강화 전역에 산재되어 있
는 것으로 보아 강화가 단군조선문화와 연관이 있을 것으로 추측하고 있을 뿐
이다.

10. 삼랑성의 축조기법으로 보아 삼국시대에 축조된 성으로 보고 있다. 그렇다
면 단군이 雲師를 시켜 같은 시기에 쌓았다는 참성단의 축조연대도 삼국시대
일 것으로 보인다.

11.《高麗史》, 〈地理志〉와《世宗實錄地理志》에는 마리산(摩利山)으로 되어 있
고, 그 후 摩尼山으로 바뀌었다.

12.《新增東國輿地勝覽》, 江華府摩尼山條;《국역신증동국여지승람》 2, 〈강화도
호부〉조 (민족문화추진회, 1967, 366) 참조. 최종적 고증이기에 摩利山보다
는 摩尼山이 맞다는 생각이다.

13.《국역신증동국여지승람》 2. 충북 영동군 양산면과 옥천군 이원면에 摩尼山
이 있다. 이를 두고 마리봉성, 마리성이라고도 한다(566).

14. 安鼎福,《東史綱目》附卷下, 〈地理考〉檀君疆域考條 (활자영인본, 景仁文化

社, 1970, 558).

15. 權近,《陽村集》권29, 槧城醮青詞條 (영인본, 민음고, 1967, 12).

16. 下圓上方形의 제단이 중국 요하 지역의 홍산문명 유적에서도 발견된다고 한
다. 그러나 이러한 제단축성원리는 고대인의 공통된 사유로 굳이 축성연대
가 정확히 밝혀지지 않는 참성단을 요하문화권(홍산문화권)과 연결하는 것
은 아직은 무리라고 본다. 고고학 분야에서 더 연구하여 밝혀야 할 과제이다.

17. 元者, 善之長也. 亨者, 嘉之會也, 利者, 義之和也. 貞者, 事之幹也. 君子體仁
足以長人, 嘉會足以合禮, 利物足以和義, 貞固足以幹事. 君子行此四德, 故曰,
乾, 元亨利貞. (《周易本義》, 泰卦條. (《四庫全書薈要》3, 吉林人民出版社,
1997), 260).

18. 참성단은 조사된 바에 따르면, 자연석으로 쌓았다. 높이 5m, 기단(基壇)은
지름 4.5m의 원형이고 상단(上壇)은 사방 2m의 네모꼴로 되어 있다.

19.《周易本義》, 泰卦條. (《四庫全書薈要》3, 吉林人民出版社, 1997, 260.)

3장. 안중근의 동아평화공동체 사상

1. 일제의 동학농민군 탄압군 대장의 말을 빌리면 동학당이 민가를 불태우고 관
사를 불태우며 약탈과 폭력이 극에 달하였다고 한다. 그리고 다음과 같은 기
록이 있다. "황해도에서 봉기한 동학당에는 여러 종류가 있다. 지금 소관이 목
격한 바를 생각하여 말하겠다. 황해도의 동학당은 다음의 3종류로 구분할 수
있다. 즉, 제1종 진정 동학당(眞正東學黨), 제2종 일시적 동학당(一時的東學
黨), 제3종 가짜 동학당(僞東學黨)" (국사편찬위원회, "동학당정토약기", 『동
학혁명자료총서』, 한국사데이터베이스).

2. 윤경로, 『한국근대사의 기독교사적 이해』 (역민사, 1992), 297.

3.《韓國獨立運動史資料》6, 175-176.

4. 이재순, "한말신민회에 관한 연구", 「이대사원」 14 (1977, 이대사학회).

5. 安重根, 『安應七歷史』 (일본국회도서관 七條清美文書 소장본), 113.

6. 安重根, 『安應七歷史』, 114.

7. 安重根, 『安應七歷史』, 115.

8. 安重根,『安應七歷史』, 119.

9. 安重根,『安應七歷史』, 121.

10. 1908, 여름 장마철. 安重根,『安應七歷史』, 125.

11. 《韓國獨立運動史資料》6, 394.

12. 安重根,『安應七歷史』, 135.

13. 신운용, "일제의 국외한인에 대한 사법권침탈과 안중근재판",「한국사연구」 146 (2009), 145.

14. 이토 죄상 열다섯 가지는 알맹이는 같지만, 이를 소개하는 자료마다 문맥이 다르고 순서가 다르다. 여기서는 金宇鐘 等主編,『安重根』(中國 遼寧民族出版社, 1994)를 참고하였다.

15. 安重根,『安應七歷史』, 152.

16. 斎藤泰彦,『わが心の安重根』(五月書房, 1994), 214.

17. 수호조약이라는 말은 문명국이 미개국을 지도한다는 뜻이다.

18. 영국과 일본이 러시아를 공동의 적으로 삼고 러시아의 東進=남하정책을 막고 영국과 일본이 동아시아에서 이권을 나누어 갖는다는 조약.

19. 具仙姬, "청일전쟁의 의미 - 조·청 '속방' 관계를 중심으로-",「한국근현대사연구」 37 (2006), 107.

20. 歷史者梁何, 人種之發達與其競爭而己, 舍人種則無歷史. (梁啓超,『歷史與人種之關係』, 飲冰室文集 9 [1902], 10.)

21. 윤경로,『한국근대사의 기독교사적 이해』, 317.

22. 가쓰라-태프트밀약: 일제는 미국에게 필리핀 점령을 인정하고 미제는 일제의 대한국에 대한 지배적 우위를 인정한 밀약.

23. 「時事新報」1885.3.16., 사설. (時事新報는 일본에서 1881년 3월 1일 창간되었다.)「주간조선」1896호(2006.03.20.)에서 재인용.

24. 「대한매일신보」1909. 11.21, 국사편찬위원회, 한국사데이터베이스.

25. 피고안응칠 제8회 신문조서, 1909.10.30.

26. 김대식, "동북아 평화공동체의 모색", 이찬수 편.『아시아평화공동체』(모시는사람들, 2017), 191.

27. 安重根, 『東洋平和論』 (일본국회도서관 七條淸美文書 소장본/ 서울셀렉션 판), 25.

28. 安重根, 『東洋平和論』, 25.

29. 安重根, 『東洋平和論』, 25-26.

30. 安重根, 『東洋平和論』, 27.

31. 安重根, 『東洋平和論』, 28.

32. 내정불간섭주의: 각 나라가 떠나고 머무는 것을 강요하지 않고 그 내정에 간 섭하지 않는다는 뜻.

33. 安重根, 『東洋平和論』, 40.

34. 안중근, 『안중근동양평화론 자서전』 (BOOKK, 2019), 37.

35. 안중근의사기념관, 『안중근의 동양평화론』, 〈청취서〉 48-51. (이하 청취서)

36. 〈청취서〉, 50.

37. 〈청취서〉, 51.

38. 「독립신문」 1899.7.22., 논설 "평화론."

39. 김대식, "안중근과 동북아 평화공동체의 모색", 이찬수 편, 『아시아평화공동체』 (모시는사람들, 2017), 191.

40. 〈청취서〉, 49-51.

41. 오늘날 유럽의 공동화폐(European billet) '유로'처럼.

42. 〈청취서〉, 51.

43. 〈청취서〉, 52.

44. 〈청취서〉, 53.

45. 김대식, "안중근과 동북아 평화공동체의 모색", 196 참조

46. 안응칠 제8회 신문조서.

47. 황헌식, 『신지조론』 (사람과사람, 1998), 6.

48. 황헌식, 『신지조론』, 8.

49. 황헌식, 『신지조론』, 42. 참고로, 안중근이 동학농민기의군이 민가의 재물을 탈취한다고 하여 이를 적병(敵兵)으로 인식하고 이들을 폭도(暴徒)로 몰아세 우고 있는데, 전봉준의 창의문(彰義文)에 보면, 4개항의 행동강령 제1항이

① 사람을 죽이거나 재물을 손상하지 말 것으로 되어 있다. 아마도 오해가 있었던 것 같다.

4장. 조봉암의 남북평화통일론

1. 교과서에서는 이를 '6.25동란', '한국전쟁', '6.25민족상잔(民族相殘)', '6.25한 국전쟁'이라고 부른다. 글쓴이는 이 용어가 잘못된 용어라고 생각한다.

2. 또는 民人起義라고도 한다. 이를 우리 교과서에서는 3.1운동이라고 표기한다.

3. 당시 신학문으로는 우리역사/지리, 만국역사/지리 수학, 영어, 물리 등을 공부 하였다.

4. 박열은 일제국 왕 폭살음모 혐의로 22년 2개월 옥살이를 하게 됨.

5. 조봉암은 자신의 글 『내가 걸어온 길』에서 박열, 신용우, 방한상 등과 흑도회 를 조직하였다고 적고 있다(15).

6. 1923년 7월 중순 설립. 뒤에 실천단체인 화요회(火曜會)로 고침.

7. 신흥청년동맹은 박헌영, 임원근, 김단야, 조봉암이 주도하였다.

8. 조선공산당 초대 총비서는 김재봉(金在鳳, 1890~1944)이 된다.

9. 이원규, 『조봉암평전』(한길사, 2013), 298.

10. 모풀은 러시아 용어로 국제구호기금이라는 뜻이다. 곧 공산주의 운동을 하 다가 구속되거나 감옥을 간 운동가들에 대한 변호사비용 그리고 그 가족에 대한 생계비를 지원해 주는 국제 공산당 지원기금을 뜻한다. 조봉암이 김이 옥을 살리기 위해 이를 유용한다. 나중에 조봉암의 동생이 일부 갚았다는 주 장도 있다(이원규 작가).

11. 김이옥은 조봉암이 공금을 횡령하면서까지 간호했음에도 불구하고 딸아이 조호정을 낳고 짧은 생을 마감한다.

12. 이원규, 『조봉암평전』, 322.

13. 日ソ中立條約: 일제가 미국의 하와이를 공격하게 되면 소련은 이에 대하여 중립을 지킨다는 내용. 1이 조약의 성립으로 소련은 독일과의 전쟁(서부전 선)에서 유리했고, 일본도 미국과 태평양전쟁을 벌이는 동안, 소련으로부터 전쟁에 필요한 상당량의 석탄, 목재, 철, 어류, 금 등 자원을 공급받았다

(Spencer C. Tucker and Priscilla Mary Roberts, eds., *World War II: A Student Encyclopedia*, 5 vols. [ABC-CLIO, 2005]). 이후, 소련은 미영소 3개국 회담(크림반도 얄타)에서 소련은 독일이 항복하면 2~3개월 후에 대일전에 참가할 것을 약속하고 있다(사회과학원 역사연구소, 『조선통사』하 [1988], 269).

14. 북조선에서는 소련의 대일선전포고를 1945년 8월 9일이라고 적고 있다(사회과학원역사연구소, 『조선통사』하 [1988], 269; 『한국민중사』II [풀빛, 1896] 223).

15. 8월 10일 일본은 스위스와 스웨덴 공사관을 통해 연합국에 포츠담선언을 받아들이겠다는 의사를 전달했다.

16. 딘 러스크의 회고록 *As I Saw It*에서 "나는 38도선 탄생의 '목격자'이었으므로 보다 자세한 내용을 이야기할 수 있을 것이다. 갑작스러운 일본의 항복에 의해 국무성과 군당국은 일본항복에 관해 맥아더 장군에게 보내야 할 지령 및 기타 연합국 정부와의 협정에 대해 긴급히 검토하게 되었다. 그 때문에 8월 10일부터 11일 사이, 국무성의 딘(James C. Dunn), 육군성의 맥클로이(John J. McCloy), 해군성의 버드(Ralph Bard) 등 세 명이 펜타곤의 맥클로이 집무실에서 SWNCC 철야회의를 열었다. 그날 회의는 밤을 새우며 계속되었다. 의제는 일본항복 수리에 관한 협정이었다. 국무성 측은 미군이 가능한 한 북쪽에서 항복을 수리해야 한다는 의견을 제출했다. 군에 즉각 움직일 수 있는 병력이 없다는 사실에 직면했다. 시간적, 공간적으로 소련군이 들어오기 전에 북쪽까지 점령하는 것은 곤란했다. 군의 견해는 항복을 수리하기 위한 우리들의 제안이, 예상되는 군사 능력을 훨씬 넘는 경우, 소련이 그것을 받아들일 가능성은 거의 없다고 하는 것이었다. 사실 시간도 없었다. 맥클로이는 본스틸(Charles H. Bonesteel) 대령과 본인에게, 옆방에 가서 미군이 가능한 한 북쪽에서 항복을 수리해야 한다는 정치적 희망과 미군 진주 능력의 명백한 한계를 조화시키는 안을 작성해 오도록 요청했다. 우리는 소련이 동의하지 않을 경우 미군이 현실적으로 진주하기에는 어렵다고 생각했지만, 미군 점령지역 내에 수도를 포함시키는 것이 중요했기 때문에, 38도선을 제안했던 것

이다"(Dean Rusk, *As I Saw It*, 124; 정영주·정순주 공역, 『냉전의 비망록』 (시공사, 1991), 64). 참고로, 러스크는 독도를 일본에 넘겨준 장본인이다.

17. 소련이 한반도 웅기, 나진, 청진항 등 동해바다에서 일본해군을 격침시키는 시간은 1945년 8월 9일 10일 사이이며 조선 북반부 동해안의 청진 나남 등지에 진주해 들어오는 시간은 1945년 8월 14일이다(사회과학원역사연구소, 같은 책, 270). 원산과 함흥은 8월 21일에 진주한다(송정호 외, 『고등학교 한국사』 (지학사, 2010검정), 262). 일부 8월 15일 이전에 소련이 서울을 점령했다는 주장은 근거 없는 주장이다.

18. 황보윤식, 『함석헌과 민본 아나키스트, 그들의 역사적 기억』 (문사철, 2019), 160-164 참조.

19. 제2차 세계대전에서 연합국(사실상 미국)에 항복한 일제는 일찍이 United States of America의 국명 미합중국의 한자표기를 米國으로 하였다. 그런데 남한의 친미자발적 노예였던 이승만은 미합중국을 美國이라고 아름다운 나라라고 하였다. 곧 쌀 米(코쟁이, 길쭉한 놈들)을 美(아름다운 나라)로 고쳐 표기하였다.

20. 이원규, 『조봉암평전』, 358.

21. 1946년 6월 박헌영은 조봉암을 공산당에서 제명, 출당시켰다.

22. 사회민주주의: 생산수단에 있어서 자본주의적 개인주의를 사회주의적 공적 소유로 바꾸어 자유/평등의 민주주의 사회를 실현하자는 이론.

23. 3대 대통령선거에서 사실상 조봉암이 이승만을 이겼는데 개표조작으로 이승만이 당선되었다는 주장이 있다. 무효표가 2백만 표 가까이 나온 것이 이를 증명한다.

24. 서중석, 『조봉암과 1950년대』 하 (역사비평사, 1999), 691.

25. 1956년 대선 때 잡화상 양명산으로부터 정치자금을 받은 것은 사실임.

26. 5년을 선고한 판사는 이듬해 재임용에서 탈락함.

27. 판결 후 자유당의 정치깡패 이정재 수하들과 반공청년단원 200명이 용공판사 타도를 외치며 법원으로 난입하는 사태가 벌어지고, 대한반공청년회 200명은 대법원에 난입하여 "조봉암 일당에 간첩죄를 적용하라", "친공판사 유

병진을 타도하라"는 구호를 외치며 대법원 청사를 아수라장으로 만들어버렸다. 조봉암의 사후 북조선에서는 애국렬사릉에 가묘를 설치하였고, 1990년대 이후에는 조선민주주의인민공화국의 조국통일상이 추서되었다.

28. 죽산조봉암기념사업회, 『죽산 조봉암 전집』 134 (세명서관, 1999), 436-437.

29. 이원규, 『조봉암평전』, 39.

30. 「동아일보」 1946.8.13.

31. 1946년 7월에 수립된 좌우합작위원회는 우파 세력들이 가져온 8원칙과 좌파 세력들이 가져온 5원칙에 입각하여 서로 절충하는 논의에 들어갔다. 그리고 설립 3개월 후, 1946년 10월 7일에 좌우합작 7원칙을 합의 · 제정하고 좌우 대표에 의해 발표했다. 좌우합작 7원칙의 내용은 다음과 같다.

① 조선의 민주독립을 보장한 모스크바 3국 외상회의 결정에 의하여 남북을 통한 좌우합작으로 민주주의 임시정부를 수립할 것.

② 미국 · 소련 공동위원회(미소공위) 속개를 요청하는 공동성명을 발표할 것.

③ 토지개혁에 있어 몰수 유조건 · 몰수 체감 매상 등으로 토지를 농민에게 무상으로 분여하여(유상몰수 · 무상분배) 시가지의 기지와 대건물을 적정처리하며 주요 산업을 국유화하여 사회 노동법령과 정치적 자유를 기본으로 지방자치제의 확립을 속히 실시하며, 통화 및 민생문제 등을 급속히 처리하여 민주주의 건국 과업 완수에 매진할 것.

④ 친일파 및 민족반역자를 처리할 조례를 본 합작위원회의 입법기구에 제안하여 입법기구로 하여금 심리 결정하여 실시케 할 것.

⑤ 남북을 통하여 현정권 하에서 검거된 정치 운동자의 석방에 노력하고, 아울러 남북 좌 · 우익 테러적 행동을 일체 즉시로 제지토록 노력할 것.

⑥ 입법기구에 있어서는 일체 그 권능과 구성 방법 · 운영 등에 관한 대안을 본 합작위원회에서 작성하여 적극적으로 실행을 기도할 것.

⑦ 전국적으로 언론 · 집회 · 출판 · 교통 · 투표 등의 자유가 보장되도록 노력할 것.

그러나, 한민당과 공산당의 격렬한 반대로 무산된다(출처: 인터넷 나무위키).

32. 「조선일보」 1947.3.26.

33. 정태영, 『죽산조봉암전집』 1 (세명서관, 1999), 186.

34. 「조선일보」 1956.4.8.

35. 자유당의 음모공작은, "남북 대치상황에서 군비축소는 위험한 생각이다. 평화통일은 잠꼬대다"라고 말하였다.

36. 이원규, 『조봉암평전』, 48.

37. 7.4공동성명은 기만성을 가지고 있다. 곧 두 분단권력이 분단체제를 고착화하자는 함정이었다.

38. 7.4공동성명이 나오기 전, 이미 박정희는 인혁당(인민혁명당)사건을 조작하고 사법살인을 자행했다(1975.4.9., 서도원, 도예종, 송상진, 우홍선, 하재완, 이수병, 김용원, 여정남 등 8인).

39. 이원규, 『조봉암평전』, 42.

5장. 김대중과 함석헌의 평화공동체 사상

1. 김대중 지음/정진백 엮음, 『김대중어록: 역사의 길』 (사회문화원, 2010); 정진백 엮음, 『金大中對話錄』 전5권 (행동하는양심, 2018).

2. 5.18 광주시민혁명에 대한 김대중 자신의 자세한 증언은 정진백, 『金大中對話錄』 2, 7 이하 참고.

3. 〈아람회사건〉에 대해서는, 황보윤식, 『죽을 때까지 이 걸음으로』 (문사철, 2017) 참조.

4. 〈한국기독교교회협의회〉는 일제감정기부터 활동을 해왔다. 해방 이후는 1961년부터 그리고 활동이 미비하다가 다시 1973년부터 활발한 활동을 하게 된다.

5. 「씨올의소리」 94 (1980.5, 6월호), 15-39.

6. 「씨올의소리」 편집장 박선균 목사의 증언에 의했다.

7. 공화당은 필요에 의하여 당명을 수시로 바꾼다. 신한국당-새누리당-미래통합당-국민의힘당으로 계승되었다.

8. "美의 對極東防衛線은…", 「京鄕新聞」 1950.1.12., 1.

9. 역사교과서에는 4.19혁명으로 적음.

10. 함석헌, 『함석헌저작집』 13 (한길사, 2009), 227.

11. 함석헌, 『함석헌저작집』 13, 302.

12. 1961년의 民族日報 趙鏞壽事件과 1964년의 人民革命黨事件(People's Revolutionary Party Incident) 등이 있다.

13. 함석헌, 『함석헌저작집 12: 평화운동을 일으키자』 (한길사, 2009), 144.

14. 함석헌, 『함석헌저작집』 12, 149.

15. 함석헌, 『함석헌저작집』 12.

16. 함석헌, 『함석헌저작집』 12, 213.

17. 함석헌, 『함석헌저작집』 12, 211.

18. 함석헌, 『함석헌저작집』 12, 231.

19. 함석헌, 『함석헌저작집』 12, 266.

20. 함석헌, 『함석헌저작집』 12, 267.

21. 김대중 관련 사상과 정책 등은 서두에 소개한 정진백 엮음, 『金大中對話錄』 (행동하는양심, 2018)을 주로 참고하였고, 정진백 편, 『김대중어록』 (사회문화원, 2017)을 보조자료로 하였다.

22. 맹자의 방벌론: '백성을 하늘로 삼는다', '사람이 곧, 하늘이다', '사람 섬기는 것을 하늘 섬기듯 하라.' 만일 임금이 선정(善政)을 베풀지 않고 백성을 억압한다면 백성은 하늘을 대신해 들고일어나 임금을 쫓아낼 권리가 있다.

23. 로크의 사회계약설: "권력을 위탁받은 권력자가 잘못하였을 때 이를 축출할 수 있는 권한이 사회구성원에 있다."

24. 안중근, 『동양평화론』 (서울셀렉션, 2018) 서문 참조.

25. 김대식, "안중근과 동북아평화공동체의 모색", 『아시아평화공동체』 (모시는사람들, 2017) 175쪽 이하 참조.

26. 정진백 편, 『김대중어록』, 380, 441.

27. 정진백 엮음, 『金大中對話錄』 5권, 349 이하 참조.

28. 정진백 편, 『김대중어록』, 371.

29. 정진백 편, 『김대중어록』, 228.

30. 정진백 엮음, 『金大中對話錄』 1권, 44-48에 김대중이 직접 설명을 하고 있다.

31. 정진백 편, 『김대중어록』, 359.

32. 정진백 편, 『김대중어록』 앞의 책, 438쪽 이하.

33. 이 부분은 강만길, "6.15남북공동선언의로 평화통일이 시작됐습니다", 『강만길저작집』 16 (창비, 2018), 255쪽 이하 참조.

34. 황보윤식, "6.15남북공동선언의 의미와 국가보안법 철폐의 필연성", 「人文研究」 33·34 합집 (2003.12., 인하대학교 인문과학연구소) 참조

35. 장진백 엮음, 『金大中對話錄』 4권, 11 이하 및 47 이하 참조.

36. 6자회담을 성사시킨 배경에 대하여는 『金大中對話錄』 4권, 251 이하 및 『김대중어록』, 229 참조.

37. 6자회담에 대한 구체적 내용은 『金大中對話錄』 4권, 149-318 이하 참고.

38. 김대중의 동아시아평화론은 『金大中對話錄』 3권, 571 이하를 참고하였음.

39. 김대중은 늘 세계인구의 1/3을 가지고 있는 당시 20억의 인구를 생각하고 있었다.

40. 장진백 엮음, 『金大中對話錄』 4권, 141.

41. 장진백 편, 『김대중어록』, 397에서 김대중은 민본주의를 언급하고 있다.

42. 김대중의 세계평화론은 『金大中對話錄』 5권, 343 참조.

43. 김대중의 평화통일론은 『金大中對話錄』 5권, 145 이하, 185 이하, 219 이하 참조.

44. 자유한국당과 바른미래당, 미래통합당, 국민의힘당으로 이어지는 반통일세력.

45. 김대중도 탈(脫)민족주의가 오고 있다는 생각을 가지고 있었다. 『김대중어록』, 401-403.

46. 김대중의 세계평화주의 사상은 『金大中對話錄』 3권, 184 및 4권, 244 이하 참조.

47. 〈김대중내란음모사건 1심 3차 공판조서〉, 963-964 참조.

48. 함석헌, 『함석헌저작집』 1권 (한길사, 2009) 252-253.

49. 함석헌, 『함석헌저작집』 4권, 162.

50. 국가발생설에는 家父長權說(patriarchal theory), 私有財産說(property theory), 實力支配說(force theory), 自然發生說(natural theory)과 天賦人權說

(divine theory), 社會契約說(social contract theory)이 있지만 이들 논리는 모두 국가의 존재(본질)를 인정한 상태에서 말하고 있다.

51. 함석헌, 『함석헌저작집』 8권, 174쪽.

52. 함석헌, 『함석헌저작집』 2권, 86-88; 16권, 253-266 참조.

53. 함석헌, 『함석헌저작집』 1권, 18.

54. 김대중도 앞으로 세계는 민족주의를 지나 세계주의로 간다고 보았다(『김대중어록』, 403).

55. 함석헌, 『함석헌저작집』 12, 35.

56. 함석헌, 『함석헌저작집』 12, 58-59.

57. 함석헌, 『함석헌저작집』 12, 50.

58. 함석헌, 『함석헌저작집』 12, 51.

59. 함석헌, 『함석헌저작집』 12, 60.

60. 함석헌, 『함석헌저작집』 25, 155-177 참조.

61. 함석헌, 『함석헌저작집』 12, 60.

62. 함석헌, 『함석헌저작집』 12, 62.

부록 1. 6.15남북공동선언과 국가보안법 철폐의 필요성

1. 남한의 6.23선언에는 평화통일 노력, 남북한 불간섭·불가침, 유엔총회의 북한 초청 및 국제기구에의 남북한 동시가입 불(不)반대, 이념이 다른 국가에 대한 문호개방으로 되어 있고 조선의 5대 강령에는 군사문제 우선 해결, 정치·군사·외교·경제·문화 등 다방면의 합작·통일문제를 위한 대민족회의 소집, 남북연방제·단일회원국 유엔가입 등으로 되어 있어 박정희의 분단고착의 의지가 여실히 드러나고 있다.

2. 이것은 남북의 지역자치정부에 의한 연방공화국 수립을 통한 통일안이었다. 이 연방형식의 통일국가 안에는 남북의 같은 수의 대표와 해외동포 대표들도 포함되는 최고민족연방회의의 설치를 제안하면서 한국의 반공법, 국가보안법 폐지, 모든 정당·사회단체의 합법화, 정전협정의 평화협정으로의 전환, 한국에서의 미군철수를 전제로 하였다. 그리고 연방공화국의 10대 시정방침으로

'국가행동에서의 자주성 견지, 남북 사이의 경제적 합작과 교류, 남북민족연합군 조직' 등이 제시되었다.

3. 이것은 남북대표로 가칭 '민족통일협의회'를 구성하고 이 협의회가 민족의 민주·자유·복지 이상을 추구하는 통일민주공화국을 실현하기 위한 통일헌법을 기초하여 국민투표를 확정하고 그 헌법이 정하는 바에 따라 총선거를 실시하여 통일국회·통일정부를 구성하자는 내용이다. 그리고 통일이 될 때까지 실천방안으로 호혜평등의 원칙에 입각한 상호관계 유지, 내정불간섭, 상주 연락대표부 설치, 자유통행을 위한 서울·평양간 도로 개설, 설악산·금강산의 자유관광지역화, 인천항·남포항의 상호개방 등 20개 시범실천 방안이 담겨 있다.

4. 7.7선언은 자주평화민주복지의 원칙에 입각하여 민족구성원 전체가 참여하는 사회·문화·경제·정치공동체를 이룩함으로써 민족자존과 통일번영의 새 시대를 열어나갈 것을 약속하는 여섯 가지 방안을 제시하였다.

5. 이 통일방안은 통일원칙을 자주평화민주에 두고 남북정상회담을 통해 남북협의회와 각료회담을 성사시키고 남북평의회에서 제정된 통일헌법에 의해 총선거를 실시하여 양원제의 자유민주공화국을 수립하고 최종적으로 통일을 달성한다는 안이다.

6. 전문 25개조로 된 〈합의서〉의 화해부문에서는 상대방의 체제 인정과 존중, 내부문제 불간섭, 파괴전복행위 금지, 판문점 남북연락소 설치, 정전상태를 평화상태로 전환하기까지의 군사정전협정 준수, 국제무대에서 경쟁 중지, 남북정치분과위원회 설치 등을 합의하였고, 교류·협력부문에서는 자원의 공동개발, 물자교류, 남북이산가족의 자유로운 서신교환과 왕래상봉방문과 자유의사에 의한 재결합… 민족구성원의 철도·도로 연결과 해로항만 개설, 우편·전기·통신시설의 설치연결과 비밀 보장 등에 합의하였다. 이외 남북군사공동위원회의 구성과 운영 등에도 합의하였다.

7. 장창준, "남북정상회담과 615공동성언을 다시 본다", 「정세동향」 54 (2003. 11) 참조.

8. 6.15남북공동선언이 나오기 이전의 한반도의 대립구도는 조-미 대결을 기본

대립축으로 하고 조-일, 남-북 간의 대립이 보조 대립축이었다.

9. 6.15선언의 내용은 1) 통일문제의 주체적·자주적 해결, 2) 남측의 연방제와 북측의 낮은 단계의 연방제 사이의 공통점 인정, 3) 이산가족·이념관련자의 인도적 해결, 4) 남북의 경제협력을 통한 민족경제의 균형적 발전, 각 분야의 협력·교류 활성화로 신뢰회복, 5) 합의사항의 이행을 위한 대화의 계속 등으로 되어 있다.

10. 영국「파이낸셜타임스」2000.6.14.

11. 대내외적으로 미국에 종속되어 있는 한국은 조선과의 대화가 어디까지나 '통일'을 위한 대화가 되어서는 안 되며 미국의 '평화적 분단관리전략'상 조선을 '개혁개방'하는 목적에 부합하는 대화여야만 한다는 전략.

12. 여기서 말하는 북의 낮은 단계의 연방제란 1980년 노동당 6차 대회에서 공식화한 '고려민주연방공화국창립방안'에 1991년 김일성의 신년사 내용 중 "잠정적으로 연방공화국의 지역적 자치정부에 더 많은 권한을 부여하는" 문제를 협의할 수 있다고 한 부분을 말한다. (장창준, 앞의 글.)

13. 전국민주노동조합총연맹, "615남북공동성언과 우리 노동자의 삶",「정세동향」54 (2003.11).

14. 장창준, "남북정상회담과 615공동성언을 다시 본다" 참조.

15. 김서원, "우리 민족 대 미국의 대결구도에서 남북공동선언을 다시 본다",「정세동향」54 (2003.11).

16. 김서원, "우리 민족 대 미국의 대결구도에서 남북공동선언을 다시 본다", 참조.

17. 최규엽, "2003년정세와 자주평화운동의 과제",「정세동향」54 (2003.11) 참조.

18. 반미운동으로는 미군철수운동과 함께 쌀 수입 개방 저지 투쟁, 교육의료개방 저지투쟁 등 신자유주의 세계화 반대투쟁이 함께 병행될 때 성공적이라고 생각된다.

19. 「한국일보」2003.4.10.

20. 「중앙일보」2003.1.10.

21. 장창준, "남북정상회담과 615공동성언을 다시 본다" 참조.

22. 6.15선언에 대하여 북에서 부여한 의미를 보면 다음과 같다. 첫째로 "우리 민

족끼리" 즉 남과 북 그리고 해외민족까지 힘을 합쳐 자주적으로 민족의 통일시대를 개척해 나갈 것을 선포한 민족자주선언이며, 우리민족의 공동의 이정표를 확인하고 남북이 함께 통일의 길에 들어섰음을 알리는 통일지향선언이다. 615공동선언의 "우리 민족끼리"는 민족 자체의 주체적 역량에 의한 통일이라는 민족자주이념을 의미한다. 그리고 "조국통일의 주체는 우리 민족이며 나라의 통일에 절실한 이해관계를 가지고 있는 것도 우리 민족이다." 따라서 "우리민족의 자주통일은 통일의 주인인 전체 조선민족의 대단결 과정이며 온 민족의 대단결은 북남 사이의 내왕과 접촉·협력과 교류를 발전시켜 나가는 과정에서 이루어진다." 둘째로 6.15선언은 애국애족이다. "6.15선언은 조선반도의 평화를 수호하기 위한 위력한 무기이다. 공동선언 전반에 관통되어 있는 '우리 민족끼리'의 이념은 이 땅에서 운명을 같이 해야 할 민족성원들이 사상과 제도 신앙과 정견의 차이를 초월하여 힘을 합치고 단결된 힘으로 외세의 전쟁책동을 짓부실 수 있게 하는 애국의 이념이다." 셋째로 내외의 반통일, 분열세력의 책동에 맞서 우리 민족의 통일의지를 과시하였다. 20세기의 민족사의 수난(사대와 망국, 외세의존과 민족분열)에 종지부를 찍고 새 세기 우리 민족의 위대한 역사(조국통일과 민족번영)가 펼쳐진다는 것을 세계에 선포한 일대 역사적 선언이다. 즉 조국통일의 확고한 이정표를 마련하였다. 넷째로 새 세기에 우리 민족끼리 나라의 통일문제를 자주적으로 해결하기 위한 대강을 마련하고 그 실현을 위한 투쟁을 힘 있게 벌일 수 있게 되었다. 바로 자주통일의 대강, 21세기 통일의 대강이 마련됨으로써 우리 민족은 외세와 반통일 세력들의 도전을 물리치고 우리 민족의 단합된 힘으로 조국통일을 앞당기자. 다섯째로 615공동선언으로 세계의 모든 나라 진보적 인류가 이 공동선언을 적극적으로 지지하고 연대성을 보여줌으로써 조국통일의 위업을 더 빨리 실현할 수 있는 유리한 국제적 환경을 마련하였다. 북과 남 해외의 우리 민족이 자체의 힘으로 조국통일을 실현해야 한다는 것을 선포한 역사적 선언이다.

23. 남북 간 공동행사는 조선노동당 창건 55돌 기념행사 참가(2000.10.), 6.15민족통일 대토론회(금강산, 2001), 8.15민족대축전(2001), 615민족대축전(금강

산, 2002), 8.15민족통일대회(2002), 3.1절 민족대회(2003) 이외 남북공동행
사는 계층별로도 열렸다. 2000년 남북노동자통일대토론회, 2001년 남북노동
자 5.1절 통일대회, 2001년 농민통일대회, 2002년 청년학생과 여성통일대회
(금강산).

24. 수구기득권세력은 오늘날 태극기부대, 엄마부대, 탈북민, 박사모, 어버이연
합, 나라지킴이고교연합, 전국구국동지회 등과 대부분 국민의힘당 당원 그리
고 일베, 뉴라이트 등이 이에 해당된다.

25. 「뉴욕타임스」 2002.12.16. 칼럼.

26. 치안유지법(治安維持法): 러시아에서 1925년 볼셰비키 혁명이 성공한 후, 아
시아의 약소국가에 사회주의 사상이 민족해방운동의 대안으로 부각되었다.
이리하여 일제 하 조선에서는 사회주의자들이 부르주아 민족주의자들을 대
신하여 민족해방투쟁의 주류세력으로 부상하였다. 이에 일제는 여러 종류의
반체제사상과 운동을 광범위하게 탄압할 특별법으로 치안유지법을 제정하
였다. 이 법의 특징은 '죄형법정주의' 원칙에 어긋나는 '행위'가 아닌 '사상'을
처벌하는 악법으로 출발하였다.

27. 박원순, 『국가보안법연구』 1 (역사비평사, 1997), 106-111.

28. 박원순, 『국가보안법연구』 1, 133-155.

29. 최관호, "한반도평화와 국가보안법", 「한반도평화와 민주법학」 심포지움 자
료 (민주주의법학연구회, 2003.11.), 50.

30. 국보법보다 처벌범위(반국가단체뿐 아니라 공산계열 전체를 처벌 범위에 포
함. 즉 모든 사회주의국가를 적으로 규정하였다), 대상(모든 용공적 행위
를 포함하였다. 이로써 비공식으로 이루어지던 조선과의 교류가 완전히 차
단되었다), 형량이 확대되고 강화되었다.

31. 박원순, 『국가보안법연구』 1, 194-195.

32. 김정서, "국가보안법의 적용논리 비판", 「민주법학」 16 (민주주의 법학연구
회, 1999), 89.

33. 심경수, "영토조항의 통일지향적 의미와 가치", 「헌법학연구」 7-2 (한국헌법
학회, 2001), 143.

34. 대법원 판결, 92도1148 (1992.7.24. 선고).

35. 서울고등법원 판결, 82노910 (1982.6.9.).

36. 조국, "국가보안법 전면폐지론" (국가보안법폐지를 위한 시민모임 자료실, 2000), 26.

37. 박원순, 『국가보안법연구』 1, 123.

38. 박원순, 『국가보안법연구』 1, 57.

39. 박원순, 『국가보안법연구』 1, 59.

40. 김민배, "반국가단체의 개념과 역사적 과제", 「민주법학」 18 (민주주의법학 연구회, 2000), 133.

41. 조국, "국가보안법 전면폐지론", 4.

42. 한반도 내 미군은 〈작전계획5030〉을 급속히 추진하면서, 스텔라/패트리어 트미사일 등 신무기의 급격한 증강, 한국 국방부의 국방비 증액 요구, 일본의 유사법제(무력공격사태대처법안)의 통과 등 미-일-한으로 연결되는 대북공 격태세가 준비 완료하였다.

부록 3. 균산, 평등, 평화의 사회 – 참 자유를 위하여

1. 謝維揚, 『中國古代國家』 (創文社, 1983), 175.

2. 프리드리히 엥겔스 지음/김경미 옮김, 『엥겔스의 가족, 사유재산, 국가의 기원 과 여성』 (책세상, 2007), 40-61.

3. 엥겔스, 『엥겔스의 가족, 사유재산, 국가의 기원과 여성』, 40-61.

4. 엥겔스, 『엥겔스의 가족, 사유재산, 국가의 기원과 여성』, 63.

5. 엥겔스, 『엥겔스의 가족, 사유재산, 국가의 기원과 여성』, 73.

6. 사유재산설에 의하여 인류사회에 사유재산이 발생하면서 빈부의 차이가 심화 되고 부유층이 그들의 재산을 유지하기 수단으로 통치기구 즉 국가를 만들었 다는 설이다.

7. 國家라는 말은 중국의 春秋 시대(B.C. 8~5세기) 家의 개념과 戰國 시대(B.C. 5~3세기) 國의 개념이 어우러져 國家라는 울타리 개념이 생겨났다.

8. 함석헌, 『함석헌저작집』 2권 (한길사, 2009), 285; 『함석헌저작집』 3권,

191-216 참조;『함석헌저작집』 8권, 74;『함석헌저작집』 13권, 147-148.

부록 4. 국가폭력 — 고문의 형태

1. 윤경로,『105인사건과 신민회연구』(한성대학교출판부, 2012).
2. 황보윤식, "아람회 사람들이 감옥에 간 까닭은",『죽을 때까지 이 걸음으로』
   (문사철, 2017).

참고문헌

1장. 평화란 무엇인가 — 평화의 개념

갈퉁, 요한/강종일 역. 『평화적 수단에 의한 평화』. 들녘, 2000.

김대식. 『함석헌의 평화론』. 모시는사람들, 2018.

배용하. "전복을 목적으로 하지 않는 반란: 아나뱁티스트와 아나키즘." 『절대자유를 갈망하는 사람들』. 대장간, 2020.

尹炳云. "아우구스티누스에 있어서 도덕적 의지와 평화." 중앙대학교 박사학위논문, 1997.

이재봉. "20세기의 동양평화론과 21세기의 동아시아 공동체론." 「평화학연구」 12권 1호 (2011, 한국평화연구학회).

함석헌. 『함석헌저작집 12: 평화운동을 일으키자』. 한길사, 2009.

《孟子集註大全》. 成均館大學校 大同文化研究院, 1970.

《四庫全書薈要》. 吉林人民出版社, 1997.

《與猶堂全書》제1집.

2장. 동아시아의 평화유전자 — 강화 마니산

《高麗史》. 正陽社, 영인본, 1955.

《東史綱目》. 활자영인본, 景仁文化社, 1970.

《三國遺事》. 崔南善 편, 民衆書館, 1946.

〈書經集傳〉. 《四庫全書薈要》제5권. 吉林人民出版社, 1973.,

《世宗實錄地理志》. 國史編纂委員會, 영인본, 1986.

《新增東國輿地勝覽》. 朝鮮史學會 編著, 1930.

《輿地圖書》. 탐구당, 1973.

《帝王韻紀》. 亞細亞文化社, 영인본, 1973.

〈周易本義〉. 《四庫全書薈要》3. 吉林人民出版社, 1997.

〈周書〉권13.《四庫全書薈要》제5권. 吉林人民出版社, 1973.

〈地理志〉.《三國史記》, 京仁文化社, 영인본, 1984.

〈周易本義〉.《四庫全書薈要》3. 吉林人民出版社, 1997.

『강화(5-12)의 자연환경: 마니산』. 환경부, 1999.

『경기도 역사와 문화』. 경기도사편찬위원회, 1997.

『京畿道志』. 경기도, 1957.

『京城覆審法院判決文』, 1930. 국가기록원.

『新編 江華史』 상·중·하. 江華郡 郡史編纂委員會, 2003.

『인천광역시사』2. 인천광역시시사위원회, 2002.

『仁川文化硏究』2. 仁川光域市立博物館, 2004.12.

『인천역사』1. 인천광역시 역사자료관 역사문화연구실, 2004.

『인천의 역사와 문화』. 인천광역시시사편찬위원회, 2003.

『仁川의 地名由來』. 인천광역시, 1998.

『인천학 연구』4. 인천대학교 인천학연구원, 2005.

『朝鮮總督府統計年報』, 1912.

『한국지명총람』. 한글학회, 1985.

권 근.『陽村集』. 영인본, 민음고, 1967.

김대식.『함석헌의 평화론』. 모시는사람들, 2018.

김대식. "단재 신채호에 대한 아나키즘족 해석: 시간 속에 있는 시간 밖."『절대
　　　자유를 갈망하는 사람들』. 대장간, 2020.

金成煥. "고려시대 江華地域의 단군숭배." 명지대학교 대학원 박사학위논문,
　　　1997.

金鎭鳳.『三·一運動史硏究』. 國學資料院, 2000.

배용하. "전복을 목적으로 하지 않는 반란: 아나뱁티스트와 아나키즘."『절대자
　　　유를 갈망하는 사람들』. 대장간, 2020.

사회과학원 역사연구소.『조선통사』하. 오월, 1988.

서영대. "강화도의 塹城壇에 대하여."「한국사론」41·42합집 (1999, 서울대학교
　　　국사학과).

愼鏞廈. 『日帝强占期 韓國民族史』 상. 서울대학교 출판부, 2001.

이재봉. "20세기의 동양평화론과 21세기의 동아시아 공동체론." 「평화학연구」 12권 1호 (2011, 한국평화연구학회).

鄭炅日. "마리산 참성단 연구." 「靑藍史學」 1 (1997, 한국교원대학교).

한승헌. 『재판으로 본 한국현대사』. 창비, 2016.

함석헌. 『함석헌저작집 7: 하나님의 발길에 채여서』. 한길사, 2009.

_____. 『함석헌저작집 12: 평화운동을 일으키자』 한길사, 2009.

황보윤식. "3.1民衆起義 動因論과 그리스도교와 관계를 고찰함." 『한국개신교가 한국근현대의 사회/문화적 변동에 끼친 영향연구』. 한국신학연구소, 2005.

梶村秀樹/姜德相. 『日本の植民支配關係資料』, 現代史資料- 三・一運動편. みすず書房, 1972.

3장. 안중근의 동아평화공동체 사상

安重根. 『安應七歷史』. 일본국회도서관 七條淸美文書 소장본.

_____. 『安重根自敍傳』. 일본 국제한국연구원 쵀서면 소장본.

_____. 『東洋平和論』. 일본국회도서관 七條淸美文書 소장: 서울셀렛션판.

_____. 『안중근의 동양평화론』. 안중근의사기념관, 2019.

_____. 『안중근동양평화론 자서전』. BOOKK, 2019.

_____. "안중근의사의 최후진술." 「나라사랑」 34 (외솔회, 1979).

_____. "두 아우에 대한 신문조서." 「나라사랑」 34 (외솔회, 1979).

_____. "東洋平和論." 『21세기와 동양평화론』. 국가보훈처, 1996.

_____/최순희 역. "동양평화론." 「나라사랑」 34 (외솔회, 1979).

_____/신성국. 『義士 안중근(도마)』. 지평, 1999.

具仙姬. "청일전쟁의 의미 - 조・청 '속방' 관계를 중심으로-." 「한국근현대사연구」 37 (2006).

김대식. "동북아 평화공동체의 모색." 이찬수 편. 『아시아평화공동체』. 모시는사람들, 2017.

김도형 편. 『대한국인 안중근 자료집』. 선인, 2008.

金振福. 『왜놈 이등박문 죽인 安重根實記』. 中央出版社, 1946.

노명환. "유럽통합사상과 역사에 비추어 본 안중근의 동양평화론과 세계사적 의
　　　의-안중근의 동양평화론은 초국가주의 지역공동체 창설제안?" 안중근의
　　　사기념사업회. 『안중근과 동양평화론』. 채륜, 2010.

독립기념관 한국독립운동사연구소. 「한국독립운동사연구」 제21집 (2003.12).

朴魯連. 『안중근과 평화』. 을지문화출판공사, 2000.

朴殷植. "安重根傳." 『朴殷植全書』 中. 단국대학교 東洋學研究所, 1975.

신운용, "일제의 국외한인에 대한 사법권침탈과 안중근재판." 「한국사연구」 146
　　　(2009).

신용하 편. 『안중근유고집』. 역민사, 1995.

안중근기념사업회. 『안중근과 그 시대』. 경인문화사, 2009.

안중근기념사업회, 『안중근연구의 기초』. 경인문화사, 2009.

안중근의사기념사업회. 『안중근과 동양평화론』. 채륜, 2010.

안중근의사숭모회 편. 『민족의 얼, 안중근의사 사진첩』. 백왕사, 1979.

윤경로, 『한국근대사의 기독교사적 이해』. 역민사, 1992.

李剛/尹炳奭 역편. "내가 본 안중근의사." 『安重根傳記全集』. 국가보훈처, 1999.

장석홍. "안중근의 대일본인식과 하얼빈의거." 「교회사연구」 (2001, 교회사연구
　　　소).

조광. "안중근의 연구의 현황과 과제." 「한국근현대사연구」 제12집 (2000).

최서면, 『새로 쓴 안중근의사." 집문당, 1994.

崔洪奎 校註. 『安重根事件公判記』. 正音社, 1975.

한상권. "안중권의 국권회복운동과 정치사상." 「한국독립운동사연구」 제21집
　　　(2003.12, 독립기념관 한국독립운동사연구소).

姜在彦 편. 『日韓關係の虛像と實像』. 東京: 龍溪書舍, 1980.

李泰鎭·安重根ハルビン學會 編著/勝村誠, 安重根東洋平和論研究會 監譯. 『安重
　　　根と東洋平和論』. 日本評論社, 2016.

中塚明, 『近代日本と朝鮮』. 동경: 三省堂, 1977.

倉知鐵吉. 『韓國併合の經緯』. 外部大臣官房文書課, 1950.

鹿野琢塚見/최이권 역. "安重根無罪論." 『애국충정안중근의사』. 법경출판사, 1992.

『安重根義士와 東洋平和論』, 안중근의사순국90주년국제학술회의논문집. 中國 遼寧大學, 2000.

『韓國獨立運動史資料』6, 안중근의사 및 그 관련자 공판 속기록 번역본. 국사편 찬위원회, 1976.

"제1회공판시말서." 1910.2.7. 한국독립운동자료 7, 국사편찬위원회 한국사데이 터베이스.

"安重根等殺人被告公判記錄" 上·下. 국사편찬위원회 한국사데이터베이스.

『안중근(도마)의사 추모자료집』. 천주교정의구현전국사제단, 1990.

『안중근의사의거 90주년기념학술발표회 논문집』. 독립기념관 한국독립운동사 연구소, 1999.

「漢城旬報」1883.12.20. 국사편찬위원회 한국사데이터베이스.

「獨立新聞」1899.7.22. 논설, 평화론. 국사편찬위원회 한국사데이터베이스.

4장. 조봉암의 남북평화통일론

조봉암. 『우리의 당면과제』. 법우, 2009.

정태영·오유석·권대복 편. 『죽산 조봉암 전집』 1~6. 世明書館, 1997.

강만길·성대경 감수. 『한국사회주의운동인명사전』. 창작과 비평사, 1996.

권대복. 『진보당』. 지양사, 1985.

박태균. 『조봉암연구』. 창작과비평사, 1995.

서중석. 『조봉암과 1950년대』 상·하. 역사비평사, 2000.

신주백. 『만주지역 한인의 민족운동사』. 아세아문화사, 1999.

이원규. 『조봉암평전』. 한길사, 2013.

임영태/정창현. 『새로 쓴 한국현대사』. 역사인, 2017.

전현수. "해방 직후 북한자료 해제 2 - 러시아생산 자료 -." 『북한현대사 문헌연 구』. 백산서당, 2000.

정태영. 『죽산 조봉암 전집』. 세명서관, 1999.

한승헌. 『재판으로 본 한국현대사』. 창비, 2016.

황보윤식. 『함석헌과 민본 아나키스트, 그들의 역사적 기억』. 문사철, 2019.

부평문화원 외. 『60년 망각의 세월, 조봉암이 남긴 평화의 씨앗』. 시민토론회 자료집, 2017.11.13.

『조봉암의 정치노선과 영미의 진보주의』. 죽산서거60주년기념 심포지엄 자료집, 죽산조봉암선생기념사업회, 2019.

「每日新報」. 국사편찬위원회 한국사데이터베이스.

5장. 김대중과 함석헌의 평화공동체 사상

정진백 엮음. 『金大中對話錄』 1~5권. 행동하는양심, 2018.

_____. 『金大中語錄』. 사회문화원, 2017.

함석헌. 『함석헌저작집』 2, 3, 8, 12, 13권. 한길사, 2009.

_____. "가시나무가지의 외침." 「씨알의 소리」 1979년 3월호.

_____. "민족통일의 길." 「씨올의 소리」 1971년 9월호.

_____. 『뜻으로 본 한국역사』. 삼민서적, 1966.

갈퉁, 요한/강종일. 『평화적 수단에 의한 평화』. 들녘, 2000.

강만길. 『강만길저작집』 06, 16. 창비, 2018.

김대식. "안중근과 동북아평화공동체의 모색." 『아시아평화공동체』. 모시는사람들, 2017.

김대식. 『함석헌의 평화론』. 모시는사람들, 2017.

안중근. 『동양평화론』. 서울셀렉션, 2018.

안중근의사기념사업회. 『안중근과 동양평화론』. 채륜, 2010.

尹炳云. "아우구스티누스에 있어서 도덕적 의지와 평화." 中央大學校 박사학위 논문, 1997.

임헌영. "함석헌 평화사상의 재조명 필요성." 『함석헌의 평화사상』. 함석헌학회 2012년 추계 학술발표 자료집.

엥겔스, 프리드리히/김경미. 『엥겔스의 가족, 사유재산, 국가의 기원과 여성』. 책세상, 2007.

謝維揚,『中國古代國家』. 創文社, 1983.

대법원 판결, 92도1148 (1992.7.24.).

서울고등법원 판결, 82노910 (1982.6.9.).

부록 1. 6.15남북공동선언과 국가보안법 철폐의 필요성

강정구. "국가보안법 제정의 역사적 배경: 분단과 전쟁의 결과물로서 국보법."

김대식. "함석헌의 평화사상: 비폭력주의와 협화주의(協和主義)를 중심으로."「
　　　통일과 평화」(서울대학교 평화통일연구원, 2016).

김민배. "반국가단체의 개념과 역사적 과제."「민주법학」 18 (2000, 민주주의법
　　　학연구회).

김서원. "우리민족대 미국의 대결구도에서 남북공동선언을 다시 본다."「정세동
　　　향」 54 (2003.11).

김정서. "국가보안법의 적용논리 비판."「민주법학」 16 (1999, 민주주의 법학연
　　　구회).

박원순.『국가보안법연구』1. 역사비평사, 1997.

서준석. "국보법 폐지운동에서 7조가 갖는 의미."「뉴스피풀」 1999-9.

심경수. "영토조항의 통일지향적 의미와 가치."「헌법학연구」 7-2 (2001, 한국헌
　　　법학회).

이만열. "한말 기독교인의 민족의식 動態化과정."『민족주의와 기독교』. 민중사,
　　　1981.

장창준. "남북정상회담과 615공동성언을 다시 본다."「정세동향」 54 (2003.11).

장호순. "국제인권규약 기준에서 본 국가보안법 제7조 "찬양-고무'조항의 문제점."

조국. "국가보안법 전면폐지론." 국가보안법폐지를 위한 시민모임 자료실, 2000.

최규엽. "2003년정세와 자주평화운동의 과제."「정세동향」 54 (2003.11).

최관호. "한반도평화와 국가보안법."「한반도평화와 민주법학」(2003.11, 민주
　　　주의법학연구회).

한인섭. "국가보안법 쟁점과 남북정상회담."「관훈저널」 통권 75 (2000 여름).

함석헌.『뜻으로 본 한국역사』. 삼민서적, 1966.

_____. "민족통일의 길." 「씨올의 소리」 1971년 9월호.

_____. "가시나무가지의 외침." 「씨올의 소리」 1979년 3월호.

황보윤식. "6.15남북공동선언의 의미와 국가보안법 철폐의 필연성." 「인문연구」
33·34 합집 (2004, 인하대학교).

_____. "함석헌의 세계평화운동에 대한 역사인식론적 검토." 함석헌학회 편. 『
생각과 실천 2』. 동연, 2012.

대법원 판결, 92도1148(1992.7.24. 선고)

서울고등법원, 판결82노910(1982.6.9.)

부록 3. 균산, 평등, 평화의 사회 ― 참 자유를 위하여

엥겔스, 프리드리히/김경미. 『엥겔스의 가족, 사유재산, 국가의 기원과 여성』.
책세상, 2007.

함석헌, 『함석헌저작집』 2, 3, 8, 13권. 한길사, 2009.

謝維揚. 『中國古代國家』. 創文社, 1983.

부록 4. 국가폭력 ― 고문의 형태

윤경로. 『105인사건과 신민회연구』. 한성대학교 출판부, 2012.

황보윤식. "아람회 사람들이 감옥에 간 까닭은." 『죽을 때까지 이 걸음으로』. 문
사철, 2017.

찾아보기